中国“近代知识”的生成

〔日〕高柳信夫　编著
唐利国　译

商務印書館
创于1897　The Commercial Press

2016年·北京

高柳信夫　编著
學習院大學東洋文化研究叢書
中国における「近代知」の生成
東方書店，2007
根据东方书店 2007 年版译出

凡　例

- 引文中()内是原文自带的注记,[]内是引用者的注记。
- 引文中的着重号,除了特别说明之外,均系引用者所加。

序

高柳信夫

本书是2005—2006年度在学习院大学东洋文化研究所进行的研究项目“中国近代知识分子的‘中国’认识”的成果，执笔者都是本研究课题的成员，或者是在本课题的研究会、讨论会上发表过论文的人。

一般来说，在此应该首先介绍本课题或者论集作为“合作研究”的成果和意义，但是，坦白地说，对此我不禁稍感踌躇。

近年来，各种资源分配根据“竞争”的原理来决定的原则，也在迅速地渗透到人文学科的领域，预先提示“将会取得的成果”，如果被判断为合适，就给予相应的资金，这种“研究成果承包制”越来越普及。特别是以所谓COE课题（日本文部科学省科学研究费补助金的特别推进研究）等为代表的大规模的“合作研究”，容易得到资金分配。在东亚研究领域召开了基于各种各样的“合作研究”的专题学术讨论会，作为其“成果”，也出版了各种各样的论文集。

对于这种“环境”的变化，人们产生了各种疑念。例如，有观点认为，规定课题企划格式的人，偏于理科（或者社会科学）的思考方式，完全没有认识到，对于人文学科的研究者而言，与“资金”同等重要，甚至更加重要的是“时间”这一资源。特别是最近几年来，在与中国研究者的交流中，看到彼此之间的“差异”，的确令人痛感在各自的社会中，“文”（不是“文科”、“文学”这种狭义上的“文”，而是指《论语》中“文王既没,文不在兹乎”所说的那种意义上的“文”)的轻重有着决定性的不同(当然,我也知道这只是“理念”层次上的问题)。

但是,与被“进化论”决定性地规定了其世界观的近代中国知识分子所面对的情况相似,处在被给定的“环境”(当然,其被给定性本身也是一个可以讨论的问题,但是在此姑且置之)中的我们,无论是否喜欢,都不可避免地为了适应环境而设定作战策略,至于此事之对错则另当别论。本课题虽然规模很小,但在某种意义上来说,也能于这一潮流中找到自己的位置。

由于思想史研究的个人性非常强,本来就不适合做企划项目式的合作研究,因此,我很难做到发自内心地、真诚地高谈阔论本课题的现实意义。

如果非说一些的话,首先,应该指出的是一个对谁来说都是非常容易理解的要点:即使思想史研究本身是个人性的工作,研究者的相互交流对各自的研究也还是很有意义的。不过,虽说是研究者之间的交流,也有两种,一种主要目的在于单纯的信息交换或人际关系的构筑(其本身也是很重要的,这一点自不待言),另一种则旨在进行更加深入细致的讨论。本课题尽可能以后一意义上的交流为目标。

另外,就近代中国思想史的领域而言,近年来,应用各种新的方法论的研究,或者以发现个别事实为主的论文,虽然较常见,但深入研读各个文本的基础性研究却出乎意料地少。在这种意义上来说,未曾开拓的领域之广,远远超出人们的预料。因此,本课题并不追求方法论上的新颖,而是采用思想史研究的基本方法,致力于填补这些未开拓的领域。

在本论文集中,上述意图在多大程度上得以达成,只能委诸读者判断。本书虽然一见之下,似乎是庞杂的个人研究的集成,作为编者,我却期待着能够在“看不见的上帝之手”的引导下,在结果上足以成为近代中国研究的有机一环。

本书之所以能够以目前这种形式刊行，是因为得到了2007年度学习院大学研究成果出版基金的资助，在此特别表达感谢之情。还有，对于本课题这样朴素的企划，学习院大学东洋文化研究所给予我们良好的研究环境和公开发表研究成果的机会，在此表达深深的谢意。

2007年11月

目　次

对美学而言，“中国”是什么

——朱光潜的中国现代主义

中岛隆博

前　言

朱光潜是近代中国研究西方美学的代表性人物，其著作和翻译基本上都奉献给了西方美学研究。虽然如此，朱光潜却并不是单纯地用中文祖述西方美学。他对西方美学也有批判，其形式表现为对最深刻地影响了他自身的贝奈戴托·克罗齐（1866—1952）的曲折的批判（讽刺的是，这一批判在1950年代后半期展开的美学论争中，又被指向朱光潜自身）。批判的内容是，作为美的艺术无法超越存在于艺术外部的作为真的哲学、作为善的道德以及作为利的经济，这些要素总称为社会性，美必然被其所决定。

究竟为什么朱光潜放弃了对艺术的外部要素的在康德意义上的不关心，而要恢复其社会性（尤其是和道德的关系）的呢？因为，朱光潜对他所理解的从康德到克罗齐的形式派美学有不满之处。朱光潜认为他们主张艺术就是对心中的美的形象的直觉，而他自己则认为，艺术的重要性不在于个人的孤独的想象的心理结构，而在于将艺术用特定的媒介（语言或者工具）来具体表现出来，并传达给他人。构成了艺术的想象和创造，与媒介是密不可分的，并为其所决定。而媒介同时也是文化的、传统的，所以，艺术最终被作为文化环境的“社会性”所规定。

但是，朱光潜的美学还有一个不能忽视的论点，即在近代美学之中建构固有的中国美学。朱光潜在其著作中屡屡谈及中国美学。他不是为了主张中国也有堪与西方美学匹敌的概念和作品，而是为了主张中国有与西方不同的固有的美学维度。在此，作为其外部条件的“中国”是不可或缺的，它规定了心灵进行想象和创造的艺术过程。而此“中国”是由中国语这一媒介和中国文化这一“社会性”所构成的。批判克罗齐所体现出来的对西方美学的批判，同时也就是对美学中的中国现代主义的建构。

但是，这样突显出来的所谓“中国”到底是什么呢？它能够与美学中的现代主义整合共存吗？难道不会反而使艺术被还原为恶劣的道德主义或者文化相对主义吗？本文为了思考这些问题，首先追溯朱光潜的生平，分析美学论争的问题，来探讨对于中国近现代美学而言朱光潜到底意味着什么。由此，应该能够确认朱光潜理解西方美学的基本框架及其批判西方美学的视角。在此基础上，打算通过“土性”这一概念来考察朱光潜所意欲建构的美学之中的“中国”这一主题。

1 朱光潜的生平

1980 年，朱光潜写了回顾自己一生的《作者自传》。[1] 以下一面对其加以补充[2]，一面考察其直到美学论争平息下来的 20 世纪 60 年代前半期的生平。

（1）欧洲留学之前。

1897 年 9 月 19 日，朱光潜出生于安徽省桐城县阳和乡吴庄。因为父亲是村里的私塾教师，所以他在 14 岁之前接受的是传统的科举教育。15 岁的时候进入洋学堂，学习半年之后，进入桐城中学。桐城中学是桐城派古文的重镇，由吴汝纶（1840—1903）所创设。朱光潜的祖父朱海门与吴汝纶交往亲厚，这也是他被送到这里来学习的原因之一。桐城中学的教材是姚鼐《古文辞类纂》之类桐城派古文的文本，朱光潜在学会了古文写作技巧的同时，也受到了旧体诗的熏陶。

1916 年中学毕业的时候，他很憧憬当时在北京大学进行的“整理国故”，很想去北京大学学习，但是因为经济原因，不得不进入武昌高等师范学校中文系学习。然而那里只是一个令人失望地方，教师的素质还不如桐城中学。当时，刚好北洋军阀的教育部有个项目，从全国的高等师范学校选拔学生，到香港大学受教育。朱光潜被选中，从 1918 年到 1922 年就读于香港大学。他在香港大学不仅学习英语和英语文学，还学习了生物学和心理学，特别是对心理学有着深厚的关心，甚至写了关于弗洛伊德的论文。[3]这些成了日后朱光潜研究西方美学的基础，自不待言。

1919 年五四运动爆发，朱光潜通过桐城派古文形成的自己的文化认同受到了动摇。但是，朱光潜早已很熟悉梁启超和胡适的文章，在香港大学学习的他，“毅然决然地放弃了古文和文言，自己也学着写起白话来了”[4]。不过值得注意的是，他说过：“写白话文时，我发现文言的修养也还有些用处，就连桐城派古文所要求的纯正简洁也还未可厚非。”[5]朱光潜已经注意到，白话文的理想和古文的理想，其实是密切一致的。[6]

在香港大学毕业后，朱光潜到张东荪[7]（1886—1973）任校长的吴淞中国公学校做英语教师。但是，1924 年 9 月，江苏都督齐燮元和浙江督军卢永祥之间爆发“江浙战争”，吴淞中国公学校被破坏掉了。朱光潜因夏丏尊[8]（1886—1946）的缘故，转到浙江的春晖中学，依然是教英语。在这里，他遇到了朱自清[9]（1886—1946），成为好友。但是，不久由于和当时的校长方针对立，他与夏丏尊一起去了上海。在那里，与朋友一起建立了立达学会，这是以独立自由教育为宗旨的教育组织，同时经营开明书店，出版杂志（《一般》，后改称《中学生》)。朱光潜的著作中有很多是面向青年写的，而且很多都是由开明书店出版的，就是因为这一渊源。

（2）欧洲留学。

1925 年夏，朱光潜迎来了一生中最大的转机。他作为安徽省的官费留学生留学英国。最初，他进入其在香港大学时的老师辛普森教授（R. K. M. Simpson）的母校爱丁堡大学学习。在那里，他的老师（在英语文学方面）是以 17 世纪的形而上学诗尤其是以约翰·邓恩研究著名的赫伯特·格里尔逊（Herbert J. C. Grieson，1866—1960)，在哲学方面，是以康德研究和休谟研究获得盛名（特别是因为翻译和注解《纯粹理性批判》而为人所知）的诺曼·肯普·史密斯（Norman Kemp Smith，1872—1958)，还有，在美术史方面，是以英国美术史研究和伦布兰特研究知名的杰拉德·巴德文·布朗(Gerard Baldwin Brown，1849—1932)。

1929 年从爱丁堡大学毕业后，他继续在伦敦大学和巴黎大学做研究生。在伦敦大学，跟随莎士比亚研究的泰斗艾德蒙·克切弗·钱伯斯（Edmund Kerchever Chambers，1866—1954）认真学习了文本批评。在巴黎大学，阅读了研究神秘主义、宗教甚至语言的心理学者亨利·德拉克罗瓦（Henri Delacroix，1873—1937）的艺术心理学讲义[10]，深受感动，开始向着心理学研究奋力挺进。[11]

但是，他的生活费成了一个问题。1931 年他离开伦敦、巴黎，转到斯特拉斯堡大学，在查尔斯·勃龙太尔（Charles Blondel，1861—1949)[12]的指导下，终于在 1933 年完成并出版了博士论文

《悲剧心理学》[13]。

在此期间，朱光潜一直为开明书店的杂志《一般》和《中学生》写稿。这些文章以及他在留学以前写的文章，汇集成了他的第一部著作《致青年的十二封信》（1919 年，夏丏尊序）。三年后又出版了续编《谈美》（1932 年，朱自清序）。另外，作为心理学著作，写了《变态心理学派别》（1929 年动笔，1930 年由开明书店刊行）、《变态心理学》（1930 年动笔，1933 年由商务印书馆刊行）。还有，不可忘记的是，论述中国诗的《诗论》也是在旅居斯特拉斯堡的这一时期开始动笔的[14]。

（3）归国以及美学论争。

朱光潜 1933 年归国。在德拉克罗瓦的指导下开始写的《文艺心理学》，由朱自清为之作序，在 1936 年由开明书店出版。在胡适的推荐下，他成为北京大学西语系教授，讲授西洋名著讲读和文学批评史，同时也在北京大学中文系、朱自清做主任的清华大学中文系以及中央艺术学院教书。1937 年 1 月，《文学杂志》创刊，朱光潜任主编，8 月停刊。[15]在同一月，他去了四川大学，任四川大学文学院院长兼英文系主任。但是，1938 年的时候，他辞职抗议国民党对四川大学的干预，其后转任武汉大学外文系教授，直到 1946 年。1946 年 8 月，他重回北京大学西语系任教授。1947 年使《文学杂志》复刊（次年停刊），并翻译出版了克罗齐的《美学原理》。

1949 年中华人民共和国成立后，朱光潜拒绝了国民党政府的邀请，没有去台湾，留在了北京。解放后不久，1949 年 11 月，朱光潜给《人民日报》写了《自我检讨》一文。[16]尽管如此，在 1951 年开始的“知识分子思想改造运动”中，他还是成了重点批判对象。和其他很多知识分子一样，他也再次在《人民日报》上发表了自我批判的文章[17]，但是处境并未好转。1952 年院系调整时，北京大学迁到被接收的燕京大学的校址之后，朱光潜仅分得一处陋室居住，不仅如此，第二年教授资格被降到7级。[18]

在此期间，发生了从1956到1962年的美学论争，称为“美学大辩论”或者“美学大讨论”。[19]其背景是解放后马上开始，1955年正式展开的对“资产阶级唯心主义思想”的激烈批判，还有1956年提倡的“百花齐放，百家争鸣”这一看起来似乎很平和的对“自由讨论”的鼓励。[20]

对于朱光潜，早在1949年《文艺报》上就刊登了批判他的文章，后来也有若干回应，但是成为直接的导火索的，是朱光潜接受《文艺报》的委托，于1956年6月写的《我的文艺思想的反动性》[21]这篇文章[22]。此后，《文艺报》之外的报纸杂志，比如《人民日报》、《哲学研究》等也陆续刊登了批判朱光潜的文章。据说有近百人参加，写了300篇以上的论文。这就是所谓美学论争。

最初领导这一论争的是蔡仪（1906—1992）。蔡仪在20世纪40年代就将朱光潜贬斥为“旧美学”，出版了自己的《新美学》（1947），而且以后也一贯批判朱光潜，在50年代反复主张其论点（主观唯心论的朱光潜和客观唯物论的蔡仪）。但是，在这一时期美学论争中，最重要的批判者是李泽厚（1930—）。那到底是怎样一种批判，下一章将会详细考察。

被卷入美学论争的朱光潜也积极地参与了这场论争。因为他认为，参加论争的人们虽然标榜马克思主义，其实不懂其含义。如同他日后所回顾的：“美学大辩论对我个人最大的收获，就是促使我认真学习马克思主义，从而认识到过去唯心看法的错误。”[23]朱光潜在这一时期一面潜心阅读《1844年经济学哲学手稿》和《关于费尔巴哈的提纲》等马克思的文本，一面致力于提出自己的马克思主义美学。那是一种比标榜马克思主义者的批判更加沉潜的学究态度。

其热情也体现在同期陆续出版的西洋美学和文学的翻译作品中。比如，路易斯·哈拉普《艺术的社会根源》（1951）、柏拉图《文艺对话集》（1954）、黑格尔《美学》（第1卷，1958；第2卷，1979；第3卷上册，1979；第3卷下册，1981）[24]、莱辛《拉奥孔》（1977）[25]、爱克曼《歌德谈话录》（1978）、维柯《新科学》（1986）[26]，等等[27]。

1962年，美学论争平息。熬过了论争的朱光潜在这一年的夏天，被中共中央高级党校邀请去讲授西方美学史，同时受命编写全国高等教育机关所开设的美学课程的教科书。此外，1963年和1964年，相继出版了《西方美学史》的上卷和下卷[28]。曾经自我批判为“不但自以为超政治而且自以为超社会的怪物”[29]的朱光潜，将其政治性和社会性在学问的层面上进行了彻底的检验。

2　李泽厚对朱光潜的批判

（1）论述美感和美的社会性的李泽厚。

前面也曾提到，20世纪50年代美学论争的中心是朱光潜和李泽厚的对立。李泽厚在1956年发表论文《论美感、美和艺术——兼论朱光潜的唯心主义美学思想》，其批判的焦点在于朱光潜的美学思想缺乏社会性。

> 我认为朱先生的唯心主义主要不在于提错了问题……而主要却在于如何回答问题、如何分析解决问题。……是掩盖美感问题的矛盾，把矛盾的一面吹胀夸大和绝对化，从而把美感经验的心理活动歪曲地归结为一种与社会、与理智无关的个人主观的神秘直觉呢？还是揭露美感问题的矛盾，揭示出它的真实的本质和特征，从而把美感经验的心理活动科学地解释为一定

> 社会环境、文化教养的客观必然产物呢?[30] [着重号为原文所有]

在此需要注意的是，李泽厚使用了“个人主观的神秘直觉”这一用语。李泽厚认为，朱光潜和克罗齐都是将直觉置于美学理论的核心，在此基础上，与理智相比，更加颂扬重视直觉的“艺术上的反理性主义”[31]。与此相对照，李泽厚认为自身的立场不是神秘的，而是基于理性的，对于“美感的客观的社会的功利性”[32]进行了充分的阐述[33]。

> 他们[朱光潜、克罗齐等唯心主义美学者]强调美感直觉的“超功利”“非实用态度”“无所为而为”的表面现象的一面，而根本没有看到或拒绝承认就在这“超功利”“无所为而为”的表面现象下就潜伏着“功利的”“有所为”的社会实质。个人的超功利非实用美感直觉本身中，就已包涵了人类社会生活的功利的实用的内容，只是对于个人来说，这种内容常不能察觉而是潜移默化地形成和浸进到主观直觉中去了。正因为如此，所以才产生和决定了美感的阶级性、民族性、时代性种种差异。[34]

对于李泽厚而言，要点在于，美感看起来是主观的、个人的心灵的作用，其实是被阶级、民族、时代等社会的因素所客观地决定的。这不仅仅是美感，对美也同样适用。李泽厚说：“没有人类社会，就没有美。”[35]他认为自然美也是“社会化的结果”[36]，一举解决了“美的社会性问题”[37]。

李泽厚这种主张“美的社会性”的批判，大概充分取得了政治效果，但是，作为对朱光潜美学思想的批判却并不成功。[38]下面分析其原因所在。

（2）康德和超越论的社会性。

首先考察一下朱光潜和克罗齐都“强调美感直觉的‘超功利’‘非实用态度’‘无所为而为’的表面现象的一面”这一点。在此，李泽厚认为他们都是依据康德，但是康德在《判断力批判》中如此论道：

> 因此，在趣味判断中，除了与所有的关心分离的意识，这种判断还必须与对所有人的妥当性的要求结合起来，而且，缺乏诸客观事物中的普遍性。也就是说，趣味判断必须与对主观的普遍性的要求结合起来。[39]

这里很清楚，康德虽然一度切断了对外部事物的关心，在主观的维度上提炼出趣味判断，但是他强调，那是和“对所有人的妥当性的要求”结合在一起的。也就是说，虽然是主观的，却必须具有某种普遍性。这正如李泽厚所希望的那样，不是把美感这一经验还原为“与社会、与理智无关的个人主观的神秘直觉”的态度，而是分析作为经验的可能性的条件的趣味判断，在此基础上重新建构“主观的普遍性”。

康德如此定义趣味判断，认为那是借助想象力在表象和主观的愉快与否的感情之间建立联系，只能是“主观的”美感的判断，由此开始其“美的分析”[40]。在此，康德首先要做的是，命令不可关心该对象的现实存在。

> 为了做好关于趣味的审判官，丝毫不可被事物的现实存在所吸引，对其必须全不在意。[41]

这种毫不关心的断绝，雅克·德里达称之为“一种超越论的还原”[42]。在此基础上，康德再次重新建构“主观的普遍性”。

> 因此，除了没有任何目的（无论是客观的目的，还是主观的目的）的、存在于某一对象的表象之中的主观的合目的性之外，从而，只要我们意识到合目的性的形式，某一对象除了我们被这种合目的性的形式所赋予的表象之中的合目的性的形式本身以外，我们无法满意地断定此对象可以不依据概念而进行普遍的传达，从而也就无法形成规定趣味判断的根据。[43]

也就是说，康德认为，李泽厚所批判的“美感直觉的‘超功利’‘非实用态度’‘无所为而为’的表面现象的一面”，对于重新构成可以普遍传达的可能性，或者普遍的妥当性，是不可或缺的。这不是因为，康德对美感的判断的论述是立足于重视直觉而不是理性的“艺术上的反理性主义”，而是因为他要追求将理性和道德、自然与自由联系在一起的，超越论的相互主观性或者超越论的社会性。李泽厚完全是在经验的维度上讨论社会性，而康德则是在超越论的维度上讨论社会性。

（3）朱光潜的“中间的路”。

其次，关于朱光潜，李泽厚的批判也没有瞄准目标。之所以这样说，是因为朱光潜不是康德或者克罗齐的祖述者，实际上，他比李泽厚更早开始主张经验的社会性。在成为美学论争的导火索的《我的文艺思想的反动性》中，他如此论述：

> 直觉活动只限于创造或欣赏白热化的那一刹那，而艺术活动并不只限于那一刹那，在那一刹那的前或后，抽象的思维，道德政治等等的考虑，以及与对象有关的种种联想都还是可以对艺术发生影响的。这个看法我至今还以为是基本正确的，因为它符合形象思维与抽象思维的辩证的统一，也符合艺术与其他部门的人生活动的联系。我的错误不在提出这种矛盾的看法，

来破坏克罗齐的理论系统的完整；我的错误在于没有坚持这种看法，有时说些与这种看法完全矛盾的话，自打耳光。如果坚持这种看法，我就应该根本放弃“艺术即直觉”的定义，这就等于说，要放弃主观唯心主义的基本立场。[44]

在这篇自我批判的文章中，朱光潜后悔的是，没有能够坚持自己本来承认的“艺术与其他部门的人生活动的联系”的立场。朱光潜主张，自己本来就是在道德或政治等与他者的社会关系中思考美感的经验的。这绝不是为了分辩而分辩，因为朱光潜在其美学思想的历程中，一次也不曾放弃过社会性的维度，尤其是道德。[45]

例如，在朱光潜的博士论文《悲剧心理学》（1933）的“第一章 绪论：问题的提出和全书的提要”中如此论道：

我们所讨论的问题的重要性并不局限于心理学。这个问题的解决对美学也将是一大贡献。在遇到道德与艺术的关系问题时，美学研究者们往往茫然无所适从。相信浪漫派或克罗齐及“表现派”理论的人，坚决肯定艺术的内在价值和审美经验的独立性。似乎只应当为艺术而艺术，艺术有它本身存在的内在理由；艺术并不为任何外在的目的服务，如宣传道德的教训或谋取实际的利益。有人甚至完全否认生活对艺术的影响以及联想在审美经验中的作用。另一方面，遵循从柏拉图到托尔斯泰悠久的哲学传统的人，则同样坚决地肯定艺术完全依附于生活和道德。艺术应该像美德一样，完全是一种“善”。有人甚至走得更远，视艺术为道德的奴仆。这互相对立的两派在悲剧的领域里争论得最激烈，因为在这个领域内，我们随时会遇到正义、艺术的道德作用以及生活对艺术的影响等等问题。因此，没有悲剧提供的论据，这场争论是不可能有结果的。[46]

早在这一时期，朱光潜就尝试通过对悲剧的研究，解决“正义、艺术的道德作用以及生活对艺术的影响等等问题”，并且也开始与克罗齐拉开距离。

这一点在《文艺心理学》的修改中也反映出来了。1936年交付初版时，朱光潜开始重新写第七章和第八章，题为“文艺与道德”（关于这两章，本文下一节将会详述）。另外，在也是重新补足的第十章“何谓美”中，虽然不是对美感，却对美定义如下：

> 美不仅在物，亦不仅在心，它在心与物的关系上面；但这种关系并不如康德和一般人所想象的，在物为刺激，在心为感受；它是心借物的形象来表现情趣。[47]

李泽厚把这个地方理解为“主客观的统一”，并断言这种同时包含主观和客观的“中间的路”，最终会导致“唯心主义”。[48]但是，李泽厚主张得愈是强烈，便愈是使自己的立场接近朱光潜。李泽厚也批判蔡仪那种提倡美的客观实在论的“旧唯物主义”，强调美或者美感的经验的社会性。[49]

正是因此，朱光潜确信自己的立场比李泽厚更加重视艺术社会性，反过来如此批判李泽厚。

> 我这样看，李（泽厚）、洪（毅然）（1913—1989）等说，我把“美的社会性统一于主观”。不错，我所理解的社会性就是社会意识形态性，意识形态本来既是社会性的，又是主观的，说我“把美的社会性统一于主观”，就算定了罪名吗？我强调过主观的意识形态还是由客观存在决定的，强调过主观与客观不能以形而上学的方法分裂开来。李、洪等就单提我着重主观意识形态一点，而不肯正视我的“客观与主观的统一”那个基本主张。[50]

那么，认为李泽厚的批判并不准确的朱光潜，在社会性的概念之下，他发现的是什么呢？他想要发现的是什么呢？从康德式超越论的社会性来看，那不过是经验的社会性而已。但是，如果将其单纯地理解为切断主客观联系之前的自然的前提，那就过于性急了。朱光潜所思考的问题，是包括李泽厚的阶级性、民族性、时代性等概念在内的某种其他的传统要素，即中国这一主题。为了提炼出这一主题，朱光潜原本就已尝试摆脱克罗齐。

3 朱光潜与克罗齐——关于道德

本文在此打算明确朱光潜自身的西洋美学理解的基本框架及其西洋美学批判的视角。为此，还有必要首先考察朱光潜与他曾经最受影响，却又不得不对其进行曲折批判的贝奈戴托·克罗齐之间的关系。

（1）1927年的朱光潜和克罗齐。

朱光潜最初接触克罗齐，是1927年在爱丁堡大学，阅读克罗齐的论文《论悲剧的快感》时。当年朱光潜就发表了《欧洲近代三大批评学者（3）——克罗齐》一文。[51]朱光潜认为克罗齐的美学思想的关键在于“美术（艺术）是直觉”这一定义，由此导出了四点意义。[52]

> 第一，美术既是直觉，所以只是精神的活动而非物理的事实。
>
> 第二，美术既为直觉，则与功利作用无关。
>
> 第三，美术既是直觉，所以与道德作用无涉。
>
> 第四，美术既是直觉，则不但与善的问题无关，与真的问

题也不相涉。真假是非都是概念的知识。概念的知识属于哲学范围，其目的在于判别实在与非实在。

当时，朱光潜还在阅读克罗齐的《美学纲要》（1913），上述四点意义，基本上沿袭了其中的议论结构。[53]在此引用一下其中朱光潜对第三点的解说：

克罗齐这个主张在他的美术学说中是最重要的。在中国，“文以载道”一条金科玉律束缚了二千余年的文艺，固不消说；就是西方，以伦理眼光论艺术也是“自古有之”。柏拉图（Plato）反对诗歌就是因为她的影响是不道德的。近如托尔斯泰，就著一本《艺术论》专门主张艺术应受道德的支配和裁判。现代美学家虽对此种见解多怀疑，而秉有大哲威权明目张胆地宣告“美术超道德”的则从克罗齐始。[54]

此时，朱光潜高度评价宣言“美术超越道德”的克罗齐，但是，日后当他批判克罗齐的时候，其批判的焦点正是指向此道德。

（2）1936年的朱光潜和克罗齐。

下面再回到《文艺心理学》（1936）的议论。朱光潜在其序文中写道：

从前，我受从康德到克罗齐一线相传的形式派美学的束缚，以为美感经验纯粹地是形象的直觉，在聚精会神中我们观赏一个孤立绝缘的意象，不旁牵他涉，所以抽象的思考、联想、道德观念等等都是美感范围以外的事。现在，我觉察人生是有机体；科学的、伦理的和美感的种种活动在理论上虽可分辨，在事实上却不可分割开来，使彼此互相绝缘。因此，我根本反对克罗齐派形式美学所根据的机械观，和所用的抽象的分析法。[55]

这种对克罗齐的批判是在第十一章《克罗齐派美学的批评——传达与价值的问题》中，更加缜密地展开的。其要点有三：第一，机械观；第二，没有触及传达的问题；第三，不做价值判断。对于第一点，陈述了应该取代机械观，采用整体性地把握人的存在方式（“人生”）的有机体观的意见。另外，第三点是说，在克罗齐的议论中，直觉原封不动地成为表现，只要能够成功地表现，一切都是美，因此无法进行美丑的价值判断。其中重要的是第二点，因为以传达为问题，正是以社会为问题。

> 克罗齐要着重艺术是心的活动这层道理，所以把翻译在内的意象为在外的作品（即传达）这件事看得太轻。在他看来，心里直觉到一种形象或是想见一个意象，就算尽了艺术的能事。真正艺术家都是自言自语，没有心思要旁人也看见他所见到的意象。[56]

> 照克罗齐说，艺术家都是自言自语者，没有把自己的意境传达给别人的念头，因为同情、名利等等都是艺术以外的东西。这固然是一部分的真理，但却不是全部真理。艺术家同时也是一种社会的动物，他有意无意之间总不免受社会环境的影响。……如果英国伊丽莎白后时代，戏剧不是最流行的娱乐，莎士比亚也许不会写出他的许多杰作，如果拜伦生在十八世纪初叶，他也许和蒲柏做同样的假古典派的诗。每时代的文学风格都与当时社会背景有关，我们只稍研究文学史就可以知道。人是社会的动物，到能看出自我和社会的分别和关联时，总想把自我的活动扩张为社会的活动，使社会与自我同情。同情心最原始的表现是语言。艺术本来也是语言的一种。没有社会就没有语言，也就没有艺术。[57]

如前所示，李泽厚认为“把美感经验的心理活动科学地解释为一定社会环境、文化教养的客观必然产物”的立场，与朱光潜是对立的。然而，朱光潜在此展开的追问艺术与社会的关系的议论，与李泽厚颇为仿佛。在1936年的时候，朱光潜批判克罗齐，与后来李泽厚对其自身的批判，用的是同样的方法。[58]

（3）艺术和道德——朱光潜对道德的导入和重新定义。

那么，作为社会性的重要因素的道德将会如何呢?[59]对此进行详细论述的是《文艺心理学》的第七章、第八章。其要点在于，在应该与道德无关的直觉活动的前后，再次导入道德。朱光潜在结论部分，在艺术与道德的关系上，设定了三个阶段，即第一，在美感经验中，第二，在美感经验前，第三，在美感经验后。[60]

朱光潜承认，在第一的美感经验之中，艺术与道德是没有关系的，或者应该是没有关系的。认为在这一阶段，康德和克罗齐的“形式派美学”的议论是有效的。[61]但是，在第二的美感经验之前的阶段，因为人是在各种各样的外在因素（道德、宗教、政治、文艺等）中生活的，无论那是多么平凡，都不得不承认艺术和道德有着密切的关系。[62]存在于艺术发生之前的道德，可以认为是既定条件规定。虽说如此，在第二的阶段中，事先存在的道德即使在某种程度上制约着艺术，也不能说必然地就规定了艺术，更不能说，艺术是内在地和道德相联系的。

对朱光潜而言，更重要的是证明第三的美感经验之后的阶段，与道德是如何不可避免地结合在一起的？为此，朱光潜首先将康德和克罗齐的形式派美学所主张的“为文艺而文艺”、“为诗歌而诗歌”，定义为切断文艺以外的外在要素（文化、宗教、教训、情感等），确定文艺本身价值，然后论道，尽管如此，在对文艺作品进行批评的场合，仍有考虑外在要素的余地。在其基础之上，从如下两点来论证文艺本身可以产生道德影响。

一个论证是通过重新定义道德的存在方式自身来进行论证。朱光潜从柏拉图、亚里士多德以及中世纪的基督教教父的伦理学说出发，认为他们所谓的“最高的善”就是“无所为而为的观赏（disinterested contemplation）”，换而言之，这正是形式派美学所主张的美。[63]另一个论证是，主张艺术的功能在于，向人们展示与普通世界不同的另一世界，突破想象力的界限的启发，那意味着“伸展同情，扩充想象，增加对于人情物理的深广真确的认识”，因此，艺术可以成为“真正道德的基础”[64]。

> 道德是应付人生的方法，这种方法合式不合式，自然要看对于人生了解的程度何如。没有其他东西比文艺能给我们更深广的人生观照和了解，所以没有其他东西比文艺能帮助我们建设更完善的道德的基础。[65]

要而言之，朱光潜通过重新定义道德和使艺术效果与道德基础重合，来论证艺术和道德之间有着无法切断的纽带。[66]

但是，如果这样的方法可以在艺术和道德之间建立内在的关系，对克罗齐本人而言不也同样是可能的吗？对于克罗齐的美学欠缺社会性的这一批判，由于朱光潜对道德的重新定义，不是被其自身所推翻了吗？

4 克罗齐的道德与“传达”

（1）以道德为目标的克罗齐。

本来克罗齐对道德也有着非比寻常的关心。1902年出版了《作为表现科学和一般语言学的美学的理论》[67]之后，1909年又出版了

《实践的哲学——经济学和伦理学》[68]。根据上村忠男的记述[69]，克罗齐在高中毕业后不久的地震中失去了双亲和妹妹，自己也身受重伤，之后的一段时间里，据说他甚至怀疑生存本身。将克罗齐从绝望中拯救出来的是在罗马大学听安东尼奥·拉布里奥拉（Antonio Labriola，1843—1904）[70]的道德哲学讲义，是其所依据的约翰·弗里德里希·赫尔巴特（Johann Friedrich Herbart，1776—1841）伦理学。这一伦理学提倡“与存在对置的当为的尊严”，克罗齐由此而将“人的道德的或者伦理的自我实现”作为“其学问的终极目标”。

但是，克罗齐不是单纯地鼓吹道德。人的活动之中，有些是无法用道德来把握的。只是由于一直以来人们想要将其道德化，所以无法认识其真相。对克罗齐来说，那就是“功利的或者经济的”活动，以及在其基础上才能被认识到的政治。在其思想背景中，存在着克罗齐对马克思主义尤其是其经济学研究的接受，还有对马基雅维利式的政治学的探求。[71]

所以，对克罗齐而言，道德所处位置是这样的：在人的活动的实践领域中，第一阶段是功利的或者经济的活动，是“道德上的无善无恶”。然后，以第一阶段为前提条件，第二阶段的道德活动才有可能。换句话说，如果没有功利的或者经济的活动，就不存在道德活动。[72]

（2）道德和美学。

需要注意的是，这种对道德的定位，克罗齐在《作为表现科学和一般语言学的美学的理论》中就已经给出来了。首先，克罗齐把人的活动分为四个契机：真、善、美，再加上利，即学问、道德、艺术和经济。然后，这四者被分为两组，一组是艺术（直觉的认识、表现）和学问（知性的认识、概念）这种认识（理论）活动，另一组是经济（实用、功利）和道德这种实践活动。在每一组中都存在一种阶段性的关系，前者为后者提供条件，而前者又是后者的条件。

> 作为认识活动的两个阶段，审美活动和逻辑活动，在实践活动中也有着重要的对称性，但是，这一点至今没有被明确地揭示出来。实践活动也分为第一和第二两个阶段，第二阶段包含着第一阶段。第一的实践阶段是单纯的实用的或者经济的活动，第二阶段是道德活动。经济学好像实践生活的美学，道德学好像其逻辑学。[73]

> 精神有四个契机或者阶段，其配置如下。认识活动与实践活动的关系，和认识的第一阶段与认识的第二阶段的关系，以及实践的第一阶段与实践的第二阶段的关系，是同样的。在其具体的形式中，这四个阶段都是后者包含着前者在内。也就是说，概念不能脱离表现而独立存在，实用不能脱离概念和表现而独立存在，道德不能脱离概念、表现和实用而独立存在。只有审美的事实在某种意味上是唯一独立的，其余的三个多少都有着依赖性。其中逻辑活动所依赖的条件最少，道德的意志所依赖的条件最多。[74]

如果没有艺术，道德就无法存在，但是，即便没有道德，艺术也可能存在。也就是说，克罗齐不是使艺术从属于道德，而是反过来构想了艺术为道德赋予条件的构图。当克罗齐说：“以上关于美的判断所叙述的内容，对于所有其他的活动或者其他的判断也都是同样妥当的，科学的、经济的以及伦理的批评都是以同样的方式进行的。”[75]他是想要在美学与道德之间找出联系，到1913年的《美学纲要》，就开始提出以下主张。

> 直接将艺术与道德同一化的做法被否定了，但是，现在有

> 必要明确指出，两者之间是有关系的。诗人从所有其他的热情中解放出来，保持着对艺术的热情，与此同时，在这种热情之中，也同样保持着义务（对艺术的义务）意识。所有的诗人都是在创造行为中完成神圣的义务，故而都是道德的。[76]

“所有的诗人都是在创造行为中完成神圣的义务，故而都是道德的。”这与本文第三节的（3）所确认的朱光潜关于重新导入道德的议论是重合的。要而言之，克罗齐也和朱光潜同样，认为美感判断可以成为道德判断的基础。限于此而言，朱光潜对克罗齐批判，作为批判并不成功。而且，与朱光潜试图找出把作为第一契机的艺术与实践活动直接联系起来的可能性的做法不同，克罗齐则是在两者之间，插入了作为第二契机的学问（知性的认识、概念）这另一种理论活动，还有作为第三契机的经济（实用、功利）这已成为基础的实践活动，通过这样做，他设法避免将美学与伦理直接相联的，道德主义的危险倾向。

（3）美学的外部——关于“传达”

那么，“传达”又是怎样的呢？克罗齐不是重视个人内在的美感的“表现”，轻视将其作为艺术作品而外在化即“传达”吗？倘若如此，即使讨论艺术与道德的关系，恐怕也无法将两者内在地联系起来。朱光潜在翻译《作为表现科学和一般语言学的美学的理论》时所付的译注中，反复提到这一点。

> 这段在克罗齐的美学中很重要。他把“表现”和“传达”分开，前者是艺术的活动，后者是实践的活动。他把“传达”叫作“外射（外在化)”即一般人所谓“表现”；他所谓“表现”完全在心里完成，即一般人所谓“腹稿”（在头脑中考虑）。胸有成竹，竹已表现；把这已表现好的竹写在纸上，这是“传达”

或“外射”，是实践的不是艺术的活动，它有“给别人看”或“备自己后来看”那一实践的目的。[77]

克罗齐的学说在叙述这四个阶段（印象、表现、快感、向物理现象的翻译）时说得最简明了，但是第四阶段与第二阶段是否可以完全割开，即构思或表现时是否不运用传达媒介，颇成问题。[78]

实际上，克罗齐的议论并非不承认“传达”。其实，对克罗齐而言，成问题的是，物理性地存在着的艺术作品本身并不是美，为了成其为美，必须有内在的“表现”作为其前提条件。

这么说来，朱光潜又一次没有正确地理解克罗齐。而且，恐怕他自己也意识到了，自己的理解过于勉强。到底为什么朱光潜如此重视美与美学外部的道德之间的直接关系？如此拘泥于作为艺术作品被外化即“传达”呢？必须转向对中国这一主题的考察。

5 朱光潜和中国

在我过去的写作中，自认为用功较多，比较有点独到见解的，还是这本《诗论》。[79]

（1）语言的位置。

朱光潜在《诗论》[80]中展开的内容，一言以蔽之，便是要证明克罗齐式的“表现”与“传达”是不可分的，正是因此，中国诗有着作为诗的独特的基础。

为此，和克罗齐一样，朱光潜首先批判了通行的艺术观。通常认为，先有内在的情感或思想这种实质，然后由外部的语言或媒介这种形式表现出来。而朱光潜则取而代之，主张实质和形式不可分。

思想和语言既是同时进展，平行一致，不能分离独立，它们的关系就不是先后内外的关系，也不是实质与形式的关系了。……

如果我们分析情感与语言的关系，也可以得到同样的结论。……

总之，思想情感与语言是一个完整连贯的心理反应中的三方面。心里想，口里说；心里感动，口里说；都是平行一致。[81]

此处的朱光潜并没有脱离克罗齐，因为主张“直觉就是表现”的克罗齐也是以“实质”与“形式”不可分离为前提的。[82]那么，朱光潜在何处开始不同于克罗齐的呢？克罗齐看起来似乎是把“形式”完全还原为实质，使形式这一问题消失了，与此相对，朱光潜则主张形式先于实质，并规定着实质。正是在这一点上，两人开始分道扬镳。朱光潜写道：

总之，克罗齐的表现说在谨严的逻辑烟幕之下，隐藏着许多疏忽与混淆。我们的表现说和它比较，至少有三个重要的异点：

（一）他没有认清传达媒介在艺术想象中的重要，我们把语言和情趣意象打成一片。在他的学说中语言没有着落，依我们它就有着落。

（二）他把“表现”（直觉）和“传达”看成截然悬隔的两个阶段，二者之中没有沟通衔接的桥梁；我们认为“表现”阶段便已含一部分“传达”，传达媒介是沟通两阶段的桥梁，这在诗中就是语言。

（三）他没有分清有创造性的“传达”（语言的生展）和无创造性的“记载”（以文字符号记录语言），而我们把这两件事分得很清楚。“传达”在他的学说中不是艺术的活动，在我们的学说中是很重要的艺术活动。[83]

在这个地方，对朱光潜而言，重要的是承认，语言所代表的“传达”的媒介，事先规定着艺术的想象和创造。但是，这究竟会归结到何处呢？

《诗论》的后半用于论述作为中国艺术代表的中国诗。既然对于想象和创造而言，语言是先验的规定性要素，那么，用承载着中国文化和社会的中国语书写的中国诗，必定有着与西方或者日本的诗歌不同的独特性。也就是说，从“传达”的媒介先验地具有规定性这一前提出发，导出了区别于一般艺术的中国艺术这一特殊的存在。艺术中的中国这一主题，与中国语这一媒介同时出现了。

（2）中国语和中国诗。

那么，用中国语写的中国诗的特征是什么呢？朱光潜认为是“韵”[84]。

日本诗和西方诗都可以不用韵，中文诗也可以不用韵么？韵在中国是常和诗相连的，自有诗即有韵。[85]

中文诗用韵以显出节奏，是中国文字的特殊构造所使然。[86]

之后，朱光潜花费了大量篇幅讨论中国诗中的“韵”以及“声（音）”即音律的具体情况。在此虽然不能一一加以介绍[87]，但是希望读者注意的是，朱光潜认为为了充分体现这种音律，中国诗必须用“写的语言”来写作。为什么绝不是“写的语言”呢？这里体现了朱光潜对于诗的语言的独特态度。诗的语言绝不是自然的语言。它必须是被精炼过的语言。

朱光潜无论如何都不能接受胡适所说的白话。“做诗决不如说话。”[88]这是朱光潜批判胡适的话。[89]朱光潜认为胡适的《白话文学史》的根本原则在于“做诗如说话”，这一原则是个“错误”，诗必须与散文（白话文）区别开来。[90]这一主张并不仅仅是因为当初白话运动在做诗的时候反对“韵”[91]。更重要的是因为他认为，诗的语言不同于口语这种日常的语言，而应该是在意识到音律和文法等规则以及诗的传统的基础上，使用更加精炼的语言。

> 不过提倡白话者所标出的“做诗如说话”的口号也有些危险。日常的情思多粗浅芜乱，不尽可以入诗；入诗的情思都须经过一番洗练，所以比日常的情思较为精妙有剪裁。语言是情思的结晶，诗的语言亦应与日常语言有别。无论在哪一国，“说的语言”和“写的语言”都有很大的分别。说话时信口开河，思想和语言都比较粗疏，写诗文时有斟酌的余暇，思想和语言也都比较缜密。散文已应比说话精炼，诗更应比散文精炼。[92]

不过，朱光潜并不是单纯地贬低“说的语言”，重新提倡“写的语言”。如前所示，朱光潜反对那种认为先有内在的情感和思想，然后将其用外部的语言表现出来的那种艺术观。那也是中国自古作为“诗言志”而论述的艺术观。朱光潜不承认这种感情的自然流露。[93]因为他认为艺术完全是人为的，而且作者与作品之间有着距离，作者有必要对传达用的媒介加以彻底的“精炼”。[94]换句话说，他反对白话运动，再度导入“写的语言”，是为了设定不能够还原为“说的语言”的自然性的人为创作的维度。

（3）没有土性的土语。

反过来说，即使是“说的语言”，如果是被精炼过的，作为诗的语言，朱光潜反而会积极地予以承认。

> 欧洲文学史上也起过数次的白话运动。最重要的有两个：一个是中世纪行吟诗人和但丁（Dante）所提倡的，一个是浪漫

> 运动期华兹华斯诸人所提倡的。但丁选定“土语”（the vulgar tongue）为诗，同时却主张丢去“土语”的土性，取各地“土语”放在一起“筛”过一遍，筛出最精纯的一部分来另造一种“精炼的土语”（the illustrious vulgar）为做诗之用。我觉得这个主张值得深思。
>
> 总之，诗应该用“活的语言”，但是“活的语言”不一定就是“说的语言”，“写的语言”也还是活的。就大体说，诗所用的应该是“写的语言”而不是“说的语言”，因为写诗时情思比较精炼。[95]

受到但丁的《论俗语》[96]的启发，朱光潜认为如果是“精炼的土语”，就可以认可“说的语言”。只是，这是没有“土性”的“土语”，只能是在切除朴素的自然性的基础上获得的，人为地完成的“活的语言”。

这里值得注意的是朱光潜所诉诸的“土”这一概念。这一方面是主张诗的语言必须是完全扎根于中国，但与此同时，又强调必须去掉“土”所自然而然地带有的“土性”。对朱光潜而言，“土”完全是下一步应该去建构的都市性的、文化的根源。

这一点在1962年他再度谈及但丁的文章《但丁的〈论俗语〉》中，表现得更为明确。

> 但丁所要求的诗的语言是经过筛滤的“光辉的俗语”（精炼的土语），并不符合胡适所宣扬的“做诗如说话”，也不像英国浪漫派诗人华兹华斯在《抒情民歌序》里所要求的“村俗的语言”或“人们真正用来说话的语言”。他并不认为诗歌的语言是“自然流露的语言”，相反地，他说，“诗和特宜于诗的语言是一种煞费匠心的辛苦的工作”。他主张诗歌应以从保姆学来的语言

> 为基础，经过筛滤，滤去“土俗气”的因素，留下“最好的”“高尚的”因素。他所采取的是“城市性”的语言，也就是有文化教养的语言。[97]

要而言之，朱光潜心目中的诗的语言，是但丁所说的那种“高贵的俗语”[98]，从中寻求扎根于历史文化遗产的“城市性”。

（4）作为一棵花的中国现代主义。

在《诗论》出版的 1943 年，朱光潜写了《从我怎样学国文说起》一文，其中如此论述白话与文言的关系。

> 较好的白话文都不免要在文言里面借字借词，与日常流行的话语究竟有别。这就是说，白话没有和文言严密分家的可能。本来语文都有历史的赓续性，字与词有部分的新陈代谢，决无全部的死亡。提倡白话文的人们欢喜说文言是死的，白话是活的。我以为这话语病很大，它使一般青年读者们误信只要会说话就会做文章，对于文字可以不研究，对于旧书可以一概不读，这是为白话文作茧自缚。白话文必须继承文言的遗产，才可以丰富，才可以着土生根。[99]

这里也非常明确地谈到了，作为白话文应该扎根于此的，土性的、中国的历史文化遗产。但是，为了创作出没有土性的“精炼的土语”，不能原封不动地继承已经存在的文化遗产，必须舍弃土性，重新发现更加强有力的固有性即“土”。精炼的艺术的维度，在于通过去除缠绕着情思和语言的自然性，把更加根源性的“土”，作为中国而恢复。朱光潜把这种没有“土性”的“土”，用“民族”一语重新命名。

朱光潜在《诗论》的附录中收入的《给写新诗的年青朋友的信》（1941）一文中，已经在论述“民族诗”的重要性。[100]另外，1947

年《文学杂志》停刊十年之后复刊之际，朱光潜也谈及“民族的完整生命”，并如此论道：

> 我们对于文学的看法，犹如我们对于文化的看法，认为它是一个国家民族的完整生命的表现。一个国家民族的完整生命有它的历史传统，现时的内部环境与外来影响，以及人民对于这些要素所酿成的实际生活的体认。因此，文学这棵花所赖以滋润的土壤很广，它不能脱离哲学，艺术，科学等等文化部门而独立。[101]

在此可以看到，朱光潜对于艺术，一方面要求去除自然性，另一方面却又要求更加深厚、固有的民族的土壤。这种矛盾之处，正是朱光潜的中国的现代主义的特征。它淡化了要求去除自然性的现代主义的侧面，同时，在朱光潜的美学中，中国这一主题的固有性执拗地凸现出来。

结语　中国的现代主义的去向

如上所述，朱光潜的中国现代主义，使得将艺术与其外部的社会性直接联系起来成为可能。这大概是比李泽厚所期望的更加深刻地将艺术植根于中国这一主题。但是，这同时也意味着，克罗齐式的现代主义竭力要避免的艺术的道德主义化或者哲学化、经济化、政治化，在此得到了容忍。

当批判克罗齐之际，朱光潜至少试图避免将道德带入艺术创造之中（第三节）。但是，在讨论中国诗的时候，他却使作诗的过程本身为中国文化传统所浸透，使之扎根于更加根源性的“土”（第五节）。那无非是将传达导入表现之中，将外部的社会性导入艺术创造的核心。愈是强调传达的意义，则愈是难以避免艺术的道德主义化。

刚才提到的《文学杂志》其实还有另外一篇发刊词。那是这份杂志于 1936 年由朱光潜担任主编而创刊之际的文章，题为《我对本杂志的希望》。

> 着重文艺与文化思想的密切关联，并不一定走到“文以载道”的窄路。从文化思想背景吸收滋养，使文艺植根于人生沃壤，是一回事；取教训的态度，拿文艺做工具去宣传某一种道德的、宗教的或政治的信条，又另是一回事。这个分别似微妙而实明显。从历史的教训看，文艺上的伟大收获都有丰富的文化思想做根源，强文艺就范于某一种窄狭信条的尝试大半是失败。[102]

拒绝使文艺服从道德、宗教、政治等特定的信条，使之“植根于人生沃壤”，这就是朱光潜当时的希望。美学中的中国的现代主义，在这一不易实现的希望之上，绽放了一朵花[103]。

东与西的回响

——辜鸿铭的《中庸》英译

广濑玲子

前　言

如果说东方主义是通过将东方作为异物来认识，从而表现出来的西方的自我认识的话，那么这也是来自于在与他者相对之际，事先预期要在对方那里发现与自身不同之处的态度，但这并不是与他者相对之际的唯一的态度，还有一种态度，不是要在对方那里寻找与自身的相异之处，而是要找出共通之处。这种态度有时候只会显得一厢情愿，不是把他者作为他者看待，而是贸然地将其视为自己的同类。然而，情况也未必总是如此。如果在他者和自己之间完全看不到接触点，两者之间就不可能建立任何关系。在对方那里总是能够找出某些与自己共通的地方。所谓关系，正是从这里开始的，其朴素性可能也不是那么容易舍弃的东西。

无论采取哪种态度，应该都是通过与他者相对，而认识自我。但是，辜鸿铭（1857—1928）的情况却是，中国/西洋未必与自我/他者相互重叠。他是出生在南洋英属马来西亚槟榔屿的华侨，上的是英国殖民地的学校，10—20岁期间基本上是在苏格兰的爱丁堡度过的。他在爱丁堡大学学习西方文学，取得硕士学位之后，周游欧洲，1880年又回到槟榔屿。作为张之洞的幕僚而在中国活动，是在1885年以后的事情。[1]

这意味着，辜鸿铭首先是借助庞大的西方文本而形成自我的。中国才是后来出现的他者。但是，辜鸿铭选择了中国作为其自我。他一面保持着刻入自身的西方文本，一面却把中国文明（chinese civilisation）作为自我之物，并进一步将其转换为西方文本。如此展开的翻译工作，往来于中国和西方之间，难道不会打破中国和西方的分界线吗？本文打算将辜鸿铭英译的《中庸》作为这样一种文本来进行解读。

1 体裁和目的

《中庸》的英译本 *The Universal Order, or Conduct of Life: a Confucian Catechism*（*being a translation of one of the four Confucian books, hitherto known as the Doctrine of the Mean*）是在1906年出版的，但是在此之前，作为辜鸿铭的著作，先有《论语》英译本 *The Discourses and Sayings of Confucius*（1898）。当时在横滨有一份英文报纸《日本邮报》（*Japan Mail*），辜鸿铭在上面发表了很多文章，向正在不断将中国殖民地化的列强传递信息，这些文章以及其他一些文章汇集而出版为《尊王篇》（*Papers from a Viceroy's Yamen: a Chinese Plea for the Cause of Good Government and True Civilization in China*, 1901）。在《中庸》英译本出版的1906年，还刊行了论述日俄战争的《日俄战争的道德原因》（*Nunc, Reges, Intelligite! The Moral Causes of the Russo-Japanese War*），这也是在《日本邮报》上连载过的。[2]这些著作和译作（初版），除了英译《论语》由别发印书馆（Kelly and Walsh）出版外，全部是

由《文汇报》(Shanghai Mercury) 出版。

据说辜鸿铭原计划将四书全部译成英文，但是只出版了《论语》和《中庸》。这两种译著都不是翻译原文并为了便于语言上的理解而加注的一般性的翻译。其独特的注释在《论语》的译本中虽然也能够看到，但是在《中庸》中更加显著。在仅靠译文便难以理解的情况下，敷衍其内容加以解说，这种例子在古典翻译中虽然屡见不鲜，但是辜鸿铭的做法比较独特，比如说，在翻译了《中庸》中的某一节之后的解说中（或者并没有解说），突然就插入一段在那里联想到的西方书籍中的引文。辜鸿铭在“Preface”（序）中对此说明如下。

> There is of course no "new learning" in all this, but what is better, there is *true* learning in it. The enunciation of the sense of moral obligation in some form or other is to be found in the best literature of every nation that has ever had a civilisation; and what is most remarkable, as I have shown in the notes I have appended to the translation of the text, the enunciation in the same form and language as it is in this book, written two thousand years ago, is to be found in the latest writings of the best and greatest thinkers of modern Europe. (p. x-xi)[3]
>
> 当然，这里没有什么“新知识”，但是在更好的意义上有着真正的知识。用某种形式阐明道德义务的感觉，只要是文明国家，在其最高的文学作品中都能够看到。而且，应该注意的是，如同我在翻译文本的注释中指出的那样，与两千多年以前写的这本书相同的形式和言辞，在近代欧洲最高级别的思想家们最近的著作中也能够看到。

也就是说，辜鸿铭认为，通过把“两千多年以前写的这本书”

（《中庸》）与“近代欧洲最高级别的思想家们最近的著作”进行对照，就能够自然地表明其为“真正的知识”。“无论古代还是近代，在欧洲文学之中，无一能够像这本小书那样，阐述道德义务或道德法则（moral law）单纯明快而直击要点，简洁无余而通俗易通”。他翻译《中庸》的目的在于让西方的（特别是英语圈的）读者理解“中国文明”是“道德的、真正的文明”（a moral and true civilisation），“Preface”最后如此做结。

> In conclusion, I wish to say here that if this little book from the old learning of China will peradventure contribute to help the people of Europe and America, especially those who are now in China, to a better understanding of the “moral law,” to a clearer, and deeper sense of moral obligation, so that they will be enabled when dealing with China and the Chinese to substitute, for the spirit and attitude of the civilisation of the “gunboat” and “the mailed fist” of Europe, the moral law; in their every relation with the Chinese as individuals and as a nation, to respect and obey the sense of moral obligation-then I shall feel that I have not spent in vain the labour of many years in understanding and translating this book. （p. xi-xii）
>
> 最后，我希望传达古代中国的知识的这本小书，多少能够有助于给欧洲或者美国的人们，特别是现在旅居中国的人们，带来对“道德法则”的更好的理解，和对道德义务的清晰而深刻的感觉。倘能如此，他们和中国或者中国人交往的时候，大概能够用道德法则取代欧洲的“炮舰”或者“武力”文明的精神和态度吧，而且，在他们作为个人，或者作为国家的所有关

系中，大概也能够尊重并遵从道德义务的感觉吧。到那时，我为了理解和翻译这本书而付出的长年的辛苦，也就并非徒劳了吧。

2 马修·阿诺德（Matthew Arnold，1822—1888）

那么，首先看看《中庸》第一章的翻译吧。[4]

天命之谓性，率性之谓道，修道之谓教。

天按照其命令，区别（人与万物，分别）赋予的是其各自的本性。顺从其本性就是（作为人当然应该奉行的）道。整治其道（使之洗练但易懂）的是（圣人的）教导。

The ordinance of God（天命）is what we call the law of our being（性）. To fulfill the law of our being is what we call the moral law（道）. The moral law when reduced to a system is what we call religion（教）.

人由于"天命"而具有的是"性"，遵从其性则是"道"，修治其道则是"教"。在英文翻译中，"天命"与 ordinance of God、"性"与 law of our being、"道"与 moral law、"教"与 religion 分别对应。[5]再稍微往下看看。

喜怒哀乐之未发，谓之中，发而皆中节，谓之和。中也者天下之大本也。和也者，天下之达道也。

喜怒哀乐等感情在涌动之前的平静的状态，称之为中。感情涌动，但是都符合应有的节度的状态，称之为和。中乃是全世界的（万事万物的）伟大的根本，和乃是全世界无论何时何地都通用的道。

> When the passions, such as joy, anger, grief and pleasure, have not awakened, that is our true self or moral being (中). When these passions awaken and each and all attain due measure and degree, that is the moral order (和). Our true self or moral being is the great reality (大本 lit. great root) of existence, and moral order is the universal law (达道) in the world.

在这里,“中”与“和”被总结为“喜怒哀乐之未发=中=天下之大本”、“(喜怒哀乐)发而皆中节=和=天下之达道”,在英语译文中,“中”译为 our true self or moral being,“和”译为 moral order,“达道”译为 universal law。

只看开头第一章也能够明白,moral(道德)、law(法则)和 order(秩序/命令)是辜鸿铭所着意强调的。令人觉得其将“中国文明”表达为“道德的、真正的文明”的意图似乎过于露骨了。但是,这里使用的英语表达,有许多所谓典故,是借此唤起西方读者的理解。

康德以来的 moral law(道德法则)及其对 universality(普遍性)的追问便是其一。辜鸿铭作为这本译著的卷首词,引用了康德的《实践理性批判》(1788)结语中著名的开头部分(那也是康德的墓志铭)。[6]

> Two things fill the soul with always renewed and increasing wonder and admiration the oftener and more deeply one's thought is occupied with them: the starry sky above and the moral law within me!
>
> 有两样事物,每当我想到它们的时候,心中总是充满感叹和崇敬之情,而且时间愈久,其情愈新,愈增。那就是在我之

上的璀璨星空，和在我之内的道德律令。[7]

也就是说，辜鸿铭一方面认为《中庸》是“中国文明”、“古代中国的知识”，另一方面又认为其与康德相同，用 moral law 这一译语来表现。moral law 一语每次出场，读者大概都能够由此而听到康德——进一步说，是由康德所启发的西方的知性——的回响吧。如前所述，在“Preface”中也提到，辜鸿铭频频引用“近代欧洲最高级别的思想家们最近的著作”（还引用了不能说是“最近”的莎士比亚戏剧和《圣经》），有阿诺德、爱默生、歌德、卡莱尔、拉斯金以及托尔斯泰。[8]这里显示了，《中庸》在某种意义上来说，是这些人的思想的先行者。

比如，前面提到的，对于“中”与“和”进行定义的那段译文之后，有如下注释。

> “our true self” -literally our central（中）inner self, or as Mr. Matthew Arnold calls it, “the central clue in our moral being which unites us to the universal order”. Mr. Arnold also calls it our “permanent self”. Hence, the text above says, it is the root of our being. Mr. Arnold says, “All the forces and tendencies in us are like our proper central moral tendency, in themselves beneficent, but they require to be harmonised with this central (moral) tendency.” -*St. Paul and Protestantism*.

> our true self——如字面所示，我们的中心的（“中”）、内在的自我，即马修·阿诺德所说的“使我们与宇宙秩序相通的，我们的道德性存在的，中心的线索”。阿诺德也称之为我们的“不变的自我”。因此，上面的文句是说，那是我们的存在的根本。阿诺德氏所谓：“在我们内部存在的所有的力量和倾向，和

我们固有的中心的道德倾向相同，其本身是充满了慈爱的，但是，还有必要和这个中心的（道德的）倾向相互调和。”（《圣保罗和清教主义》）

在马修·阿诺德的《圣保罗和清教主义》之中，的确频频出现 moral law，moral order，universal order，our moral being，universal moral order，moral sense，law of our being 等语句。前面作为“性”的译语出现的 law of our being、“中”的译语 our moral being 以及“和”的译语 moral order，还有第 16 章（通常是第 20 章）和第 25 章的“仁”的译语 moral sense，应该都是来自于阿诺德。另外，“中庸”一词的译语虽然并非固定不变（请参考下一节），在第 7 章译为 true central clue and balance in their moral being，在第 8 章和第 9 章译为 central clue in his moral being，显然用的是阿诺德的词汇。不正是这里的 central 一语，作为“中”的对应词，使辜鸿铭意识到《中庸》和这个地方的亲近性吗？进一步的，作为书名的《中庸》也是 *The Universal Order*，*or Conduct of Life*。[9]

另外，阿诺德关于宗教的思考也唤起了辜鸿铭的共鸣。第 11 章的注释如此论道：

In modern days the Christian Missionaries say that Confucianism is not a religion because it has no abstruse theory such as the Christian dogma of the Trinity, or the Godhead of the Eternal Son. “But surely,” says Mr. Matthew Arnold, “if there be anything with which metaphysics have nothing to do, and where a plain man without skill to walk in the arduous paths of abstruse reasoning may find himself at home, it is religion. For the object of religion is *conduct*; and conduct is really, however men may overlay it with philosophical disquisitions, the simplest thing in the world." Indeed, the greatness of Confucius as a true religious teacher lies even in this: that his teaching contains no abstruse "ism" and it insists not upon any singular theory of living, but upon the simple doing of plain ordinary duties of every day life.

近年来，基督教传教士们说，儒教没有像基督教的教义三位一体或者神之子的神性那样的深远的理论，所以不是宗教。"但是，的确，"马修·阿诺德说，"与形而上学全无关联，而且也没有能力去跋涉深远理论的艰难道路的普通人，如果还有能够怡然处之的地方，那就是宗教。之所以这样说，原因在于，宗教的目的在于'行动'，所谓行动，即使有人用哲学讨论来笼罩它，它依然是世界上最简单的事情。"孔子作为真正的宗教导师的伟大之处也正在于此。他的教导中没有深远的"主义"，不曾提出一个生活的理论等等，只是主张在日常生活中完成极其平凡的义务。

阿诺德有部著作名《美国演讲集》（*Discourses in America*, 1885），其中的一篇《爱默生》（Emerson），列举他在牛津大学学习期间受到其影响的人物，有纽曼、卡莱尔、歌德、爱默生等。以下将会看到，阿诺德和辜鸿铭有着共同的文化，熟悉同样的文本。[10]

3　R. W. 爱默生（1803—1882）

1908 年，在伦敦，作为约翰·穆莱出版社（John Murray）《东方智慧丛书》（*Wisdom of the East series*）中的一册，辜鸿铭译《中庸》刊行了。在这个版本中，上海版中的“Preface”有若干修改，作为“Introduction”（导言），此外，译文的注释也稍微简略一些（比如，上述对阿诺德引用都没有了），也没有上海版所附的“APPENDIX”（附录）。

另外，书名定为 *The Conduct of Life, or the Universal Order of Confucius: a Translation of One of the Four Confucian Books, hitherto Known as the Doctrine of the Mean*。辜鸿铭把 The Conduct of Life 放在了开头，这正是爱默生的著作《生活准则》（*The Conduct of Life*，1860）的标题。而且，对爱默生的引用，正是《中庸》第三章的注释。[11]从《中庸》原文开始看吧。

> 子曰：中庸其至矣乎。民鲜能久矣。
>
> 先生说：“中庸真是最高的品德啊。但是，很长时间以来，民众之中很少有人能够做到了。”
>
> Confucius remarked: — “To find and get into <u>the true central</u>（中）balance of our moral being, i. e., our <u>true moral ordinary</u>（庸）self, that indeed is the highest human attainment. People are seldom capable of it for long.”

在《中庸》原文中，第 1 章出现了“中和”一语，但是没有出现“中庸”这个词。在第 2 章，突然说：“仲尼曰，君子中庸，小人反中庸。”多少有些出人意料。在此“中庸”被译为 universal moral order。不知道为什么，辜鸿铭在第 3 章中把“中”和“庸”分开进行解释。[12]其后的注释如下。

> Emerson says: “From day to day the capital facts of human life are hidden from our eyes. Suddenly the mist rolls up and reveals them, and we think how much good time is gone that

might have been saved had any hint of these things been shown."

爱默生说："每天，人生的重大事实被蒙蔽起来。突然天晴雾散，那些事实呈现在我们眼前，令我们不禁感慨：如果这些事实曾经被暗示给我们的话，那些徒然浪费掉的时间本该是能够挽回的。然而，多少时光已经消逝了啊。"

虽然没有记载出典，但是这一段引文应该是出自爱默生《生活准则》的"假象"（"Illusions"，IX.）。这段话作为这个地方的注释是否合适，其实大有疑问，但是辜鸿铭主要着眼于其中些微的类似之处。另外，《中庸》第十二章引用了《诗经·大雅·旱麓》中的一节。

诗云：鸢飞戾天，鱼跃于渊。言其上下察也。

《诗经》中咏道："鸢高飞到天上，鱼潜游于深渊而奋力跃起。"那是在说，道之运行，上下无不至。

The Book of Songs says: "The hawk soars to the heavens above and fishes dive to the depths below."

That is to say, there is no place in the highest heavens above nor in the deepest waters below where the moral law does not reign.

因为是从该章的半途中引用的，《中庸》的原文意思似乎不是很清楚，其实如同译文所示，这里说的是，"道之运行"广阔无际，从人们身边直到天地尽头。其英语译文采用的是 moral law。关于这个地方的注释如下。

"If I take the wings of the morning and dwell in the uttermost parts of the universe, God is there." Emerson says: "The moral law lies at the centre of Nature and radiates to the circumference. It is the pith and marrow of every substance, every relation and every process.”

“我若展开清晨的翅膀，飞到宇宙最高的地方，神就在那里。”爱默生说，“道德法则存在于自然的中心，向着四周放射光芒。这正是所有实体、所有关系、所有过程的心髓。”[13]

开头的一段是引自《旧约圣经》《诗篇》139：9—10（但是，准确地说，不是“宇宙”而是“海［sea］”，“God is there”是不同于既有《圣经》英译本的，这是辜鸿铭自己的发挥），对爱默生的引用出自《论自然》（*Nature*，1836）的第5章“戒律”（“Discipline”）。《论自然》是爱默生最早的著作，在这部书中，爱默生认为，“自然整体是人类精神的隐喻”（the whole of nature is a metaphor of the human mind，第4章，语言），正是因此，自然被认为将反过来给人们以道德的影响。“万物都是道德的，在无限变化的同时，永远与灵的本性相关。”[14]

但是，爱默生的《论文集》第1集（*Essays*：*First Series*，1841）中收录的《灵的法则》（“Spiritual Laws”）中有如下一段话。

If you would not be known to do any thing, never do it. A man may play the fool in the drifts of a desert, but every grain of sand shall seem to see. …Confucius exclaimed, “How can a man be concealed! How can a man be concealed!”

如果你有些行为不想被人知道，那么就绝对不可尝试那些行为。即使是在大漠流沙之中作蠢人之行，那一粒一粒的沙子也在看着你。……孔子大声问道：“为什么人们试图隐瞒呢？为什么人们试图隐瞒呢？”[15]

最后的孔子的话出自《论语・为政》："子曰：视其所以，观其所由，察其所安，人焉廋哉，人焉廋哉（审视一个人的行为，观察他的经历，了解他如何能够安下心来，［他的人品］对谁都无法隐瞒，对谁都无法隐瞒）。"[16] 爱默生实际上是阅读并引用了《论语》，辜鸿铭又引用了爱默生。

爱默生是一个被称为 transcendentalist（译为"超越主义者"或者"超越论者"）的团体的中心人物[17]，他们在美国是最早开始真正关注东方思想的人们。其中爱默生特别是在 19 世纪 30 年代后半期以后，对印度教义、波斯诗歌、中国伦理思想兴趣日深，阅读相关文献，并在自己的著作中经常引用。虽然其理解局限于和自己对超越性事物的追求发生共鸣的范围之内，但是，关于中国，他重视其道德性，多次引用《论语》和《孟子》。

4　托马斯・卡莱尔（Thomas Carlyle，1795—1881）

爱默生在执笔《论自然》之前的 1833 年，初次到欧洲旅行，在爱丁堡认识了托马斯・卡莱尔，据说两人的友谊终生不变。辜鸿铭在爱丁堡大学学习期间，卡莱尔是名誉校长（就职演说是在 1866 年）。另外，从槟榔屿到爱丁堡，一直陪伴着辜鸿铭的布朗的父亲是卡莱尔的友人，所以与其全家都有亲切交往。辜鸿铭经常引用歌德，卡莱尔也醉心于歌德，将《威廉・迈斯特的漫游时代》译成了英语，并与歌德有书信交流，这些都广为人知。

下面看一下辜鸿铭在《中庸》注释中对卡莱尔的引用。在也曾引用过爱默生的第 12 章，引用卡莱尔之前的一段话如下：

天地之大也，人犹有所憾。故君子语大，天下莫能载焉，语小，天下莫能破焉。

即便是对于广大的天地，人们依然有所不能满意。因此，当君子谈论（道的）巨大之处的时候，全世界无论什么都无法承载其大。而当君子谈论其微小之处的时候，全世界无论什么都不可能将其更加细分。

Great as the Universe is, man with the infinite moral nature in him is never satisfied. For there is nothing so great but the mind of the moral man can conceive of something still greater which nothing in the world can hold. There is nothing so small but the mind of moral man can conceive of something still smaller which nothing in the world can split.

然后引用了卡莱尔：

Carlyle says: "Man's unhappiness comes of his greatness; it is because there is an infinite in him, which with all his cunning he cannot quite bury under the finite. Will the whole finance ministers and upholsterers and confectioners of modern Europe undertake, in joint stock company, to make one shoeblack *happy*? They cannot accomplish it ; for the shoeblack also has a soul quite other than his stomach, and would require, if you consider it, for his permanent satisfaction and saturation, simply this allotment, no more and no less: God's infinite Universe altogether to himself."

卡莱尔说：“人的不幸来自于其伟大之处。那是因为，在他内部存在着无论如何也不能埋没于有限之下的无限。近代欧洲的财政大臣和家具商以及糕点商都集合起来办一家公司，大概也无法保证能够使一个擦鞋匠变得‘幸福’吧。那种事情本来就是不可能做到吧。之所以这样说是因为，擦鞋匠除了他的胃，还有灵魂，想到这一点便会明白，要想让他永远满足，就必须让他不多不少，一人独占神的无限的宇宙。”

引文出自卡莱尔《衣裳哲学》（*Sartor Resartus*）第9章。[18]在此，虽然通过“宇宙”、“无限”、“满足”等词语，《中庸》和卡莱尔被联系在一起，此外大概几乎看不出两者之间有什么关联。

还有一处对卡莱尔的引用，是在《中庸》第16章（但是辜鸿铭把这一章的位置和第20章交换了）。

子曰：鬼神之为德，其盛矣乎。视之而弗见，听之而弗闻，体物而不可遗。

先生说：“神灵的作用真是奇妙。想看却看不到其形状，想听却听不到其声音，但（出人意料的是）无论什么事物都不会遗漏，全都在其作用之下。”

Confucius remarked: “The power of spiritual forces in the Universe—How active it is everywhere! Invisible to the eyes, and impalpable to the senses, it is inherent in all things and nothing can escape its operation.”

这一章尚未结束，但是在此插入了以下注释。

Carlyle says: “Dost thou know any corner of the world where ‘force’ is not? The withered leaf is not dead and lost. There are forces in it and around it; else how could it rot?

卡莱尔说：“世界有不存在‘力’的角落吗？枯叶死去了，但是‘力’并未丧失。其内部存在力，其周围也存在。否则，它为什么会腐败呢？”

与前面一样，此处引自《衣裳哲学》第11章。[19]通过“力”（force）这个词，勉强能够把两者联系起来。但是，《中庸》里面本来没有与“力”（force）相当的词汇以至于看起来像是为了引用卡莱尔而在翻译时特地选择了这样的英语词汇。

5 托尔斯泰（1828—1910）

最后看一下托尔斯泰。应该是对日俄战争之际倡导反战的托尔斯泰产生了共鸣，辜鸿铭在1906年将自己的著作《尊王篇》以及《日俄战争的道德原因》（*Et Nunc*，*Reges*，*Intelligite*！*The Moral Causes of the Russia-Japanese War*）赠送给托尔斯泰。由此两人开始通信。托尔斯泰给辜鸿铭的书信还以公开信的形式在报纸上发表。[20]后来在1908年，辜鸿铭把《中庸》、《大学》的译本赠送给托尔斯泰。托尔斯泰的日记里还记载着他曾经阅读过这些书。[21]

《中庸》第26章论述“至诚”（完全的诚的作用）[22]不会停止，最后引用了《诗经·周颂》的《维天之命》。

> （诗云）于乎不显，文王之德之纯。盖曰文王之所以为文也，纯亦不已。
>
> 还歌颂道：“啊，多么伟大光辉啊，文王的品德是如此纯粹。”大概（这句诗）是在说明文王之所以是文王的精髓之所在。其纯粹的品德（与天地自然相同，作为完全的诚而发挥作用）永远不会停止。
>
> It is again said:
> How excellent it is,
> The moral perfection of King Wen.

That is to say, this is the characteristic of the nobleness of the Emperor Wen. Moral perfection also never dies.

这里的注释如下：

Tolstoi says ：— “In studying the men who have behind them a force which continues to act, we can see why these men in subjecting their individuality to reason and in giving themselves up to a life of love, never could doubt and never have doubted the impossibility of the destruction of life.”

托尔斯泰说：“请看那些留下了在死后依然继续发挥作用的力量的人，我们可以发现为什么他们可以做到，让个人的自我从属理性，委身于爱的生命，绝对不曾怀疑，也不会怀疑，生命永远不可能消失。”[23]

辜鸿铭在形式上应该也参考了托尔斯泰的《人生论》。《人生论》附有“补足”，从（一）到（三）。在辜鸿铭译《中庸》的初版中，作为附录，也在卷末从 A 到 D，列举了能够对某一章的内容加以发展的文句。在附录 B 中有以下文句。

Confucius elsewhere speaking to one of his disciples, said：— “Shall I tell you what is true intellect and real understanding? To know what it is that you do and can know and to know what it is that you do not and can not know：that is true intellect and real understanding.”

这是《论语·为政》中的一段：“子曰：由，诲女知之乎。知之为知之，不知为不知，是知也。”而托尔斯泰的《人生论》的第 12 章则是这样开始的：“孔子说过，真正的知识在于，认为知道自己所知道的，不知道自己所不知道的。”另外，这本《人生论》的题词之一也是康德那句“璀璨星空”。

结　语

与他者相对之际，是想要找出与自己的不同之处呢？还想找出相通之处？本文考察了采取后一态度的辜鸿铭的翻译。他有时甚至把自己感到共鸣的作者的语言，作为译语直接采用，强行加以翻译。另外，在注释中引用的文句，与《中庸》的内容颇有悬隔的地方也很多。

但是，辜鸿铭所追求的不是中国学的学术价值，而是把《中庸》这部书，作为中国文明的一个象征，明白易懂地翻译介绍给西方读者。他使用的是英语圈的读者熟悉的、容易理解的英语。在某种意义上来说，语言都是引用，倘若如此，那么对于自己心目中的读者最熟悉的作家的语言，原封不动地借用，不过是一种极端的形式而已。辜鸿铭便是这样把“两千多年以前”的中国语的书籍，翻译成了 20 世纪的英语。

所谓翻译，是经常把几乎不可能的事情变为可能的，但令人不可思议的工作。其成功的希望，不正是全部寄托于努力找出他者与自我的共通之处的立场上吗？而且，无论怎样的书籍，都不存在唯一的决定性的翻译，而只是为将来的其他的翻译打开道路而已。

不管怎样，辜鸿铭就像认为超越时间和空间的翻译是非常容易的事情一样，断言道：“与这本书相同的形式和言辞，在近代欧洲最高级别的思想家们最近的著作中也能够看到。”而且，为了证明这一点，在《中庸》英语译文的旁边，罗列着英语的文本（歌德或者托尔斯泰等还是从原文翻译成英语的），使语言交相呼应。如同王国维所批判的，这里的确没有“历史上之见地（历史的观点）”[24]。其实，辜鸿铭本来就不是以历史性为目标的。在纸面上这一共同的空间里，他将东与西并列在一起，使其交互激荡回响。他认为，只有这样做，才能够作为超越时间和空间的，即普遍的东西，来传达中国文明这一“道德的、真正的文明”。

辜鸿铭甚至认为，通过传播这一文明，可以为中国与世界带来秩序与和平，甚至真正的 liberty（自由）。比《中庸》英译本更早，在 1901 年出版的《尊王篇》的“Latter-day notes on the Chinese question” V，是由批判美利坚合众国的断章所构成的。其第 12 节引用《中庸》的语句，进行了如下论述：

> It has often been asserted that the Chinese have no word for liberty. But the curious fact is, not only the Chinese *have* a word for liberty, but the Chinese word for liberty expresses precisely the original American notion, the true meaning of liberty as distinguished form the modern Cockney, or Tammany notion of liberty. The Chinese word for liberty is *tao*——道. When the Chinese wish to say that there is no liberty in a nation, they say there is no *tao* in the nation ——国无道. The Chinese word *tao* for liberty means literally a way. But when used in the sense of liberty the word *tao*, or liberty, is defined as the fulfilling of the law of our being, ——率性之谓道. * The word *shing* (lit. nature) for the law of our being, is defined as the commandment or will of God, ——天命之谓性. The Chinese word for liberty therefore means liberty to fulfill the law of our being, -to do the will of God. ··· The ···liberty to the early Ameri-

cans meant, as the Chinese say, liberty to fulfill the law of our being to do God's will- “I will walk at liberty, for I seek thy precepts.”

* From the 中庸-or The Book of “Eternal Order.”

要而言之，有人说中国没有 liberty 这一词汇，但实际上表示 liberty 的中国语是“道”[25]。在中国，国家没有 liberty，被说成是“国无道”。“道”这个词，文字表面的意思是 way，但是，当它被放在 liberty 的意义上使用的时候，是指保全“性”（the law of our being）。“性”（文字表面的意思是 nature，即自然）就是“天命”（commandment or will of God）。对美国人来说，liberty 本来的意义（已经失去的真正的 liberty），和中国人的理解一样，应该是服从神的意志，保全 law of our being（“性”）。最后辜鸿铭又引用了出现 liberty 一词的《旧约·圣经》的《诗篇》119：45：“我要自由而行，因我素来考究你的训词。”

保全“天命”/“神的意志”所赋予的“性”/“存在法则”，就是“道”/“自由”。这到底是儒教？还是基督教呢？

在此可以类比于基督教的传教士，辜鸿铭把中国文明或者儒教，作为普遍的“道德的、真正的文明”向西方传播，这不正是把西方以传播基督教的形式所做的事情在相反的方向上进行重复吗？辜鸿铭可以说是儒教的传教士，其翻译是为了“传播”“教义”而进行的翻译。[26]

19 世纪后半期到 20 世纪初，是这样一个时代，由于欧美列强的殖民地统治的扩大，人们认识到，各种各样的“民族”分别与各种各样的“文化”同时存在于世界各地。当时，欧美陆续设立民族学博物馆，还举办博览会。作为异文化的收集品而网罗的各种东西，被从原本的文化背景中剥离，陈列在同一平面上。博览会上甚至有时会展出从殖民地带来的人。异文化的文本也往往在充满异国趣味的视线下，被翻译、阅读和引用，来补助和强化西方的自我认识。辜鸿铭在纸面上将“东”与“西”并列，与上述当时的潮流有一定关系。

但是，所谓文本，因为被阅读，已经不再是单纯的“他者”，也会给读者带来改变。而且，如果说辜鸿铭所阅读的爱默生，还有托尔斯泰，是已经阅读过中国的西方的话，辜鸿铭与《中庸》并列在一起的“西”的文本，已经将某种“东”吸收在内了。“东”与“西”，通过“翻译”，不是从一开始就已经在某种程度上混合在一起了吗？

进一步说，最重要的是，在辜鸿铭其人内部，“东”与“西”不是早已混合在一起了吗？如本文开头所述，他选择中国作为自我，虽然如此，西方对其而言也绝非他者。想到这一点，甚至会令人开始怀疑，辜鸿铭的中国认识，真的算是近代中国知识分子的认识之一吗？但与此同时，他是在对中国和西方这双方都很了解的前提下选择中国的，在此意义上来说，这在近代以前是不可能出现的，他是不折不扣的一个近代中国知识分子。[27]虽然辜鸿铭的翻译并不以历史性为目标，但是，他这样的翻译所体现出来的历史性，却是谁都不能否认的。《中庸》被翻译成近代西方的语言，意味着这部中国古典已经被“近代化”和“西方化”了。这应该可以看作是，一直以来，不断通过重新解释和注释（也许可以称之为文本的近代化）而进行的《中庸》的古典化，在面朝西方的方向上，得到了进一步的展开。

异物感和历史

——和辻哲郎与胡适的佛教研究

宫川敬之

前言——共通之处

和辻哲郎（1889—1960）和胡适（1891—1962），作为可以代表近代日本和中国的人物，分别都已经有很多专论。但是，关于两者的比较研究，管见所及，几近于无。[1]的确，在两者的著作中，似乎看不到互相讨论研究问题的记录，而且两者之间也没有直接的交往。但是，两者之间其实可以发现许多共通之处。首先，两人都是依据近代的学术重新把握各自的传统思想[2]，或者用非常易懂的日语或者中文来展开论述[3]，还有，两人都对成为时代思想大势的马克思主义始终坚持对抗立场[4]，并都在第二次世界大战后遭到激烈的批判[5]，而且两人在同样的年龄辞世，前后仅相差两年。

本文尝试比较考察的是另一个共同点，即长期进行佛教研究。实际上，这两个人都在其一生中的某个时刻开始，长年涉足佛教研究，直到死去。他们对佛教的涉及，不是作为专家或者信徒，而是严格地把自己的关心限制在作为“门外汉”（和辻哲郎），或者作为“历史家”的范围之内。[6]尽管如此，其研究成果却令专家和信徒们震惊，分别在各自的领域内成为学术史上划时代的人物。

关于其各自的佛教研究，当然也都已经有了数不胜数的研究成果。[7]但是，现有研究止步于指出和辻哲郎和胡适的佛教研究在其各自的研究领域内的预见性，很难说已经指出了两者的佛教研究之间的交错之处。我们同时考察和辻哲郎和胡适的佛教研究，正是想要考察这一交错。因为，与分别单独考察相比，对两者进行比较，能够更鲜明地突出其曲折隐微之处。进而言之，此种曲折之处绝非仅仅限于和辻哲郎与胡适，而是与在近代亚洲展开思考的人们绝对无法回避的某些要素密切相关，而今天的我们也依然没有摆脱这些因素的影响。无论如何，下面首先介绍一下两人关于佛教的相似的感慨，由此而开始我们的考察。

1 思想史的异物

1920年，和辻哲郎出版了探讨古代日本精神原型的《日本古代文化》[8]，然后在1926年又发表了《日本精神史研究》[9]，在序言中写道：

> 我在发表《日本古代文化》以后，以理解继之而来的各个时代的文化为志，在艺术、思想、宗教和政治等各个领域，虽然战战兢兢，如履薄冰，依然逐步展开了考察。……但是，随着考察的深入，我终于发现佛教是何等根深蒂固地构成了这些时代的日本人的精神生活的基础，如果没有对佛教思想的大致的理解，研究便无法进行下去。因此，我曾经希望通过对中国佛教的理解，来理解佛教是如何被日本人所接受，并在何种意义上发展成为镰仓时代的新运动的。然而，如果没有对印度佛教的理解，对中国佛教的理解也是不可能的。最后我终于领悟

> 到，只有通过对原始佛教以来的历史发展过程的理解，才能够理解中国和日本的佛教思想的特殊性。[10]

和辻哲郎在研究日本文化的过程中，发现“佛教是何等根深蒂固地构成了这些时代的日本人的精神生活的基础”，“如果没有对佛教思想的大致的理解，研究便无法进行下去”。在这篇序言中，和辻哲郎说明，他是在自己对“日本思想史”的探索过程中，发现了“佛教思想影响之大”的。[11]虽然在编织日本思想史时，佛教思想构成了“日本人精神生活的基础”，然而，其起源却必须向“中国”、“印度”等外部去寻求，也就是说，佛教是作为“他者”、“异物”而被发现的。当然，这不是单纯的异物，而是在历史上被同化，已经变成了自身的一部分的异物。在此被发现的，可以说是“内在的异物”。

胡适也几乎在同一时期碰到了同样的问题。1919 年，胡适出版了《中国哲学史大纲》上卷，模仿威廉·文德尔班（Wilhelm Windelband，1848—1915）的《哲学史》的形式，叙述古代中国诸子百家的哲学[12]，然后正致力于准备其续作。日后胡适如此回忆当时的情形。

> 禅宗史从前认为没有问题；等到二十五年以前，我写《中国思想史》，写到禅宗的历史时，才感觉到这个问题不是那样简单。有许多材料，可以说是不可靠；寻找可靠的材料很困难。[13]

这一述怀是在 1953 年，倒推 25 年，正好是 1928 年。胡适投向禅宗史的视线，不是单纯的对禅宗史的关心，而是其探索“中国思想史”的产物。实际上，胡适在 1927 年发表的《菩提达摩考》[14]的副标题便是“中国中古哲学史的一章”。胡适也与和辻哲郎一样，是在讲授和构建冠以本国国名的思想史的过程中，注意到了内在于其中的佛教思想之重要。后文还将详述，所谓佛教思想，对胡适而言也是没有同化于中国的印度思想，也即中国思想史中的异物。

但是，发现佛教是埋藏于本国思想史之中的异物，这对于和辻哲郎和胡适而言，已经是第二次发现。因为两人都曾经以极其朴素的形式，很早就开始关心佛教，发现了其价值。和辻哲郎对佛教的关心，首先是从 1916 年前后开始的，对飞鸟奈良朝佛教美术的关心，更明确地说是对古代佛像的关心，最后凝聚为 1919 年发表的《古寺巡礼》。[15] 佛教虽然是外来思想，和辻哲郎却强调其日本化的侧面。比如说关于法隆寺金堂右胁侍，虽然指出其近似印度的阿旃陀壁画，和辻哲郎却试图从中发现“日本人的痕迹”。

> 法隆寺壁画中可以看到日本人的痕迹！人们或许会惊讶于此观点之莽撞。但是，现在并未发现有历史遗物可以支持那些感到惊讶的人们的意见。即使唐代的西域人尉迟乙僧曾经画过像这些壁画一样的画，但是那仅因文字记录而为人所知。西域的出土物品中，没有一幅会使人觉得和法隆寺壁画风格相同的作品。斯坦因、勒柯克等的发现，皆是如此。法隆寺壁画的气韵之中，有着与西域画全然不同的东西。这样的话，大概只能认为这一画作毕竟与孕育了它的这片土地密切相联吧。[16]

对和辻哲郎而言，飞鸟奈良朝佛教美术完全是成立于和古代日本的连续性之上，当然，不能无视其之为外来思想，但是，在此强调的是与日本的连续性。

胡适则是在探索白话的过程中开始注目于佛教，尤其是禅宗的。众所周知，胡适在留学美国的时候（1910—1917）已经于 1917 年发表了《文学改良刍议》[17]，归国后陆续向杂志《新青年》投稿，提倡所谓“文学革命”，改“古文”为“白话”。在这一运动中，胡适探索在中国文学史之中的白话，引发了对佛教的兴趣。胡适发表于1922年的《禅宗的白话散文》[18]的开篇如下：

> 唐朝的诗的白话化，是无可疑的了。在文的方面，平常人只注意中唐的韩柳古文，却不知道韩柳的时代便是白话散文产生与发展的时代。这种白话散文的发起，应该归功于禅门的语录，这是无可疑的。……
>
> 禅宗是佛家的一个革命的宗派。这个革命的巨子叫作惠能，死于713年，正当盛唐的初年。他的门徒法海把他的教训记载下来，成为《六祖法宝》，后人名为《六祖坛经》。《坛经》的体裁便是白话语录的始祖。[19]

对于胡适而言，禅宗自然是佛教的一派，而佛教也是印度哲学这一外来思想。在1919年的《中国哲学史大纲》上卷的导言中，已经表达了这样的认识。[20]但是，在探索白话的过程中，胡适试图以自身所提倡的白话实践的先驱，即中国人使用白话的先驱，来强调一种连续性。比如，在1922年的时候，他把《坛经》看作是“白话语录的始祖”，这一点与和辻哲郎在日本古代佛教艺术中探求日本人的痕迹是一样的。在此，看不到对于作为外来之物的佛教思想的排异反应。

因此，无论是和辻哲郎还是胡适，其早期的对佛教的关心，都是首先在于本国文化的连续性。但是，其各自的日本思想史和中国思想史的观察视线，使之将佛教作为异己之物而再次发现。那么，两人是如何处理这一异物的呢？

2 “移植”和“征服”

和辻哲郎1927年执笔，1932年改订的论文《日本对佛教思想的移植》[21]，开篇如下：

> 佛教从印度经中国而被“移植”到日本，这一点无疑谁都会承认。但是，这和基督教从叙利亚经罗马帝国而被“移植”到日尔曼世界，并无任何不同。而且，人们恐怕不曾写过，也不会去写，比如说“德国的基督教移植史”之类的题目吧。为什么呢？这是因为那只不过是基督教传道史中的一个小插曲而已，更重要的，这也是因为德国本身就是在基督教的势力范围中作为德国而成立的。而我们思考“日本的佛教思想移植史”，就不会有什么异样的感觉。过去十几个世纪的日本人的精神生活实际上是在佛教思想的基础上形成的。如果去掉佛教，日本的文化几乎近于空无。而日本人依然把佛教思想称为“外来思想”，却不觉得奇怪。佛教思想的“移植”依然是“对日本而言”的问题，却不是作为佛教传道史的一节的，“对于佛教而言”的问题。这一点值得首先引起我们的注意。德国人或者英国人不会把基督教称为“外来思想”。这一现象是如此之显著，因此我们越发不可不重视。[22]

和辻哲郎在进入正题之前，先提出了一个问题，即“日本对佛教思想的移植”这一论题本身。“德国对基督教思想的移植”这样的问题很难想象，即使进行思考也很难产生什么结果，而“日本对佛教思想的移植”这样的问题就不会引起什么异样感，或者被视为理所当然，这究竟是为什么呢？简而言之，在“德国”和“基督教”之间，不存在“移植”的问题，而在“日本”和“佛教思想”之间，却存在这样的问题，这是为什么呢？

和辻哲郎认为原因首先在于佛教的支配和基督教的支配性质不同。“佛教在日本极其宽容，几乎没有杀戮异端的情况，除了针对以杀戮异端等严酷的不宽容政策为特征的切支丹*之外。不但如此，甚至连异端这一概念也很难说曾经明确地存在过。”[23]的确，佛教也有“外道”这种说法，但那是指在印度的“佛教之外的邪法”，在日本并未在异端的意义上加以使用。因此，“佛教这一外来之物，并未破坏其作为外来之物的性质，便被包容在内”[24]。但是，和过在看到佛教的宽容性的同时，同样也发现了日本的宽容性。

> 在此，我们在佛教自身非战斗性的性质之外，也应该看到日本人自身在宗教上的宽容性。他们不觉得要皈依佛教就必须抛弃对固有的神的信仰。现在也能够非常显著地看到，热烈的信仰者同时崇拜“神佛”而不觉得有任何矛盾。这大概会被认为是在信仰上缺乏彻底性吧。如此，日本人的佛教化不是那种彻底否定佛教之外的要素的所谓“回心转意”，而是日本人自己把佛教纳为己有。[25]

如此，和过哲郎从在日本和佛教之间存在着“移植”的问题，即日本依然把佛教看作外来思想的这一事实出发，推出这样的结论：那是因为“可以认为最终还是取决于日本人对宗教的态度”[26]。

和过的论述是否一一得当，在此姑且不论。在此想提出来作为问题进行思考的是这一事实，即和过把“移植”本身作为问题来进行考察。和过指出，“移植”这一事实能够成立，其本身便是一个特殊的现象。那是因为能够持续地感受到，起源于外部的文化——即异物——进入了自己的文化之中。在“德国”和“基督教”之间不存在“移植”的问题，“是因为德国本身就是在基督教的势力范围中作为德国而成立的”。在那里，“信仰中有着彻底性”，“消灭了将基

* 近世初期进入日本的基督教。——译者注

督教视为外来之物的可能性”[27]。也就是说，融合得如此之彻底，以至于不能感受到其本为异物。这是和辻哲郎的解释。但是，如果在“消灭了视为外来之物的可能性”的土壤上，依然把“移植”，即存在于自身内部的外来文化（即异物）作为问题提出来进行思考，将会怎样呢？那不就会感觉是后者对前者的彻底的压迫、占领、洗脑或者征服了吗？

实际上，胡适所思考的中国和佛教的关系，正是这种“征服”。比如说，在和辻哲郎写作《日本对佛教思想的移植》的同一时期，胡适发表了《通过佛教而来的印度的影响》（India's Influence through Buddhism）[28]，如此论道：

> 此千五百年间的中国史，是从佛教的征服、支配（the conquest and domination of Buddhism）之下，赢得中国自身的自由的漫长的奋斗史。但是，其征服非常彻底而且长期持续，这种奋斗在所有方面也只能是获得极少的成果。中国从佛教中获得的解放，从来也没有得以充分实现。[29]

这里强调的是佛教对中国的彻底的长期的文化征服。在此之前，胡适不曾感到对中国思想史而言，佛教是一种异物，但是从20世纪20年代后半期开始，他对佛教的异物感越来越强，开始认为中国和佛教之间的关系，是后者对前者的彻底征服，中国则应该从中解放出来。但是，佛教究竟是怎样侵入并征服了中国的呢？胡适在1925年发表的《中国人的宗教生活中佛教的影响》（Buddhism Influence on Chinese Religious Life）[30]，如此论道：

> 佛教来到中国的时候，中国有两个本土宗教。汉代的儒教主要是伦理的，政治的，所以儒学者们把目的论的天这一观念尊奉为最高权威。认为天注视着地上的统治者的行为，或者褒

> 奖，或者惩罚。在两汉的历史上，可以看到很多与天这种政治——宗教性的观念有关的思考和行动。在民众中流行的道教，是多神教，其圣职者通过施行方术以满足信徒的物质的、生理的愿望，以此为职业。但是，无论儒教还是道教，都不主张对个人的拯救。……
>
> 佛教是个人拯救的宗教。对知识分子而言，佛教是虚无的哲学（the philosophy of vacuity），或是否定的哲学，或是通过悟来解放的哲学。对于民众，则教给了他们轮回的观念、转生的观念，以及良好的行为在今世乃至来世的福报的观念。另外，无论是对上层阶级还是对下层阶级，都教给了他们净土的观念以及对净土之存在的绝对信仰，还有充满诱惑力的对阿弥陀佛的信仰，认为他是在净土居住着神，将会带给我们最后的幸福即拯救。[31]

胡适认为佛教带给中国的是“虚无的哲学”、“否定的哲学”、“通过悟来解放的哲学”、“轮回”、“转生”、“因果”、“净土”、“阿弥陀佛”。中国因此而发生了决定性的变化。首先是颠覆了关于生命的价值，本来有着爱惜自己身体的思想的人们，发展到烧身供养等行为。[32]还有，家族关系紧密的传统，被舍身出家的行为所取代。[33]胡适认为这些变化都是佛教“征服”中国的结果。

粗略而言，佛教对日本和对中国的巨大影响，恐怕并无多少不同。当然，如果考察细节问题，会有很多不同之处，但是，佛教的影响彻底地深入到了两国文化的根干之处，在这一点上两者几乎并无不同。尽管如此，和辻哲郎和胡适却有着不同的理解。和辻哲郎提出了“移植”的问题，把佛教在被视为外来思想的同时，在日本扎下根来的这一事实，归结为日本的特殊性。而胡适则认为是作为外来思想的佛教在文化上“征服”了中国。对于大致相同的状态，却形成了“移植”和“征服”这种观点上的差异，其原因何在？恐怕那是缘于和辻哲郎和胡适所寻求的历史有所不同。如前所述，佛教之所以被看作是异物，是因为存在着两人各自冠以其国家之名的思想史的观察视角。因此，和辻哲郎和胡适两人分别想要构建怎样的思想史，进一步说，到底想要构建怎样的历史，将会决定性地影响他们如何认识佛教对于两国思想而言，究竟是怎样一种异物。那么，带来了“移植”和“征服”这种观点上的差异的两人所理解的历史，究竟是怎样的历史呢？

3 “并存”和“前后相继”

和辻哲郎1919年翻译出版了卡尔·兰普勒希特（Karl Lamprecht，1856—1915）的《近代历史学》。[34]其开篇论文起首写道：

> 近代的历史学首先是社会心理学性质的学问。现在，历史学的新旧倾向之间不断进行论争，其中最重大的问题是比较和确认历史中的社会心理要素（sozialpsychische faktoren）和个人心理要素（individualpsychische faktoren）的意义。稍微不那么严密地说的话，就是历史进程的原动力是社会状态还是英雄的问题。[35]

这样，兰普勒希特认为在历史学中，现在的问题就是，社会心理要素和个人心理要素，究竟哪一个是历史的变化要因。而前者，即重视社会心理要素的看法，当然是近代的观点。按照兰普勒希特的看法，提倡这种近代的历史学的先驱者正是赫尔德（Herder，1744—1803）。他如此写道：

> 在此首先必须提到，在莱布尼茨以后的时代，赫尔德是个值得尊重的名字。赫尔德最初是置身于德意志文化领域之中，但是很快就超出其范围，成为“民族心”（Volksseele）这个概念的创始者。他首先承认并接受了对于所有的人类团体中最重要的团体（即国民）进行历史理解的社会心理要求，并从中引出了必然的结果。但是，特别是在其所著的《人类史的哲学考察》（*Ideen zur Geschichte der Menschheit*）中所能够看到的那样，他所进行的不是冷静的、尽量毫无热情的、纯粹知识性的研究，相反，他是通过敏锐拔群的观察，以发现者的热情来进行研究的那是对于新发现的无限的（社会心理关系方面的）材料的一种心理态度。对赫尔德的非难，不过反映了对社会心理学的理解的极度缺乏而已。[36]

兰普勒希特的这一评价，对于作为译者的和辻哲郎而言，恐怕是最早告诉了他赫尔德在历史学上的重要性。和辻哲郎在1935年发表的《风土——人学的考察》[37]中，还有在1949年发表的《伦理学》下卷[38]中，以及在1950年发表的《近代历史哲学的先驱者》[39]中，都一贯地重视往历史学中导入共同体的或者风土的视角的赫尔德的先驱性。[40]这一看法应该是通过翻译兰普勒希特而获得的吧。

在《近代历史哲学的先驱者》中，和辻把赫尔德与康德相对照，进行了详细的描述。众所周知，康德曾经评论过赫尔德的主要著作《关于人类史的诸观念》[41]（1785年1月、3月、11月[42]）。康德的评论“似乎以方法论的巨拳，一下击碎了诗人脆弱的逻辑”。赫尔德也对康德的主要著作进行过评论，说他：“只能使人感到所谓螳臂当车。”为了推翻这种通行的看法，和辻哲郎脱离了康德对赫尔德的批评（还有赫尔德对康德的批评）的实际言辞，注目于两者思想重心的不同，追溯其各自的特色，对两者进行比较。

按照和辻哲郎的看法：“表现或者理解的问题、共同体的问题、历史性世界的问题，这些正好都是在康德哲学中容易被忽视或者轻视的问题，而这些问题所涉及的恰恰是赫尔德最为得意的领域。限于此领域而言，可以说是赫尔德的洞察使其重新焕发了生命。”[43] 和辻关于赫尔德和康德的比较详细而广泛，其中最根本的是关于共同体问题的比较。

和辻认为康德缺乏对共同体的把握。当然，康德在1788年的《实践理性批判》中也触及了共同体的问题，但是，康德将其作为“目的王国”，不是讨论其现在的具体的形态，而是将其处理为可思性。“在可思的本质中，‘人’是孤立的本体人，丝毫也不能显示出全体的性格。”“在康德的立场上，具体的共同体是不可能的。”与此相对，赫尔德“在具体的人与人的关系的直接性中，发现了共同体”。康德的共同体是可思的，也即抽象的普遍（这被提高到法则体系的层次），而赫尔德的共同体则是现在的，某一具体的语言共同体。两人关于共同体的思考的差异，是如何转化成两人关于历史的思考的差异的呢？和辻哲郎如此分析道：

> 如果说康德的共同体概念可以称为“展开为法则体系的普遍性”，那么赫尔德的共同体概念则可以说是“具体化为阶段性并置的各种形态的全体性”。与此相对应，时间对前者而言，就成为不考虑内容的单纯的媒质，对后者而言，则是强有力的生命的脉动的场所，也即每一时刻都占据着唯一的位置、有着无可替代的充实的内容的时间的河流。因此，每一次被体验到的东西，都绝对不能再返回。再生其实就是新生。在具体的内容和时间的位置之间，有着一定的难以违背的秩序关系。两者形

> 成了一个统一的体验，无法分离。这种时与位（或者说是体验），与以后又不断追加而来的其他的时与位，共同构成了具体的全体，所以，无论何时，都不可能改变其场所而不导致全体的崩溃。这样的时间，对赫尔德而言，是历史性的时间。因此，所有的人、时代、民族和文化等，都是在其自身之中，实现了精神性存在的一种形态。这种形态，直至其最细微的表现，都是仅有一次，仅此一次，都是只有在此种特定的、有组织的位置上，只有以这种形式，才可能存在。这种历史性的时间，明显对应于赫尔德的共同体的构造。那就是，在我自身的运动中，或者通过我自身的运动，在所有的时间点上都实现了意义深邃的秩序和统一的“全体”。所以，这种时间与其共同体一样，不是排除个性化，而是通过个性化形成全体。个性化和特殊化绝不会破坏全体的统一，反而会使之充实和丰富。[44]

和辻在此将康德和赫尔德的共同体——历史的特征分别解读为“展开为法则体系的普遍性”，和“具体化为阶段性并置的各种形态的全体性”。按照和辻的说法，康德在批判赫尔德的时期，其关心转移到了“当为”这一问题的领域。从“当为”的观点出发看到的所谓历史，“不是指人类的状态的价值，而是被终极目的所规定的其存在自身的价值，因此，可以提出人类不断进步的主张”[45]。这种立场，在《风土——人学的考察》中被总结为对“前后相继的秩序”的主张。[46]另一方面，赫尔德的历史的特征在于最大限度地重视其共同体的一次性的个性，这被和辻哲郎总结为“并列存在的秩序”。在赫尔德的历史中，各种各样的共同体的、各种各样的形态的历史，不是遵循一条法则直线式地、前后相继地排列，而是各种不同形态并列存在。和辻哲郎把尊重共同体个别价值的赫尔德誉为“近代历史哲学的先驱者”，这既是继承了兰普勒希特的评价，同时也是对和辻自身思考的共鸣吧。在论文《日本人对佛教思想的移植》中，和辻强调使“移植”成为可能的“日本人对宗教的态度”的特殊性，无疑是对赫尔德的历史意识，即“并列存在的秩序”这种对历史的看法，产生了共鸣。

赫尔德与和辻都认为这种个性的共同体的极限是“国家”。[47]这是极有疑问的规定，现有研究成果在讨论和辻哲郎的全体主义的侧面的时候，也经常将其作为重点提出来。[48]但是，现在我们要讨论的不是这个问题。我们要讨论的问题是，和辻哲郎曾经指出：这种“国家”（即共同体）通过其独特性叙述历史，是在国家的外部，即在超越了国家的层面中进行叙述的。和辻论道：

> 历史在超越国家的层面上出现。就如同国家的自觉以其他国家为媒介一样，历史的自觉也是在形成国家的民族通过与其他民族接触，经历了各种各样的兴奋和危险的时候才诞生的。因为当此之际，其国民的共同体的构造被迫进行强有力的反省，以至于认识到其历史性的结构。所以，仅仅从个人的观点出发看待人，或者仅仅从封闭的自我的圈子里看待国民，不曾带来历史的自觉。[49]

和辻认为，赫尔德的历史哲学也是促成这种在超越国家的层面上的历史自觉的时期的产物。[50]国家在超越国家的层面上，作为其自觉而开始进行历史叙述，这种构图本身是很容易理解的。话虽如此，但成问题的是，在这种超越国家的层面中，是否会作为国家的自觉而开始叙述本国的历史，却未必是确定的。当然，有些时候会开始叙述国家的历史，但是也有些时候会脱离国家的局限，叙述“普遍的”、“前后相继”的历史。也就是说，在“并列存在的秩序”

和“前后相继的秩序”之中选择哪一个来作为历史进行叙述，并不取决于超越国家的层面自身。其实，“并列存在的秩序”和“前后相继的秩序”在很多情况下是共同存在、相互利用的。比如说，和辻哲郎所解释的赫尔德的“不是排除个性化，而是通过个性化形成”的全体，不正是通过“普遍的”、“前后相继的秩序”的历史，已经事先认识到了全体性，反过来又将其再度投射到个性化之上而形成的产物吗？而“前后相继的秩序”的“普遍性”，本来不也正是以“并列存在的秩序”所揭示的并列存在这一事实为基础，而被发现的吗？“并列存在的秩序”和“前后相继的秩序”不正是无法相互脱离，必须共同存在、相互依赖的吗？

但是，和辻哲郎—赫尔德选择了“并列存在的秩序”而不是“前后相继的秩序”。这成为在佛教思想的“移植”问题中主张日本的独特性的基础。那么，在另一方面，认为佛教“征服”中国的胡适，是如何叙述历史的呢？

4 “有限的可能说”和“走上一条线”

1923年，胡适发表了对梁漱溟的《东西文化及其哲学》[51]的批评文章《读梁漱溟先生的〈东西文化及其哲学〉》[52]。梁漱溟认为当时西洋文化和东洋文化处于冲突之中，比较西洋、印度和中国这三种文化的倾向，讨论哪一个将会成为将来的世界性文化。梁漱溟做出了这样的区分：西洋文化是“用直觉运用理智”，中国文化是“用理智运用直觉”，印度文化是“用理智运用现量”。胡适批判其“笼统（拢统）”而过于简单。那么，这些文化的差异应该如何认识呢？胡适如此论述：

我们的出发点只是：文化是民族生活的样法，而民族生活的样法是根本大同小异的。为什么呢？因为生活只是生物对环境的适应，而人类的生理的构造根本上大致相同，故在大同小异的问题之下，解决的方法，也不出那大同小异的几种。这个道理叫作“有限的可能说”（The principle of limited possibilities）。例如饥饿的问题，只有“吃”的解决。而吃的东西或是饭，或是面包，或是棒子面……而总不出植物与动物两种，决不会吃石头。御寒的问题，自裸体以至穿重裘，也不出那有限的可能。居住的问题，自穴居以至广厦层楼，根本上也只有几种可能。物质生活如此，社会生活也是如此。家庭的组织，也只有几种可能：杂交，一夫多妻，一妻多夫，一夫一妻，大家族或者小家庭，宗子独承产业或诸子均分遗产。政治的组织也只有几种可能：独裁政治，寡头政治，平民政治。个人对社会的关系也有限的：个人主义与社会主义；自由与权威。精神生活也是如此的。言语的组织，总不出几种基本配合；神道的崇拜，也不出几种有限的可能。宇宙的解释，本体问题，知识的问题，古今中外，可曾跳出一元，二元，多元；唯心，唯物；先天，后天，等等几条有限的可能？人生行为的问题，古今中外，也不曾跳出几条有限的路子之外。……

凡是有久长历史的民族，在那久长的历史上，往往因时代的变迁，环境的不同，而采用不同的解决样式。往往有一种族而一一试过种种可能的变法的。政治史上，欧洲自希腊以至今日，印度自吠陀时代以至今日，中国自上古以至今日，都曾试过种种政治制度。所不同者，只是某种制度（例如多头政治）在甲民族的采用在古代，而在乙民族则上古与近代都曾采用；或某种制度（例如封建制度）在甲国早就消灭了，而在乙国则至最近世还不曾划除。[53]

胡适通过“有限的可能说”，消解了认为民族的或者文化的差异是本质的区别的看法。[54]民族的差异、文化的差异，不过是在时代的环境的因素的影响下，从数量有限的可能性中被选择出来的东西而已。因此，不同的民族在不同的时代可能选择同样的制度。进一步说，即使在同一民族内部，随着时代的不同，也可能出现同样的状况。[55]按照这一观点，世界在可能性的有限性中急剧缩小，沿着被封闭在有限性之内的道路前进。

我们承认那“有限的可能说”，所以对于各民族的文化不敢下笼统的公式。我们承认各民族在某一个时代的文化所表现的特征，不过是环境与时间的关系，所以我们不敢拿“理智”、“直觉”等等简单的抽象名词来概括某种文化，我们拿历史眼光去观察文化，只看见各种民族都在那“生活本来的路”上走，不过因环境有难易，问题有缓急，所以走的路有迟速的不同，到的时候有先后的不同。[56]

胡适的“有限的可能说”归结于“生活本来的路”这一条线。那就是各个民族在根本上的共通性和普遍性。胡适在《读梁漱溟先生的〈东西文化及其哲学〉》中主张的是这样一种认识：与“有限的可能说”同时，世界已经“走上一条线”。其他的论文，比如1926年写成，1929年改写的《我们对西洋近代文明的态度》[57]中，也主张西洋文明和东洋文明的连续性。在胡适那里，“拿历史眼光去观察文化”，在重视各民族、各文化各自偏差的同时，这些偏差事先在无非是有限的东西这一点上，被回收到共通性或者普遍性之中。[58]

值得注意的是，胡适的这种历史，与前面考察的和辻哲郎与赫尔德的历史相比，正好构成了相反的形式。和辻哲郎与赫尔德认为，历史在超越国家的层面上展开叙述，虽然“并列存在的秩序”和“前后相继的秩序”两者都可能成立，但是他们将重心置于“并列存在的秩序”。“所有的人、时代、民族和文化等等，都是在其自身之中，实现了精神性存在的一种形态。这种形态，直至其最细微的表现，都是仅有一次，仅此一次，都是只有在此种特定的、有组织的位置上，只有以这种形式，才可能存在。”让我们把和辻哲郎与赫尔德的这段话和胡适下面的话对照着读一下吧。“文化是民族生活的样法，而民族生活的样法是根本大同小异的。为什么呢？因为生活只是生物对环境的适应，而人类的生理的构造根本上大致相同，故在大同小异的问题之下，解决的方法，也不出那大同小异的几种。”“人生行为的问题，古今中外，也不曾跳出几条有限的路子之外。”胡适以可能性的有限性为起点，考察民族、文化的偏差，对他而言，其思考的前提已经超越了国家的层面。但是，通过对有限性的规定，胡适一面详细地考察各自的差异，另一面将其归结到世界的“一条线”。胡适认为佛教征服中国，这种看法的基础恐怕就是这种历史。因此，这种征服不是中古时期中国的固有问题。无论任何民族，任何文化，或者甚至就在中国之内，已经多次反复出现过（或者将来也会不断出现吧）被征服的情况。佛教征服中国不过只是其中一例而已。

尽管和辻哲郎和胡适的历史有这种差异，并且在此基础上形成了关于佛教的“移植”或者“征服”的看法上的差异，但是，两人的佛教研究却彼此交错，奇妙地描画出了相似的曲线，宛如临镜照影。其彼此交错之处，正好是在曲折迂回的同时，向着自己本来想要逃离的地方不断互相接近。如此，虽然不无扭曲之处，两者却以相似的摇摆幅度，叙述了在本国思想史中的佛教的始末。他们究竟是如何展开叙述的呢？

5　道元＝“真理王国的建设者”

和辻哲郎知道道元（1200—1253），是在1917年到1920年之间，偶然从别人那里看到道元的弟子怀奘（1198—1280）所著《正法眼藏随闻记》。[59]和辻在《日本古代文化》中已经开始探求佛教传入之前古代日本人的原型[60]，于是他继续把兴趣投向道元，尝试解读道元的主要著作《正法眼藏》。他的努力很快就结实为在1921年题为“入宋求法的沙门道元”的连载文章（后来改为《沙门道元》，收入《日本精神史研究》[61]）。对道元的关心，从此终生伴随着和辻哲郎。

前文曾经讲到，和辻哲郎在《古寺巡礼》中试图从法隆寺金堂右胁侍中找出“日本人的痕迹”，又在《日本古代文化》中，寻找古代日本人的样式，后来在对赫尔德的论述中又主张“共同体的个性”的重要性，由此来看，道元似乎正适合被评价为日本式佛教的提倡者，或者成功地把佛教“移植”到日本的人。但是，和辻并没有对道元做出这种能够与日本的独特性联系起来的评价，而是称赞道元为“真理王国的建设”者。

> 他（即道元）不是以“自我的得救”为目的，而是以“真理王国的建设”为目的。当然，自我将在真理的王国中得救。但是，并非为了得救而寻求真理。在真理的面前，自我是空无。并非体现了真理的自我是尊贵的，而是被自我所体现的真理是尊贵的。寻求真理的修行，必须完全是为了真理本身。
>
> “为了佛法的佛法修行”。这一觉悟由日本人道元所显扬，真是值得我们惊叹。为了真理本身而寻求真理，这未必是为希

> 腊文化所仅有的特性。在真理中认识最高价值的人——也即在此认识到终极目的的人，必须到达这种境界。而道元就达到了。对他而言，佛法的修行不是为了获得其他某种东西的手段。“入佛道，为佛法行诸事，不可思有所得”。皆无所得！皆无所得！此乃贯穿了其言论的强有力的主导音符。不是佛法为人生，而是人生为佛法。不是佛法为国家，而是国家为佛法。[62]

按照和辻哲郎的解释，道元的佛法修行，是“为了佛法的佛法修行”。那不是为了其他的目的，比如为了自我的得救，人生的安乐，国家的安宁，等等，而是为了佛法。也就是说，佛法就是佛法的目的。以自己本身为目的追求的佛法的世界，被称为“真理王国”。在此，日本的独特性等也被抹消了。虽然和辻对于以“真理王国的建设”为目的的立场，评论说“这一觉悟由日本人道元所显扬，真是值得我们惊叹”，但是实际上这里与日本人或者日本文化的独特性没有关系。这种立场也抹消了外来文化的优越性。关于道元渡宋学习佛法的理由，和辻如此论道：

> 在价值的世界中，国土之别是细枝末节。如果对更高的价值是盲目的，则无论如何都难免偏狭之讥。道元如是说，自己最初因无情而稍起求道之心，终又辞去山门，遍访诸方以修道。但是，当时既未逢建仁寺之正师，又无善友，故心起邪念。而且当时教道之师的言论也难逃其责。他们教训道：要像前辈那样勤于学问，天下扬名。于是，自己就有了要像弘法大师一样伟大之类的想法。但是，后来读到高僧传等，便觉得以前的想法很可厌。自己这样想，即使要出名，与其想着要像我国的某某，不如想着要像支那、印度的高僧那样。或者，应该想着要像佛祖、菩萨那样。一旦想到这一点，便觉得大师之类也不过

如土瓦一般，心情完全变了（随闻记第四）。从这些话中也能够看出，他的世界是超越国土界限的意义价值的世界，在那里作为最高的权威而君临的是佛祖、菩萨。向上的道路仅仅是向着此处而已。[63]

和辻哲郎说，道元之入宋求法，不是“认为好像一旦进入宋土马上就能够获得真理”的那种“过度的外国崇拜”，而是为了“探求真实之道”的道路之一，只是探求“超越国土界限的意义价值的世界”的过程而已。和辻哲郎对道元的评价，既没有主张日本的独特性，也没有着眼于外来文化的优越性，而是仅仅抓住了其致力于“真理王国的建设”这一点，《沙门道元》中下面一段名言堪称其代表。

关于道元的真理本身，我缺乏理解的自信，并不认为自己的解释是唯一的解释。但是，至少可以说在此开拓了解释的新途径吧。由此，道元不再是某个宗派的道元，而是整个人类的道元。不再是作为教祖的道元，而是我们的道元。[64]

这段话通常被解读为是和辻将对道元的阐释从宗派传统的桎梏、因循守旧的限制中解放出来的宣言。这一点和《沙门道元》后半部的《正法眼藏》解读的方式合在一起考虑，很容易被认为突破宗教限制，对道元进行哲学解读的宣言。然而，这样的理解是错误的。和辻在此所谓“自己的解释”、“解释的新途径”，是指把道元评价为“真理王国的建设”者，而不是指思想分析。[65]通过这样的解释，“道元不再是某个宗派的道元，而是整个人类的道元”，之所以如此，是因为“真理王国的建设”者这一评价是从超越国家的层面上进行的评价，无论是对于日本的独特性，还是外来文化的优越性，更不要说前者对后者的“移植”之类的个性，都没有特别的重视。

这种超越国家的评价，令人觉得似乎更适合胡适，而不是和辻哲郎。但是，和辻哲郎在此却注目于道元，做出了这样的评价。奇妙的是，与此相交错，侧重强调世界一贯性的胡适，反而把那种和辻哲郎式的，处于中国思想的最高潮之中的评价，赋予了某个人物。这个人物到底是谁呢？

6 神会＝“中国思想的解放者”

如前所述，胡适在从20世纪20年代后半到30年代期间，开始把佛教思想看作是中国思想史的异物。但不可思议的是，对于将禅宗视为完全的异物（即外来思想），胡适却有所保留。比如说，前面提到的1925年的《中国人的宗教生活中佛教的影响》中，作为佛教“征服”中国的事项而提出来的，是“虚无的哲学”、“否定的哲学”、“通过悟来解放的哲学”、“轮回”、“转生”、“因果”、“净土”、“阿弥陀佛”，其中没有能够使人确切地感到是禅宗的要素。不仅如此，对胡适而言，禅宗承担了把中国从佛教的“支配”中“解放”出来的重要任务。关于中国从佛教中“解放”出来的问题，胡适原本是这样考虑的。1931年的《中国史中的宗教与哲学》（Religion and Philosophy in Chinese History）[66]中如此写道：

> 经历了被迷惑与屈从的几个世纪之后，中国开始不满印度宗教对国家的支配。中国如何才能摆脱佛教支配的桎梏呢？摆在面前的有三条道路，即迫害与排斥（persecution and boycott），然后是仿造与代替（imitation and substitution），最后是变形与吸收（transformation and absorption）。这三种方法中国都尝试过，最终赢得了这场独立战争。[67]

胡适甚至称这种解放为中国的文艺复兴。禅宗在其中最后的变形与吸收这一点上做出了贡献。胡适认为，中国唐代的禅宗，完成了变形，已经不是佛教。

> 已经不再是佛教的禅宗（Zennism），是绵延数个世纪的佛教自身内在的进化的结果。几乎是在无意识之中，中华民族的理性精神渐次抬头，带来了这一独特的变形。所谓禅是指禅那，然而中国的禅成了没有哈姆雷特的哈姆雷特剧。那只是单纯的方法，是立足于知性原理的极为洗练的方法。[68]

禅宗的这种变化，胡适用“革命”一词来表现。另外，对于领导了禅宗的变革的人物，慧能、马祖道一和临济义玄等，也视之为革命者。但是，1927 年以后，某个特定的人物被胡适视为最大的革命者，占据了其关注的中心。这就是荷泽神会（684—758）。胡适注意到了神会的重要性是在 1927 年以前，更早的话可以追溯到 1924 年[69]，但是这种关心真正确定下来是在 1927 年渡欧以及当时胡适亲自精查敦煌文书时发现《神会录》之后[70]。胡适认为神会的重要性主要在于与渐悟相对的顿悟的主张，以及由此而带来的北宗（神秀系统的派别）的解体和南宗（慧能系统的派别）的发扬，进一步的还有《六祖坛经》的制作等要点。草于 1929 年的《荷泽大师神会传》中如此写道：

> 南宗的急先锋，北宗的毁灭者，新禅学的建立者，《坛经》的作者——这是我们的神会。在中国佛教史上，没有第二个人有这样伟大的功勋，永久的影响。[71]

特别是胡适所谓的神会的新禅学，是理性的、智性的，之前的佛教所具有的“因果”、“轮回”、“净土”等思想，以及之前的禅宗所重视的“定”（冥想），都被拂落了，实现了思想的解放。

神会虽说无念，然密宗屡说荷泽主张“知之一字，众妙之门”，可见此宗（即南宗）最重知见解脱。当日南北二宗之争，根本之点只是北宗重行，而南宗重知，北宗重在由定发慧，而南宗则重在以慧摄定。故慧能、神会虽口说定慧合一，其实他们只认得慧，不认得定。此是中国思想史上的绝大解放。禅学本已扫除了一切文字障和仪式障，然而还有个禅定在。直到南宗出来，连禅定也一扫而空，那才是彻底的解放了。[72]

胡适还提倡禅宗史的新看法，即从中国思想的解放或革命的视角出发，以神会为中心重新考察禅宗史。1953年的演讲“禅宗史的一个新看法”中如此论道：

从来没有提到神会和尚，这个传统的老看法的禅宗史是很简单的。从印度二十八代一代一代地传下来，每一代到老的时候就写了偈语，传了法，又传了袈裟。这样整整齐齐的每代都做了四句五言诗，甚至在几万年前老佛祖传世时也做四句七言诗；这很可以使人怀疑。我想这是不可靠的。新的看法，禅宗是一个运动，是中国思想史、中国宗教史、佛教史上一个很伟大的运动。可以说是中国佛教的一个革新运动，也可以说是中国佛教的革命运动。

这个革新运动的意义是什么呢？佛教革命有什么意义？这个可以分为两层来说。第一个意义是佛教的简单化、简易化；将烦琐变为简易，将复杂变为简单，使人容易懂得。第二个意义是佛教本为外国输入的宗教，而这种外来的宗教，在一千多年中，受了中国思想文化的影响，慢慢地中国化，成为一种奇特的、中国新佛教的禅学。这两个意义在公元八世纪初，唐朝武则天末年开始。简单说，从公元七百年至八百五十年，在这

> 一百多年中，包括盛唐和中唐，是禅宗极盛的时期。这在中国佛教是一个大的运动，可以说是佛教内部革新的运动。这个新佛教，在印度没有。这是中国佛教中革新运动所成就的一种宗教，叫作禅宗，也叫作禅门。[73]

胡适把神会定位为中国思想的解放者，认为神会所提倡的禅已经不再是佛教，而是新的智性的运动。胡适曾经认为，世界是沿着一条线发展的，各种民族、文化的差异不过是有限数量的可能性的反复，那么，他本来应该将中国思想这种特殊性本身消解掉的，然而，他在此却主张中国思想的独特性的解放。

胡适与和辻哲郎在此形成了奇妙的交错：和辻哲郎对道元的评价是世界性的真理王国的建设者，胡适对神会的评价是中国自己的中国思想的解放者；与此同时，和辻哲郎强烈主张日本文化的固有性，胡适则主张文化上的世界一体性。这种扭曲或者交错，究竟是从何而来呢？

恐怕这是因为在超国家的层面上，和辻哲郎所谓的并列存在的秩序和前后相继的秩序其实是同根而生，相互依存的。和辻虽然仿效赫尔德，从前后相继的秩序走向并列存在的秩序，但是在他将道元赞为真理王国的建设者这一点上，又很容易地翻身变回了前后相继的秩序。与其将此看作和辻哲郎个人的发展变化或者思想矛盾，不如将其看作是源于一个更加本质的问题：到底应该如何去理解异物感，即在冠以固有国名的思想史中无论如何都会出现的对于外来文化的不适感呢？

与此相反，胡适虽然把文化的差异看作不过是有限的可能性之一，主张世界发展的一条线，但是，对于神会的关心，却使其不知不觉地开始谈论中国思想的独特性。虽然在超国家的层面上，胡适主张世界向着一条线发展，但是那很容易就翻身转变为对特殊性的主张和拥护（与被他自己批判为过于笼统的梁漱溟非常相似）。

7 异物感和历史

对于佛教的异物感，和辻哲郎与胡适最终都应该是将其消解的。无论两人在表面上的做法多么不同，都有着相似的故事情节：作为异物的佛教，最后（在和辻哲郎那里是从最初开始）都是被冠以各自国名的思想史所吸收。

异物＝佛教的入侵及其“移植”或者“征服”，然后是“吸收”或者“解放”，这一情节发展的确是容易理解。但是，这种情节在纯粹的日本思想史或中国思想史与作为异物的佛教之间，先验性地划了一条分界线。而在本文第 1 节中曾经指出，无论是和辻哲郎还是胡适，在其还没有形成分别冠以其固有国名的思想史的视角之前，都不曾把佛教看作是屹立眼前的异物。因为有了他们的思想史的视角，才会发现佛教是异物，或者反过来也可以说，**正是因为发现佛教是异物，才使其开始构想排除掉异物的纯粹的思想史**。假如的确如此的话，其实日本思想史或者中国思想史与其异物佛教之间本不可能划出固定不变的一条线，而划线行为本身也是极端随意和易变的。即使我们承认和辻哲郎与胡适所描绘的故事情节，也必须注意到成为其叙事基础的划线本身是随意而易变的。

而在此要问的是，所谓异物，到底是什么呢？对于将其视为异物的“我”而言，异物究竟是何物？这一个根本性的问题。最后想要对此做一考察。

1991 年接受了心脏移植的让-吕克·南希（Jean-Luc Nancy），在自己身体怀着异物而生存，陷入了这样的矛盾之中：为了将对我而言本是异物的心脏作为我的一部分而接受，必须降低自己的免疫功能，而免疫功能本来意味着我的自我认同本身。在这种状态一直持续的过程中，让-吕克·南希在《入侵者》[74]中写道：

> 入侵者使得我自身过多地暴露出来。它使我倾泻而出，使我被甄别，并使我不再是我。我既是疾病，也是医学，我既是癌细胞，也是移植脏器，我既是免疫功能抑制针剂，也是其缓和针剂，我是刺在自己胸骨上的针尖，我是永远缝合在锁骨之下的植入物。而且，我曾经首先是腰的扭转，脉的搏动。……
>
> 所谓入侵者，并不是与我不同的、与人自身不同的某物。而是沉淀的同时汲取，剔出的同时过分强化，无论什么时候都在不停地改变自身性质的同一事物。对自身内部的侵入者，对自我世界的侵入者，导致不安的异样之物的不断膨胀，无限地不必要地增长的冲动。[75]

南希所说的是，“我”和入侵者（异物）的界限范围并不是固定的，而是隔着分界线相互交错的。《入侵者》的翻译者和解说者西谷修把让-吕克·南希接受心脏移植一事看作“意味深长的符号”。[76]因为南希一直主张“分割”、“分有”。所谓“分割”、“分有”是指什么呢？“一般来说，这个词是指若干人分割某物，各取一部，或者是指一物为人所分而取之、分而有之。但南希不是用它来指人们（主体）的行为，而是从把‘分割’作为非人称的（即不属于任何人的）事件的观点来使用这个词。”西谷修进一步说明道：

> 大概也可以这样考虑。如果什么都没有的话，自己本身的轮廓也就不存在了。但是，在黑暗之中，某物可以被触摸到。用皮肤来感触。那时，肌肤感受到了所接触的东西，通过这种感受，作为肌肤、作为感觉而苏醒。如果接触到的是另一个肌

> 肤（身体），被感受到的是作为他者的身体（或者肌肤），这种感触使“我”苏醒。在这种感触之中，没有任何支配或者所有的关系，只有接触这一件事情发生，使得能够感受到他人的自我苏醒。大概可以说这种感触正是“分割或分有”。不是指某种它物被分而取之，“接触”本身是作为名副其实的“分割”而被“分有”。[77]

日本思想史和中国思想史以及它们的异物佛教，这种状态是由于日本思想史/佛教、中国思想史/佛教这种界线划分而得以成立的。这种划分虽然是易变的、随意的，但是其中也表达了某种具体的感觉，正是那种感觉带来了界限划分，而且，那种感觉使得被分开的双方持续相互接触，“使能够感受到他人的自我得以苏醒”。这种先于界限划分而存在的感觉，如果说就是我们所讨论的异物感的话，那么这种异物感不正是所谓“分割”、“分有”吗？所谓异物，或者所谓能够感受到异物的“我”，不正是把事先存在的异物感的“分有”，作为分界线提出，并通过这种界限划分而“被送还到相互而言的独特个性”吗？“我”和异物有着这种同样的出身，正是因此，两者的维度很容易反转。南希所谓“我既是疾病，也是医学”的维度反转，可以说正是表明了这一现象。和辻哲郎与胡适的佛教研究可以说也是如此。两人都是致力于描述作为日本思想史或者中国思想史的这个“我”，尽管如此，两人却都是在不知不觉之间，反而将其着力点置于作为其异物的佛教的思想史。这是因为，其各自的思想史及其异物佛教，本来有着同样的出身，只是因为在被“分有”的异物感出现之前的界限划分而分别成立。

那么，这种亦可称之为“分有”、“分割”的异物感，到底是什么呢？我们在前文论述过，和辻哲郎与胡适的佛教研究，因为他们固守着思想史的视角而得以存在，也是以他们对历史的看法为背景而展开的。西谷修在《入侵者》之外的其他著述中论道，历史不是先验地存在的，因为有描述历史的行为才有了历史，而且是追溯式地展现出来的。[78]倘若如此，那么描述历史这件事情本身，不正是先于对本国思想史和佛教的区分而存在的“接触”、“分割”、“分有”，或者我们所说的异物感吗？所谓历史，类似于通过接触到某物的感觉而反射形成的，与“我”之间的所谓视觉差异，那不是先验地存在的，而是只有描述历史的行为才能够展示出来的现象。进而言之，描述历史这一行为，不是事先选择了前后相继的秩序抑或并列存在的秩序的立场，又或者一条线抑或有限的可能说的立场，而是触及了作为其基础的超国家的层面。可以说，异物感萦绕不去，乃是描述历史的必要条件。

和辻哲郎和胡适的佛教研究，几乎贯穿他们的学究生涯。他们都是在不断地萦绕着异物感的同时，描述思想史，描述历史。而他们的佛教研究与他们的历史叙述一直是联动的。比如说，和辻哲郎和胡适都反对接受马克思主义的唯物论历史观，正是因为他们都无法消除对于描述历史这一行为的异物感。然而，困难的是，描述历史的行为，以及不断触及异物感的行为，虽然都是超国家脱主体的，但其间所描述的历史的国家属性，或者能够感知异物的“我”的主体性，在纸上笔端又总是顽固地回归。和辻哲郎和胡适的佛教研究所描画的扭曲的线条，告诉了我们这种困难之所在。对于近代以后在异物的包围之下做学问的我们的态度本身而言，这真是一记痛击。

关于《地球韵言》
——清末的地理认识及其表现

大泽显浩

前　言

地球是圆的，这对中国儿童而言，是从什么时候开始成为常识的呢？民国时期，1917 年初版的商务印书馆《国语教科书》上册第 161 课，有“地球”一节（图 1）[1]，课文如下：

> 吾侪所居之地，圆而略扁，故名地球。人立高山之巅，远望海中来船，先见船桅，后见船身。其去时，船身先没，船桅后没。环游地球者，如向东而行，方向不变，久之，必回原处。此皆地圆之证也。

还有插图，表现的是从山上看到的从水平线的远处向地球仪接近的四只船的样子，远处看不见船体，只能看见帆。另外，再稍微往前追溯一下，清末光绪丙午（1906）年出版的余姚宋鹤龄增补《注释绘图六千字文》[2]，在天象图中描画了似乎是地球的天体。

自明末利玛窦介绍《大地球体说》以来，开始使用地球一语。但是，实际上地球这一用语本身在中国被广泛使用是在清末，因为在 19 世纪，来自西方的基督教传教士进行了地理知识的启蒙。在中国人之间，海外知识实际上是如何普及的呢？东京都立中央图书馆实藤文库收藏的《地球韵言》，带有光绪二十三年（1897）的序，是一本关于世界地理的启蒙书，本文打算以此为中心考察上述问题。

图 1　《国语教科书》

庄俞等编写，张元济校订，1917 年初版，上海科学技术文献出版社 2005 年影印，第 190 页。

1　大地球体说的导入

当明末来中国的利玛窦制作世界地图，介绍大地球体说的时候，地球一语是在什么意义上被使用呢？《明史》卷 25《天文志》仪象中记载道：

万历中西洋人利玛窦，制浑天仪、天球、地球等器。

另外，也是在《天文志》仪象中，崇祯二年（1629），吏部侍郎徐光启兼理历法，请造“万国经纬地球”等。由此可见，所谓“地球”是指用来表现大地的球体，即地球仪。乾隆末年马戛尔尼使节团带来的贡品中，有“地理运转全架，天球、地球”[3]。可见地球的这一用法，以后也沿用下来了。

另外，利玛窦绘制完成世界地图之后不久，万历三十年（1602）刊印的马应京《月令广义》、《山海舆地全图》，其注释中写道：“地球横竖经纬界/线别方隅稽度数。”[4]在海野一隆《南蛮系统的世界地图的系统分类》（『南蛮系世界图の系统分类』），认为最早表示了大地球体说的地图是万历四十二年（1614）序刊的熊三拔（Ursis）《表度说》中所载的地球说图解。[5]如李约瑟所指出的，崇祯十年（1637）左右刊印的熊明遇《格致草》（图 2）中有一幅图，描绘了“像弹丸一样圆的”地球图，上面有中国风格的塔，在与其相反的另一面的土地上，倒着画了欧洲建筑。在其说明中有如下文字。

> 地球在天地中，圆如弹丸。海水附土，为气所裹。皆是圆形，圆则无隅无方，东极成西，南观成北。[6]

在清初黄宗羲《宋元学案》卷 17《横渠学案上》的黄百家的按语中写道：“地球循环转旋，太阴（月）又附地球而行。”传达了从梅文鼎那里得知的哥白尼的地动说，其中也用了地球一语。[7]

然而，地球这一用语虽然已经为人所知，但是即使在知识分子当中，对于大地的形状也不怎么关心，可以说直到清末，大地球体说也没有扎下根来。阮元在蒋友仁（Michel Benoist）《地球图说》的序中写道，地球说的起源是曾子《天圆篇》中“天圆地员”的说法。[8]《地球图说补图序》的纪年是嘉庆四年（1799），对 18 世纪末的阮元而言，可以说是因为有必要提倡西学中国起源说，所以针对

圜地總無方隅
地球在天中圜如彈丸海水附土爲氣所褁皆
是圜形圜則無隅無方
東極成西南觀成北如
泛海者二舶俱從大洋
一處開泝一舶往東一
舶往西俱可至中國元
往東者從西面到元往
西者從東面到理勢不
格致草　地圜　函宇通

图 2　《格致草》

〔英〕李约瑟著，东畑精一、薮内清监修：《中国科学与文明》第 6 卷《地的科学》，思索社 1991 年版，第 4 页。

地球说举出曾子的《天圆篇》。

西方向中国介绍地球说的动向，可以说是起源于米怜（William Miline）于 1815 年在马六甲创刊的《察世俗每月统记传》前后，这是最早的中文杂志。《察世俗每月统记传》从 1816 到 1819 年，分十回连载了《天文地理论》，这在苏精《近代第一种中文杂志——察世俗每月统记传》中也提到了。[9] 根据邹振环《晚清西方地理学在中国》简单看一下吧。其中列举了四种大地球体说的理由[10]：在海边的人，看远处来的船，先看到桅杆，随着船越来越接近岸边，逐渐能够看到全体。从船上看的话，随着接近岸边，首先是山顶、高大的树木、塔等映入眼帘，进一步接近之后，就能够看到房屋和海岸。还有，曾经有人奉君王的命令探访未曾有人到达的土地，乘船一路向西，不曾调头，经过了很多地方，两年半以后又回到了故国，等等。

以后又出现了马礼逊（Robert Morrison）《西游地球闻见略传》（马六甲，1819）[11]，还有郭实猎（Gutzlaff）用爱汉者的笔名编纂的《东西洋每月统记传》中的《地球全图之总论》（广州，1834）。袆理哲（Richard Quarterman Way）的《地球图说》（宁波，1848）和《地球说略》（宁波，1856）、慕维廉的《地理全志》（上海，1853—1854）等关于地理知识的著作也不断出现。[12]在此前后，对地球说的理解开始在中国广为传播，但是，地球这一用语本身不是中国古典中有的高雅之物，为使中国人真正接受，经西欧人之手编纂的关于世界地理的书籍的刊行和普及，发挥了很大作用。[13]

魏源《海国图志》和徐继畬《瀛寰志略》等清末中国人自己编纂的世界地志，也使用了"地球"这一表达。道光二十八年（1848）刊行的《瀛寰志略》卷一的开头介绍地球，先刊载了《地球图》（图 3）。《瀛寰志略》卷 1《地球》起首写道：

> 地形如球，以周天度数分经纬线，纵横画之。每一周得三百六十度，每一度得中国之二百五十里。

然后，关于大陆，如此叙述：

> 大地之土，环北冰海而生，披离下垂如肺叶，凹凸参差，不一其形。

该书中，刘鸿翱所撰道光己酉（1849）序中，把"大地之土"，改为"地球"，写道："余读其书，地球环北冰海而生，披离下垂如肺叶。"[14]认为大地是球状的，从北极海的周围，呈环状伸展，分散垂下。刘鸿翱这篇序言的末尾，还有一句是"百世言地球之指南也"。刘鸿翱用"地球"来表现大地形状，和现在作为专有名词的地

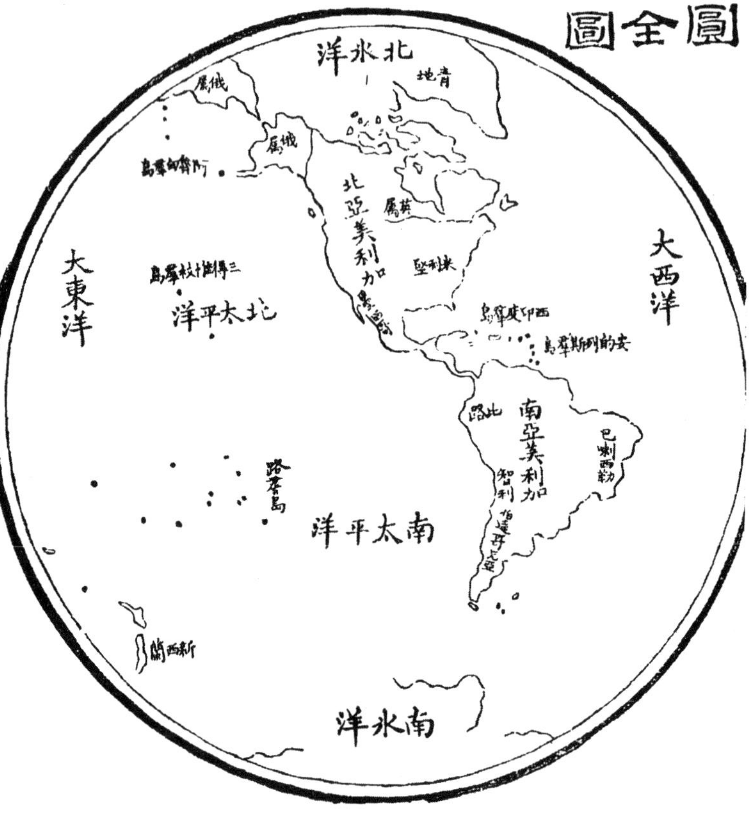

图 3 《地球图》

《瀛寰志略》，学习院大学图书馆所藏，同治十二年掞云楼刊本。

球的用法，在理解上有些不同。地球这一用语还没有成为固定的表达。这可能是中国知识分子在理解和接受“大地球体说”这一新概念的过程中，不可避免的概念上的动摇。

咸丰二年（1852）增补的《海国图志》百卷本，从《海山仙馆丛书》所收录的葡萄牙人玛吉士（Marquez）的《新释地理备考全

书》（道光二十七年［1847］刊，陈洋校订）中，采录了《地理备考叙》和《地球总论》（《海国图志》卷76）。但是，众所周知，当时《海国图志》和《瀛寰志略》在清末社会上的影响，远不如在日本的影响大。[15]

如同张之洞《书目问答》把顾祖禹《读史方舆纪要》归入兵书一类中所显示的那样，在中体西用论出现以前，对于世界地理知识的学习，被看作是一种属于兵学（军事学）范畴的特殊技艺，尚未被认为是读书人作为学问所应该学习的内容。

但是，在19世纪50年代，在远离读书人的更加世俗的场合，出现了“地球”这一用语。荒川清秀《近代中日学术用语的形成和传播》（『近代日中学術用語の形成と伝播』）中提到的福泽谕吉《增订华英通语》地理类（图 4）中有“Earth 地”、“Terrestrial 地球”等译语。[16]《华英通语》本来是在香港西营盘编制的商务英语会话手册，有的是咸丰乙卯（1855）何紫庭序，也有的是咸丰庚申（1860）拙山人序。[17]由在英国人的学校中学习的人所编纂的《华英通语》，使用了“地球”一词，这一事实也说明它绝不是高雅的古典用语。

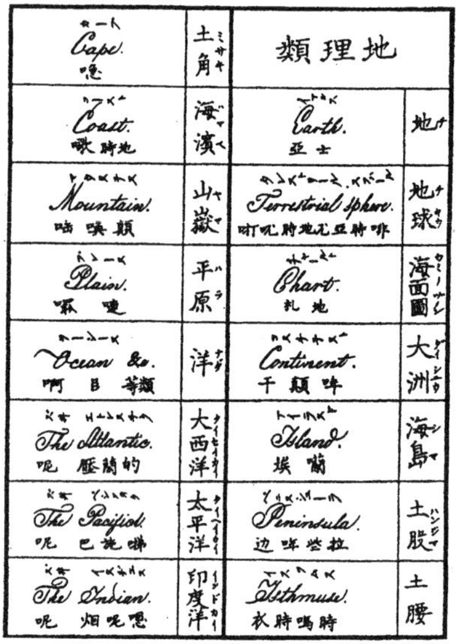

图 4　《增订华英通语》地理类

庆应义塾编：《福泽谕吉全集》第 1 卷，岩波书店 1969 年版，第 79 页。

在香港的英华书院小学校（Preparatory school），用英语讲授的普通科教育，采用的教科书是《智环启蒙塾课初步》（1856）。这是理雅各（James Legge）翻译的由查尔斯·贝克所编纂的教科书（1848 年初版），共 24 篇 200 课。其中第 12 篇《地论》、第 14 篇

《天气诸天论》、第16篇《地球分域等论》中出现了作为 the earth 或者 the globe 的译语的“地球”。[18]《智环启蒙塾课初步》以后在光绪八年（1882）还为福州船政学堂所采用。由此可以推测，地球这一译语是从西式启蒙教育的现场开始扎根的。可以认为，在19世纪50年代以后，地球的概念在关心海外情况的人们中间已经固定下来了。

《瀛寰志略》本身也是在洋务运动开始之后被人们所注意，同治五年（1866）由总理衙门重印（丙寅本），用作京师同文馆的教科书（方闻《瀛寰志略重印后记》，台湾商务印书馆影印本，1986）。1876年公布的京师同文馆的八年课程表中，第三年中有“各国地图”，第八年中有“地理”。[19]

关于当时读书人使用“地球”的例子，如《乘槎笔记》同治八年（1869）冬十月海宁李善兰序中写道：“地为球体，环日而行，与五星同，故五星皆地球也。”又写道：“吾人所处之地球，所有四大洲，大小数百岛，舟车所通，固不难往而游也。”[20]开头的“五星皆地球也”，与后面的“吾人所处之地球”稍微有些不同，与现在的语感看来也不一样。另外，郑观应《易言》“公法”（1880）中写道：“夫地球圆体，既无东西，何有中边，同居覆载之中，奚必强分夷夏。”[21]还有，薛福成《出使英法意比四国日记》中，记载1890年看到《瀛寰志略》的地图的事情，写道：“今则环游地球一周者，不乏其人，其形势方里，皆可核实测算。”[22]根据台湾“中央研究院”近代史研究所的清代经世文编数据库，收录清末饶玉成《皇朝经世文续编》（1882）之后的经世文编的文章中，有很多使用地球一语的例子。[23]

清末人物给书名冠以“地球”一语的，早期的例子有光绪六年（1880）刊印的《小方壶斋丛钞》卷1收录的徐继畬《地球志略》一卷，还有光绪十七年（1891）刊印的《小方壶斋舆地丛钞》第一帙收录的龚柴《地球形势说》，等等。从上述情况来看，应该可以认为在清末的19世纪80年代，地球这一用语基本上固定下来。

但是，清末编纂的《海国图志》和《瀛寰志略》在中国的影响是有限的。清末变法运动的指导者康有为自身也是在游历香港，接触外来文化的光绪五年（1879）之后，才阅览《海国图志》、《瀛寰志略》，购买地球图。另外，1873年出生的梁启超，在光绪十六年（1890），18岁的时候，参加会试，归途中经过上海，购买《瀛寰志略》进行阅读，才第一次知道五大洲各国的存在。

上述事例反映了香港或者租界的存在对近代中国的影响之大，但是，只要科举继续存在，对新学的基本认识就不会改变。即使在清末，以传统学问为志的大多数人，直到戊戌变法的时候，对海外的情况基本上也没有什么了解。换句话说，也没有必要去了解海外的情况。但是，从梁启超购买《瀛寰志略》，初次知道五大洲的存在之后，不过十年，为儿童编纂的教授世界知识的启蒙书籍在清末各地被广泛提倡。

《地球韵言》作为启蒙书籍，在19世纪末以后，多次重版，不是对知识分子，而是对儿童的影响，或者说是实际的社会影响，可以说非常之大。《地球韵言》是作为一种通俗的启蒙读物而编写的，所以毫不犹豫地采用了“地球”这种并不雅训的语汇作为书名，而且，不也正是有必要用新奇的语汇来标榜其为新学吗？

2 自传中所见《地球韵言》

根据熊月之《晚清西学东渐史概论》，西学在中国传播的主题有五个：“了解世界”、“求强求富”、“救亡图存”、“民主革命”、“科学启蒙”。各种歌略、韵语、图说也是科学启蒙的重要读物，其中还列举了《地球韵言》。明末以来，日用类书或杂字等通俗读物中，经常可以看到用歌诀的形式来讲述各种知识[24]，《地球韵言》也是这一类的书籍。梁启超自身也在《论幼学》（1897）中对歌诀有很好的评价，认为陈庆笙的《直省府厅州县韵语》、广东某君的《历代纪元歌》、仁和叶浩吾的《天文歌·地理歌》，“皆有用可读”[25]。

冯友兰在光绪二十一年（1895）出生于河南省唐河县祁仪镇，其自传《三松堂自序》[26]很好地传达了清末到民国初期的读书人家庭的家教氛围。

冯友兰家据说祖上从山西省高平县移居唐河县做小生意，后来在祁仪镇落下根来。其祖父本来也志在参加科举，本来应该能够合格，但是在考秀才的时候，由于和知县有冲突，结果没有考中。其父冯台异弟兄三人，排行第二，光绪二十四年中进士，其伯父和叔父也是秀才。冯家就是这样一个读书人之家。

其祖父大约拥有 1500 亩土地，算不上是大地主。当时土地日益集中，所谓大地主能拥有两万亩以上的土地，拥有数千亩的地主也很多。其祖父家是一个拥有二三十人的大家族。

这个大家庭的惯例是男孩子从 7 岁开始学习。在家里招聘教书先生，教孩子们学问。女孩子也是从 7 岁开始和男孩子一起学习，但是过了 10 岁以后，就不再学习了。冯友兰学习的时候，七八个学生都是其从兄弟。首先读《三字经》，然后是《论语》，接着是《孟子》，最后是《大学》和《中庸》，必须能够从头到尾背诵下来，才算是读完，称之为“包本”。

当时一般私塾都是让学生背诵典故和诗文，为写八股文和试帖诗做准备，多是《幼学琼林》、《龙文鞭影》[27]之类。冯氏的家塾不是这样，而是让学生读当时作为新学的地理读物《地球韵言》。四书读完之后，开始读经书。先读《诗经》，据说因为是韵文，学生比较容易读得很流畅。

这里记述的是从 7 岁开始在家塾中学习的情况，因此冯友兰学习《地球韵言》应该是 1901 年以后的事情。作为当时新学的地理读物而举出的《地球韵言》，在清末大概非常普及。除了冯友兰的自传，1893 年出生于北京的梁漱溟的《我的自学小史》，与冯友兰同样是生于 1893 年，江苏省无锡出身的钱穆的《八秩忆双亲》，在四川省乐山县出生的郭沫若的《我的童年》，1897 年出生的萧公权的《问学谏往录》等自传中都提到读过《地球韵言》。清末民初的人物自传中出现的《地球韵言》，到底是怎样一部书呢？

关于阅读《地球韵言》的记述，最早的是光绪十九年（1893）出生于苏州的顾颉刚，叔父教他读过光绪二十三年刊的版本。另外，1893 年出生的梁漱溟的《我的自学小史》中，记述了在光绪二十四年（1898），即戊戌变法之年，读了《地球韵言》。梁漱溟读《地球韵言》是出于他父亲的意志，其父亲梁济曾经是变法派官僚（内阁中书），平素关心国家大事，而当时中国正日益被外压所逼迫。梁漱溟关于《地球韵言》记述如下：

> 我于六岁开始读书，是一位孟老师在家里教的。我在《三字经》之后，即读《地球韵言》，而没有读四书。《地球韵言》一书，现在恐已无处可寻得。内容多是一些欧罗巴、亚细亚、太平洋、大西洋之类，作于何人，我亦记不得了。[28]

其后半段又记述道，梁漱溟开始学习的光绪二十四年（1898）是光绪皇帝变法维新之年，停止科举，废止八股。梁的父亲对此大为赞同，所以没有读四书。但是，当时在北京没有可以进的学校。选择《地球韵言》是因为觉得它用四字一句的韵文简单叙述世界大势，便于儿童诵读。

梁的自传在别的地方还提到，其父读儒书，尊孔孟，但是实际思想和性情极似墨家。其父深信，中国之所以衰弱，起因在于读书人全事虚文，远离实事。因此，他总是蔑视作诗文的人，不管讨论什么问题，一贯主张“务实”二字。

另外，梁漱溟的小学时代，还有两种课外读物，《启蒙画报》和《京话日报》。《京话日报》创刊于1904年8月16日，是最早提倡白话的媒体之一。《光明日报》2003年8月28日张巨龄《看看清朝人说什么》，引用了1905年1月15日刊登在《京话日报》上的14岁的学生赵家琛的《劝教书先生改良说》。

> 明确指出，要“把从前所念的《三字经》、《千字文》、《百家姓》，一一扔开”，代之以“新出的蒙学书”，“像《地球韵言》那类书”，而且“用白话讲明”。他说，只有这样，才能使“七八岁的小孩”“晓得五洲大势”，才能真正“开通民智”，“感动爱国的热心”。[29]

这应该是和废止科举、改革学制相对应的主张。由此可见梁漱溟当时身处其中的新的知识启蒙的状况。

大体是在同一时期的光绪三十一年（1905），1899年出生于北京的老舍满6岁，被宗月大师（刘寿锦）带着，进入改良私塾学习。当时，一位姓李的老师给了老舍《地球韵言》一册和《三字经》一册。[30]

徐世大，1895年生于浙江绍兴，曾留学美国，回国后历任与水利有关的要职，作为台湾省桃园的石门大坝的技师而知名。其回忆录《回忆与感想》中记载，5岁的时候，家里请了高栽卿先生教育徐世大。据说当时读的是《地球韵言》，像《千字文》那样，四字一句，内容是什么，一点儿也记不住了。徐世大的父亲在伯祖父开设的中西学堂[31]学习了一段时间，但是因为祖母的反对而终止。后来乡里要开设学校，光绪三十二年（1906），徐世大的父亲和数位兄长一起创建了小学校。关于徐世大的启蒙教育，徐父选择了《地球韵言》，大概是基于某种见识。

另外，三民文库21姜超岳《我生一抹》中记载，他在光绪二十四年（1898）出生于浙江江山，在当时的乡塾中，一般是从《三字经》、《百家姓》、《千字文》开始学习。以后，阅读实用书籍的人一般读《五字经》，其他的人则从《幼学琼林》开始，直到四书五经。但是，姜超岳不是这样，8岁读完《幼学琼林》之后，开始读《鉴谱》、《鉴略》和《地球韵言》，9岁读《论语》、《孟子》。如果是在过去的话，这个阶段本来应该是读四书五经的。做出这种选择，是由于比姜超岳大15岁的长兄姜时柏的主张。姜时柏受到了清末维新运动的影响。

1892年出生于四川省乐山县的郭沫若在自传《我的童年》[32]中记述道，在“庚子事变”（义和团运动）之后，洋物流入，孕育了变革意识，然后提到了《地球韵言》：

> 当时我们几乎没有读“洋书”的资格。我们在圣贤经传以外，开始读《地球韵言》和《史鉴节要》。这两者是当时最好的启蒙书，用四言韵文写成，对于当时我们小孩子是无上的天启。

光绪癸卯年（1903），废除科举，设立学校。当年秋天，在成都创建了高等学堂、东文学堂、武备学堂。郭沫若的长兄进入东文学堂读书，经常收集关于新学问的读物，把《启蒙画报》、《经国美谈》等书籍和杂志送到家里的私塾。另外，家塾还采用了在上海出版的物理、地理、地质、东西洋史、修身、国文等教科书。还学习了教会学校出版的《笔算数学》。家塾的墙壁上挂着用赤黄青绿等各种颜色绘制的《东亚舆地全图》。郭沫若在1905年秋参加了在嘉定府乐山县开设的高等小学堂的试验，并合格。据此推测，他在家塾学习《地球韵言》和上海出版的教科书等应该是在此之前的事情。

江苏省无锡出身，1895年出生的钱穆在自传《八十忆双亲》中记述道，1902年，为了使其兄弟接受教育，全家迁到荡口镇，有一位姓华的老师教育他们。当时，钱穆8岁，华老师为他讲解了《史概节要》和《地球韵言》两书。钱穆还记得当时对瑞典和挪威的日照时间的长短很感兴趣。[33]钱穆这里说的《史概节要》，不大清楚是什么书籍。因为是与《地球韵言》同时读的，也可能和郭沫若一样，是《史鉴节要》。

同时读《地球韵言》和《史鉴节要》的例子，其他还有很多。萧公权1897年生于江西省，6岁的时候被伯父带到前面提到的四川省崇庆州，开始学习《史鉴节要》、《地球韵言》、《声律启蒙》、《千家诗》等。萧公权《问学谏往录》二"蒙师与业师"中记载，《史鉴节要》由概述数千年历史梗概的七言歌诀一首，和叙述直到明朝灭亡的历代事迹的四言韵文一篇组成，由家族的祖先编纂，萧氏宗祠刊行。[34]还有，在网上能够看到，在湖北省罗田于光绪二十二年（1896）出生的王家鸿也读过《地球韵言》和《史鉴节要》。[35]

上海书店出版社2005年出版的周振鹤《晚清营业书目》收集罗列了清末出版的书籍的名称和价格。其中列举道，《史鉴节要》和《地球韵言》的价格都是两册"售洋八角"。《史鉴节要》除了同治年间的刊本，在清末还有数种刊本。根据京都大学人文科学研究所汉字情报研究中心的汉籍数据库可以知道，有鲍东里撰《史鉴节要便读》六卷二册，同治六年姑胥刊本。

张志公提到，《地球韵言》作为介绍新学的蒙学书之一，被与《史鉴节要》、《皇朝掌故》合为《正蒙必读》出版[36]，在"蒙学书目”中提到了陈蔚文编，光绪二十七年杞庐校勘这一文本。

浙江省桐乡县出身，1896年出生的茅盾读过《正蒙必读》。茅盾在5岁的时候，没有进家塾，跟母亲学习从《正蒙必读》中节选的《天文歌略》和《地理歌略》。[37]茅盾的母亲问他父亲：“为什么不教历史?”他父亲的回答是“没有浅近文言的历史读本”，让他母亲试着编写。于是，他母亲就以当初嫁给他父亲的时候，被要求读过的《史鉴节要》为底本，用容易理解的语言编写，从三皇五帝开始一节一节地教他。[38]当初想找的是“浅近文言的历史读本”，由此可见，当时的启蒙教育毕竟还不得不基于文言的教科书。

3 《地球韵言》的内容

《地球韵言》是江陵的张士瀛编撰的四卷二册的初等教育用世界地理读本。在日本，东京都立中央图书馆实藤文库存有两种文本。一种A（图5）是在光绪二十四年（1898），以两湖书院聚珍本为底本，由湖北鄂垣务急书馆刊行的，印刷效果不好，但直到上卷末尾，有圈点阅读的痕迹。版式是中黑口单鱼尾，9行19字，左右双边。卷首有光绪二十三年丁酉（1897）张士瀛的叙，接着是“地球图”。各卷都有“江陵张士瀛公复”。关于张士瀛，目前其人不详。

另外一种（B）（图6），出版地不明。封面里面写着“光绪乙亥校栞”。接着是张士瀛的叙、目录，没有“地球图”。版式是白口单鱼尾，9行19字，四周双边。

还有，北京图书馆出版社2003年出版《近代译书目》中收录的《增版东西学书录》（1902）“中国人辑书下”中提到《地球韵言》，二卷本，有光绪戊戌（1898）聚珍本和会稽徐氏重刻本两种。[39]另

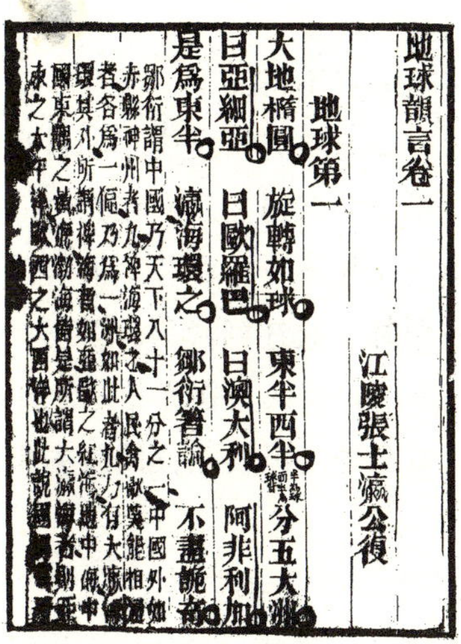

地球韻言卷一

江陵張士瀛公復

地球第一

大地橢圓 旋轉如球 東半西半 分五大洲

曰亞細亞 曰歐羅巴 曰澳大利 阿非利加

是爲東半 瀛海環之 鄒衍著論 不盡詭奇

鄒衍謂中國乃天下八十一分之一中國外如赤縣神州者九禆海環之人民禽獸莫能相通者各爲一區乃爲一州如此者九乃有大瀛海環其外所謂禆海者如亞歐之紅海地中海中國東隅之黃海渤海皆是所謂大瀛海者則亞東之太平洋歐西之大西洋也此說固切實可

图 5 《地球韵言》(A)

光绪二十四年鄂垣务急书馆刊本，东京都立中央图书馆，实藤文库 874。

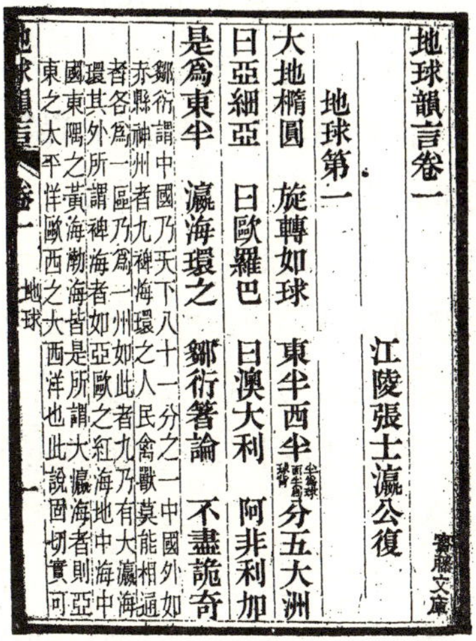

地球韻言卷一

江陵張士瀛公復

地球第一

大地橢圓 旋轉如球 東半西半 分五大洲

曰亞細亞 曰歐羅巴 曰澳大利 阿非利加

是爲東半 瀛海環之 鄒衍著論 不盡詭奇

鄒衍謂中國乃天下八十一分之一中國外如赤縣神州者九禆海環之人民禽獸莫能相通者各爲一區乃爲一州如此者九乃有大瀛海環其外所謂禆海者如亞歐之紅海地中海中國東隅之黃海渤海皆是所謂大瀛海者則亞東之太平洋歐西之大西洋也此說固切實可

图 6 《地球韵言》(B)

光绪二十五年已亥刊本，东京都立中央图书馆，实藤文库 875。

外，上海图书馆藏有从光绪二十三年（1897）到光绪二十九年（1903）的六种版本。[40]根据实藤文库鄂垣务急书馆本的记载，作为底本，之前有两湖书院聚珍本存在。目前不清楚上海图书馆所藏的光绪二十三年（1897）刊本是否为两湖书院聚珍本。

虽然刊年不明，但周振鹤《晚清营业书目》第 96 页的山东书局出版书目中，与《地球韵言》“二册，售洋六角”同时列举的还有，冯友兰自传中也曾提到的《龙文鞭影》“四册，售洋八角”和因为鲁迅曾经读过而为人所知的《四字鉴略》“二册，售洋四角”。这一价格与清末编纂的《新尔雅》（实藤文库藏，光绪二十九年排印本）的大洋六角，以及世界地志《瀛寰志略》的每部“洋七角到八角”[41]，大致相同。再与《晚清营业书目》第 380 页提到的《时务三字经》的价格每本“八分”相比较，可以认为《地球韵言》在当时是拥有一定程度的内容和分量的读物。

冯友兰自身读的是哪一个文本，这一点不得而知。冯友兰的故乡河南也是与长江水系相通的地方，其父亲在光绪戊戌年的科举中合格，后来作为候补知县滞留在湖北的省会武昌。后来在光绪三十年（1904）的时候，在方言学堂的监督（校长）梁鼎芬手下担任会记庶务委员，于是冯友兰和母亲以及弟妹一起迁到武昌。冯友兰读《地球韵言》是在迁移到武昌之前的事情。被认为在光绪三十年以前，流通于湖北的鄂垣务急书馆本，有可能与冯友兰读的版本是同一系统的文本。

另外，光绪三十一年（1905）的上海维经书局本，在倪文君《近代学科形成过程中的晚清地理教科书述论》* 中曾经加以引用；光绪三十一年山西刊本在《中国古旧书刊拍卖目录》中也能够看到。[42]

在网上还能够看到一些版本。中国孔夫子旧书网上有，“中国最早的世界地理课本《地球韵言》两册”，同时上传了光绪三十一年的上海商务印书馆版的封面、卷末等五张画像。从画像上看，没有“地球图”，版式是白口单鱼尾，12 行 20 字，四周双边。[43] 另外，似乎还存在光绪二十四年（1898）成都善成堂校刊的版本。[44]

包括（A）、（B）两种实藤文库本在内，将目前所知道的《地球韵言》的版本，按照卷册数目、版本信息和资料来源依次整理如下。末尾有（*）的版本是 2007 年 6 月在网上确认的。另外，（1）两湖书院聚珍本和（14）山东书局本是否还存在，目前不详。（1）和（2）也有可能是同一文本。

（1）《地球韵言》四卷，两湖书院聚珍本

---

* 《华东师范大学学报（哲学社会科学版）》2006 年第 5 期，注 22。——译者注

(2) 清光绪二十三年 (1897)，上海图书馆 a

(3)《地球韵言》四卷，二册，光绪二十四年 (1898) 鄂垣务急书馆用两湖书院聚珍本刊，实藤文库 A，又，上海图书馆 b

(4)《地球韵言》四卷，光绪二十四年，上海自强斋石印本，上海图书馆 c，又，辽宁图书馆

(5) 光绪二十四年，长毋相忘室，上海图书馆 d

(6) 《地球韵言》一册，光绪二十四年，成都善成堂校刊（＊）

(7)《地球韵言》二卷，光绪二十四年戊戌聚珍本，参见顾燮光：补辑：《增版东西学书录》

(8)《地球韵言》四卷，二册，光绪二十五年 (1899)，实藤文库（イ）

(9) 光绪二十七年 (1901)，杭州杞庐校刊《正蒙必读》，上海图书馆 (e)，又见于张志公《蒙学书目》

(10) 光绪二十九年 (1903)，柏经正堂刊《西京清麓丛书》本，上海图书馆 (f)

(11) 光绪三十一年 (1905)，上海维经书局本，参见倪文君《近代学科形成过程中的晚清地理教科书述论》

(12)《地球韵言》二卷，二册，光绪三十一年，山西刊本，参见姜寻编《中国古旧书刊拍卖目录》

(13)《地球韵言》四卷，二册，光绪三十一年，上海商务印书馆版（＊），日本学习院大学东洋文化研究所购入了上海商务印书馆 1905 年版

(14)《地球韵言》二册，山东书局刊，参见周振鹤《晚清营业书目》

(15)《地球韵言》二卷，会稽徐氏重刻本，参见顾燮光补

辑《增版东西学书录》

与这些不同，1895年出生的张秀熟的《清末民间儿童读物》，介绍了五言句的《地球韵言》。张秀熟的父亲是增生，但是因为家中贫困，20岁的时候在家里开设私塾，教育儿童。其父亲的私塾中经常有四五十个小孩子。张秀熟自己从3岁开始学习方块字，直到13岁进入高等小学堂，完全是在私塾中生活，故文中介绍了清末四川私塾中的各种教材。其中提到的《地球韵言》是当时刚刚出版的读物，作者是四川荣县的举人黄芝。他从日本留学回国，在光绪二十四年（1903）被任命为荣县高等小学堂第一任堂长，之后写了这本书。全书主要是五言体，只有最后三首是七言体。例如，《美洲歌》中写道：“全球尽民主，惟美制度贤。伯里尔天德（总统），一任只四年。上下两议院，政治无能专。”[45] 开头是《京师歌》，接着是《五大洲》、《中国十八行省》、《内外蒙古》、《世界各国京城》，最后是《中国通商口岸》。

两种实藤文库藏本中，刊行得比较早的鄂垣务急书馆本。没有题鉴，封面重新覆以报纸，上有照片，为“花四宝一十七岁小影”，用毛笔写着“地球韵言上卷”。末尾有纪念照片，画面中打着“日本著名之双美（锅岛侯爵夫人和前田侯爵夫人姐妹）”、“中国女教习日本人金原君”、“成东女学”等标语旗帜。第二册也用同样的报纸做的封面。在“可卿”这个人物的照片上，用毛笔写着“地球韵言下卷”，翻过来，有用毛笔写的署名“熊庆善”。

上册封面上有用篆书写的“地球韵言”，里面写着：“光绪二十四年/夏仲用两湖书/院聚珍本刊于/鄂垣务急书馆。”接着是地球韵言目录：卷一“亚洲”，卷二“南洋岛、欧洲”，卷三“欧洲、非洲、非岛”，卷四“澳洲、太平洋岛、美洲、美岛”。目录的末尾写着武汉和汉口的四家书店："省垣巡道岭官书行、府街杨开源纸店，汉口四官殿森宝斋、大火路陈明德寄售。"还有光绪二十三年（1897）张士瀛的叙，叙后面是"地球图"即东西半球图，还附有"图说"即解说。

下面列举《地球韵言》四卷的目录，共四十九条。

《地球韵言》四卷，张士瀛著

卷一

地球第一、亚洲第二、中国第三、缅越第四、暹罗第五、朝鲜第六、日本第七、印度第八、印西回部第九

卷二

南洋岛第十、欧洲第十一、俄罗斯第十二、瑞挪第十三[46]、丹马第十四、奥斯马加第十五[47]、德意志第十六、瑞士第十七、土耳其第十八、希腊第十九、罗布塞第二十[48]

卷三

义大利第二十一、荷兰第二十二、比利时第二十三、法兰西第二十四、西班牙第二十五、葡萄牙第二十六、英吉利第二十七、非洲第二十八、北土第二十九、中土第三十、东土第三十一、西土第三十二、南土第三十三、非洲岛第三十四

卷四

澳洲第三十五、太平洋岛第三十六、美洲第三十七、北美英属第三十八、美利坚第三十九、墨西哥第四十九（当作《第四十》）、可仑比亚第四十一、秘鲁第四十二、智利第四十三、拉巴拉他第四十四、巴拉圭第四十五、巴西第四十六、歪阿那第四十七[49]、巴他峩拿第四十八、美洲岛第四十九

然后是光绪二十三年张士瀛的"自序"（图 7），提倡教育的重要

性，并写道：“裒辑见闻，撮各国疆域政俗，约举大凡，编成韵言四卷。”虽然有些长，全文引用如下。

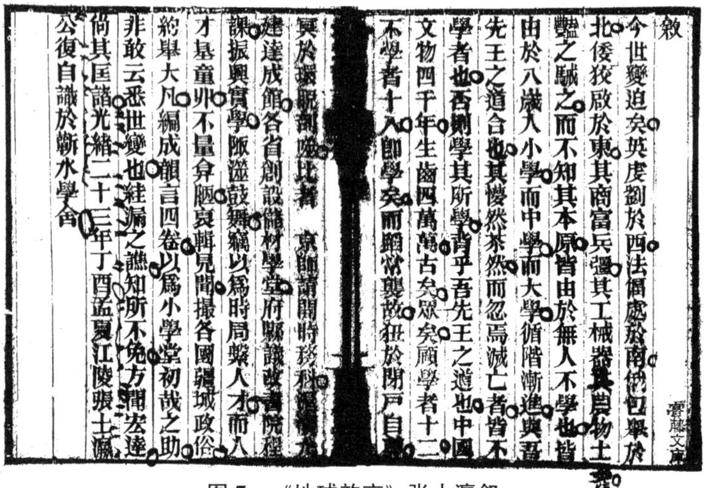
敘
今世變迫矣英虔劉於西法偪處於南俄包舉於北倭狡啟於東其商富兵彊其工械器其農物土豔之駴之而不知其本原皆由於無人不學也皆由於八歲入小學而中學而大學循階漸進與吾先王之道合也其懵然苶然而忽焉滅亡者皆不學者也否則學其所學背乎吾先王之道也中國文物四千年生齒四萬萬古矣眾矣顧學者十二不學者十八即學矣而蹈常襲故狃於閉戶自尊冥於環睨剖噬比者京師請開時務科滬瀆允建達成館各省創設儲材學堂府縣議改書院程課振興實學陬澨鼓舞竊以爲時局繫人才而人才基童丱不量弇陋裒輯見聞撮各國疆域政俗約舉大凡編成韻言四卷以爲小學堂初哉之助非敢云悉世變也缺漏之譏知所不免方聞宏達尚其匡諸光緒二十三年丁酉孟夏江陵張士瀛公復自識於蘄水學舍

图7　《地球韵言》张士瀛叙

光绪二十四年鄂垣务急馆刊本A，东京都立中央图书馆，实藤文库874。

今世变迫矣。英虔刘于西，法偪处于南，俄包举于北，倭狡启于东。其商富兵彊，其工械器，其农物土，艳之虓之，而不知其本原，皆由于无人不学也。皆由于八岁入小学，而中学，而大学，循阶渐进，与吾先王之道合也。其懵然苶然，而忽焉灭亡者，皆不学者也。否则学其所学，背乎吾先王之道也。中国文物四千年，生齿四万万，古矣，众矣。顾学者十二，不学者十八。即学矣，而蹈常袭故，狃于闭户自尊，冥于环睨剖噬。比者京师请开时务科，沪渎允建达成馆，各省创设储材学堂[50]，府县议改书院程课，振兴实学，陬澨鼓舞。窃以为时局系人才，而人才基童丱，不量弇陋，裒辑见闻，撮各国疆域政俗，约举大凡，编成韵言四卷，以为小学堂初哉之助，非敢云悉世变也。绁漏之谯，知所不免，方闻宏达，尚其匡诸。光绪二十三年丁酉孟夏，江陵张士瀛公复，自识于蕲水学舍。[51]

张士瀛的叙后面的“地球图”（图 8）的中央偏下的地方，写着难以分辨的罗马字母，“CORNEROFNANKING（南京）& SZECHOEN（浙江?）”。地图上写着“大西洋”、“大东洋”，与《瀛寰志略》同治癸酉本（1873）一样。《瀛寰志略》道光三十年（1850）重刊本中注释道：“大洋海即东洋大海”。魏源《海国图志》百卷本（1852）中也有“大东洋”（东半球图）。“地球图”所依据的地图不明，为了便于参考，下面节录一下所附图说。“地球图”所附图说开头写道：“地形如球，环日而行，日不动而地动。”然后记载了向东环绕地球一周的旅程：从上海出发向东，经过日本，到美国西海岸的圣弗朗西斯科（“三藩谢司戈”），共“二万二千一百四十九里”，再向东行“一万零七百十五里”，就到了美国东海岸的费城（“费里地费”）。再横渡大西洋，“一万一千七百四十八里”，就到了英国的伦敦。然后，从地中海的马赛（“马塞”）出发，经过苏伊士（“苏尔士”）运河，横渡印度洋，经过香港，到达上海，共“三万六千七百三十九里”。图说认为，各地时差的存在，以及虽然没有向西走，却能够回到上海，这些都证明了大地是球形。又写道，如果有人问，如果大地是球形的话，那么在地上的东西不会掉下去吗？回答是，气会向上托起，所以不会掉，万物都吸附住了。[52]还解释道，所谓东西半球，是因为无法画出球体，所以才区分为东西半球，如果横着划分的话，就是南北半球，等等。

大概是为了对地图进行说明，介绍了圣弗朗西斯科、费城、伦敦、苏伊士运河等向东绕行旅途中的具体地名、距离和时差等，作为大地球体说，比过去更加具体。原文把“旧金山”即圣弗朗西斯科记为“三藩谢司戈”等，可能依据的是比较旧的底本。

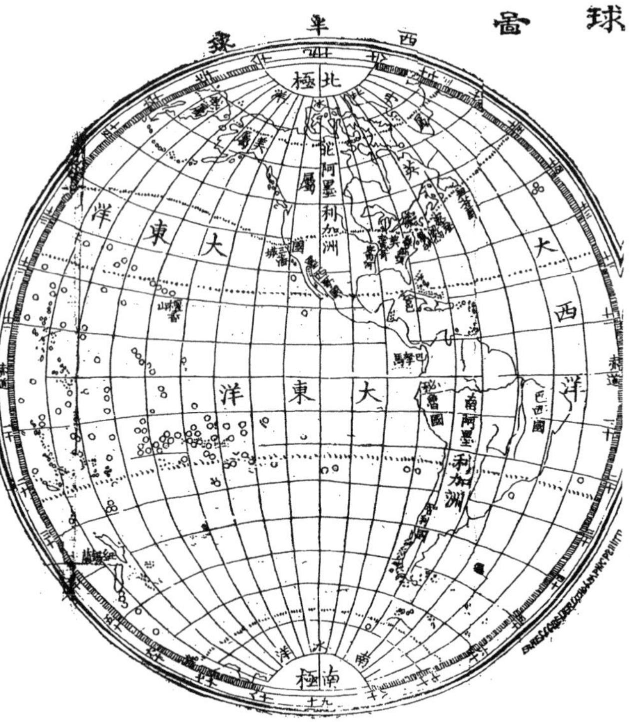

图 8a　《地球韵言》“地球图”西半球

庆应义塾编：《福泽谕吉全集》第 1 卷，岩波书店 1969 年版，第 79 页。

卷首的序中列举的是“各国领土”、“政治”、“民俗”，正文整体上不限于地理知识，关于 19 世纪以后的历史的记载也很多。关于列强，详细地记载了其君主、社会制度和科学启蒙等。

相当于世界地志的总论的卷一“地球第一”，在“君民分主，差等不齐。公法条约，同类连雞”所附双行注中的“君主”、“民主”、“君民共主”等分类方式，显示了其关心之所在，由此可见应该是在变法运动的背景下完成的。其内容如下：

君主之国，中国而外，有俄、德、奥、土、日本。美洲各

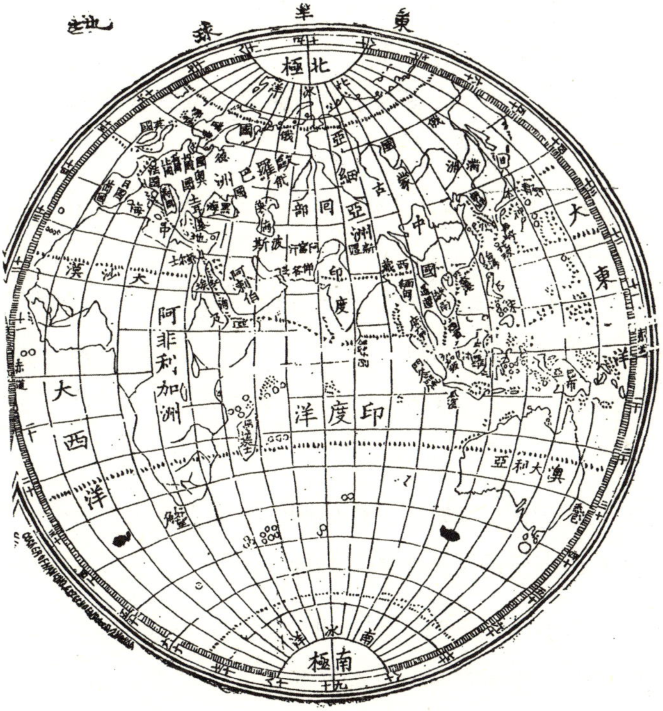

图 8b 《地球韵言》“地球图”东半球

光绪二十四年鄂垣务急馆刊本 **A**，东京都立中央图书馆，实藤文库 874。

国，欧洲之瑞士、法，皆民主。英、荷、义、比、西、葡、丹、瑞典诸国，皆君民共主。以国之大小强弱，分头、二、三、四等。[53]

在此所谓君主国和现在的概念不同，指的是称为帝国的国家。“君民共主”指的是设有议会的王制的国家。但是，当时已经开设了帝国议会的日本，也没有被归类为“君民共主”。

书中对列强的君主有着强烈的关心，以建立了伟业的君主和在位的君主为中心进行了介绍，如：

明治天皇（“日本传国，百廿二世，睦仁嗣统，纪元明治。”卷一，日本），

尼古拉二世（“新沙加冕，志在远谋，重溟揽胜，东亚西欧。”卷二，俄罗斯），

威廉一世（“初残于法，几无立锥，威廉第一，任人得宜。”卷二，德意志），

埃曼努埃莱二世（“初辖于法，教王势彊，伊曼奴核，乃复旧疆。”卷三，意大利），

维多利亚女王（“伦敦温则，女主绥猷，维多利亚，甲子将周。”卷三，英国）。

那么，关于中国是如何描述的呢？下面首先介绍一下“中国第三”（图 9）所提供的清末中国自画像。

中华立国，亚洲之东，廿二行省，一道同风，盛京吉黑，是谓东三，燕齐豫晋，西域陕甘。遡江而上，三江楚蜀，闽浙两粤，滇黔南服。内外蒙古，百三五旂，旃裘毳幕，拱卫北畿。东起图们，西暨伊犁，卡伦鄂博，关吏盘稽，准回各城，至舶米尔，唇齿俄国，二万余里。西藏喇嘛，活佛坐床，班禅达赖，教别红黄。藏南属藩，存廓尔喀，五年一贡，修职恭恪。哲孟雄部，割大吉岭，英人市茶，步畀租賮（尽）。西南典属，荐食毗连，火车电掣，直达藏滇。龙州铁轨，抵镇南关，法商承揽，转运谅山。澳门香港，葡英懋迁，舟山英驻，厦门荷廛。口岸租界，廿一马头，约国十六，利孔争牟。三路款关，俄通陆市，英法争先，龙州蒙自。洋药岁耗，四千万两，鸩毒流贻，莫追既往。出入货价，我绌彼赢，岁三千万，卮漏已成。商务益我，惟美与俄，其余牵抵，迁贿英多。利源外溢，整顿茶糸，商局

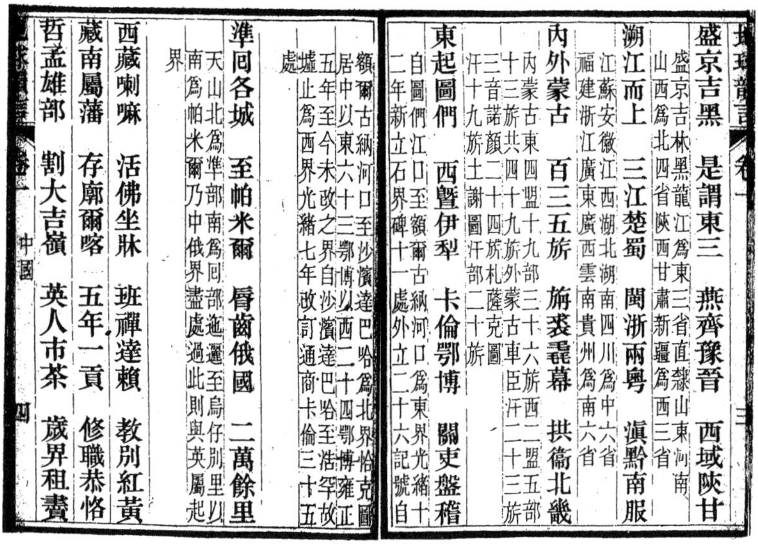
地球韻言　卷一　三

盛京吉黑　是謂東三　燕齊豫晉　西域陝甘

盛京吉林黑龍江爲東三省直隸山東河南山西爲北四省陝西甘肅新疆爲西三省

溯江而上　三江楚蜀　閩浙兩粤　滇黔南服

江蘇安徽江西湖北湖南四川爲中六省福建浙江廣東廣西雲南貴州爲南六省

内外蒙古　百三五旂　旃裘毳幕　拱衞北畿

内蒙古東四盟十九部三十六旂西二盟五部十三旂共四十九旂外蒙古車臣汗二十三旂三音諾顏二十四旂札薩克圖汗十九旂土謝圖汗部二十旂

東起圖們　西暨伊犁　卡倫鄂博　關吏盤稽

自圖們江口至額爾古納河口爲東界光緒十二年新立石界碑十一處外立二十六記號自額爾古納河口至沙濱達巴哈爲北界恰克圖居中以東六十三鄂博以西二十四鄂博雍正五年至今未改之界自沙濱達巴哈至浩罕故墟止爲西界光緒七年改訂通商卡倫三十五處

準回各城　至帕米爾　毘鄰俄國　二萬餘里

天山北爲準部南爲回部迤邐至烏仔別里以南爲帕米爾乃中俄界盡處過此則與英屬起界

西藏喇嘛　活佛坐牀　班禪達賴　教別紅黃

藏南屬藩　存廓爾喀　五年一貢　修職恭恪

哲孟雄部　割大吉嶺　英人市茶　歲畀租費

地球韻言　卷一　中國　四

图 9　《地球韵言》卷一，中国（部分）

光绪二十五年已亥刊本，东京都立中央图书馆，实藤文库 875。

社会，广集公司。日用之需，我能自造，彼所仰给，揣其所好。税则入约，受彼劫愚，值百抽五，地球所无。出有进免，岂为公平，照则科税，据理力争。子口半税，通行无阻，多挂洋旗，何责黠贾。江海榷关，客卿筦理，非族异心，势非得已。建堂传教，订有明约，经正民兴，毋庸骇愕。不悉外情，疏于应付，利益均沾，何堪再误。纷至沓来，我不能往，和众试行，折阅无算。释嫌缔好，谊重怀柔，玺书通问，盟约屡修。廿六万种，富甲垓埏，四百兆众，莫让先鞭。[54]

在叙述中国现状的 112 句之后，接着重点记载了列强的情况。进行了明治维新，完成了近代化的日本，占据了大段篇幅。其中尤其关心废除领事裁判权和恢复关税自主权的问题。从第 13 页正面开始，到第 17 页背面结束，共 124 句，比关于中国的还多。附加了双行的小注进行解说。

开头介绍日本传国 122 代，睦仁即位后，纪元明治（“日本传国，百廿二世，睦仁嗣统，纪元明治”），然后记述了日本主要都市和开港地。

接着记载了 30 年来发生的大事，提到了千岛与桦太的交换、废藩置县、西南战争等，叙述了修改不平等条约的过程。[55]其双行小注写道：光绪二十年（1894）日本与各国修改条约，废除“客官治民之权”（领事裁判权）。[56]

关于近代化和教育，提到了华族学校、女子学校、师范学校、帝国大学等学校制度，以及灯塔、铁道、银行、邮政、纸币等社会制度，还提到了海陆军政、征兵令、横须贺与长崎的船坞，甚至村田枪等。[57]

最后记述了中日关系。“平壶（户）失律，专攻其西，误于驽将，不晓兵机”，说的是元朝战略的失败。关于琉球处分和台湾、澎湖列岛的割让，写道：“中山不祀，夷为冲绳，台湾改隶，前车曷惩。”并在双行小注中记述，琉球人漂流到台湾，被“生番”杀死，日本以此为借口进行挑衅，中国支付了抚恤金 50 万日元。光绪五年琉球被灭，改名“冲绳县”。最近又割让了台湾和澎湖列岛。还介绍了兴亚会。末尾记述了光绪二十二年（1896），公使裕庚视察明治维新的政策，涉及铁路、邮政、陆军、海军、纸币、公债等六个方面，被赋予了为了实现近代化而向日本学习新政的使命，由此结束。[58]

关于俄罗斯，特别记述了彼得大帝亲自去荷兰学习造船技术，在尼瓦河口修建新都，作为朝向欧洲的窗口，导入新的制度，改革服饰等，将其评价为改革的先驱者。[59]这一点非常值得注意。

此外，卷 2“俄罗斯第 12”还记载了俄国修建西伯利亚铁路向太平洋发展的情况（“急造铁路，分为三段，扼太平洋，利权垄断”）、俄国沿海州的发展情况、伊犁地方边界划定、占据月尾岛和绝影岛、图谋向朝鲜发展（“睨彼朝鲜，乘机争利，月尾绝影，实为善地”），等等。最后记述了无政府主义者暗杀先帝和新皇帝（尼古拉二世）的即位。

关于德意志，卷2“德意志第16”写道：“初残于法，几无立锥，威廉第一，任人得宜。”并注明，嘉庆十一年，拿破仑一世侵略普鲁士，建立莱茵同盟。至威廉一世任用俾斯麦（“毕士马克”）为宰相，任老毛奇为将军，遂成就霸业。[60]然后记载了其侵攻丹麦，与奥地利打仗，俘虏拿破仑三世，赢得普法战争的胜利，以及德国的统一。此外，也提到了克虏伯、西门子、贝塞麦（“贝色麻”）等新兴企业，以及1895年开通的基尔运河。

关于意大利，卷3“义大利第21”记述了维多利奥·埃曼努埃莱二世的情况：“初辖于法，教王势疆，伊曼奴核，乃复旧疆。”在双行注释中介绍，在拿破仑一世败北之后，撒丁王国任用加富尔（“嘉富洱”），进军罗马，在咸丰十一年（1861）建立“合众国”。同治七年（1868），议院迎接维多利奥·埃曼努埃莱二世（“伊曼奴核第二”）为君主。但是没有提到加里波第对意大利统一的贡献。

关于英国，卷3“英吉利第27”，较多地记载了科学发明、社会制度等工业革命后近代社会的情况。提到了议会：“议院贵族，举巴力门，公保两党，各许陈言。”在双行注释中提到了政党：“主新政者曰公党，守旧章者曰保党。”还提到了蒸汽机的发明、阿克赖特与卡特赖特对纺织机的改良、蒸汽船等。

关于达尔文的进化论和斯宾塞的社会进化论，如此解说道：“贝根（培根）达文（达尔文），格致大师，后来之殿，惟施本思（斯宾塞）。”并在双行注释中写道：

> 明嘉靖四十年（1561），贝根（培根）生于伦敦。专心于格致之学，主启新，不主守旧。谓今人胜于古人。著书数十种。嘉庆十四年（1809），达文（达尔文）生于塞罗思波里（什鲁斯伯里）。著书分万物之种类，论强存弱灭之理。施本思（斯宾塞）少于达文十一岁，生于豆倍（德比）。推论达文所述之理，近译之《肄业要览》即其初著书也。

当时的纪年方法只有用中国的年号才能够被人所理解，看起来好像是在介绍中国学者一样。

此外，也提到了电话，在铜线的两端连上话筒，虽然相隔千里，也能够交谈，名为德律风（“铜铁作线，两端系筒，千里传语，名德律风”），还提到了电报、石版印刷、邮政制度、奴隶解放等。

还提到在英国首都有图书馆（“大书院”），并在双行注释中加以介绍，收集了各国书籍，其中中国的经史子集到各类杂书，有百余万卷（“各国书毕备。中国经史子集，下至方技小说，亦错雑庋藏共百余万卷”）。

最后介绍英国控制了地中海的要冲，战舰（铁船）超过 200 艘，殖民地面积占地球的 1/7，人口占全球的 1/4。英国与俄国争夺阿富汗，在印度纷争不断，与德国争夺新几内亚和非洲殖民地，这些都是棘手的问题。

卷 4“美利坚第 39”载，美国的国名记为“美利坚国”，但是对作为五大洲之一的美洲，则称“美利加洲”。关于美国建国记述如下：

> 美利坚国，合众立基，扬徽红白，故号花旗。举国政令，初听于英，督税太急，乃谋举兵。有华盛顿，雄烈过人，众推为长，屡蹶屡振。血战八载，法亦兴师，渡海相助，英不能支。

> 乃与顿盟，尽返膏腴，以湖（五大湖）为界，毋诈毋虞。谢柄欲归，不主神器，拥立总统，四年一易。贤则留之，继任四年，岁支禄额，五万金钱。[61]

然后记述了美国的总统制度、南北战争、林肯遇刺、麦金利当选、门罗主义。另外，关于美国社会，还记述了纽约的摩天大楼、费城和芝加哥的世界博览会，还提到在纽约的华人有四五千，在芝加哥有千余。

最后提到了旧金山的唐人街和“爱利士党”的排华运动。据说在旧金山有华侨七万多人，会馆公所数十处，在领事馆的旁边有义学，教授西文和中文。令人感兴趣的是，在双行注释中提出的建议，建立文庙，从驻在随员中选拔儒官，考试其中西文艺，合格者作为内地的生员参加原籍的乡试。[62]

另外，再介绍一下对于清末的编者而言，最为关心的几个要点。卷 2“土耳其第 18”载，苏丹昏庸，所以（土耳其）被称为“病夫”，其注释中说，土耳其、波斯、中国和摩洛哥四国，被欧洲人视为病夫。[63]

关于爪哇，卷 2“南洋”其注释中介绍，华人有二十几万被迫加入荷兰籍。光绪十七年经出使大臣的奏请，设置领事，负责保护华人。[64]

关于非洲，卷 3“非洲 28”先叙述了以下内容作为非洲的总论。欧洲南面是非洲。位于热带，文化落后。北部的伊斯兰教文化圈接近欧亚，文化最为发达。但是南部的“土番”被西方各国卖为奴隶。最近 50 年来被割草般瓜分殆尽。柏林会议之后，条约得到了遵守，纷争停息下来。面积是欧洲的三倍，但是一半以上是沙漠。分为五个部分叙述其概略。[65]

不难想象，对近代化以前的中国国情的理解方式、得不到保护的华侨的遭遇以及被列强瓜分的实例，这些要点都给予清末的中国人以强烈的冲击。

《地球韵言》的目的是在清朝的前提下提倡爱国意识，因此，其中国条把22个行省（中华地区）与内外蒙古、准格尔回部、西藏并列。大概是对19世纪末的实际情况的反映，虽说是地理知识，但其中却没有对中国的自然和环境的记述，而是以中国国情和列强的压迫为中心进行记述。另外，不仅介绍世界知识和作为西方近代化的实际案例，更主要是介绍了各国主要城市的地名和历史以及社会制度。

周振鹤在《一度作为先行学科的地理学》中写道，在世界地理知识方面停留在“天下四夷观”的中国，引进西方地理知识，以西方地理作为道路指南，开始理解西方的历史，走出了“天下”而进入世界。清末所谓的地理学，包括了今天的地学、自然地理学、地质学以及生物学，其内容是塑造了西方近代科学的知识。[66]

从前面列举的关于日本或英国的记载来看，《地球韵言》的内容不限于地理，也介绍了历史和社会制度，虽说是初等教育的教材，却包括了达尔文、斯宾塞等艰深的内容。这是因为，在当时作为教材，仅仅记载地志是不够的，须介绍世界以赋予近代化的意义。

与此相应，对于中国的记述，既然与西方意义上的近代科学技术无关，记述对象便被集中于在中国的列强的情况。另一方面，对爪哇和旧金山等世界各地的华人的情况特别关心，这一点也不同于过去的地理书。它已经不再是把华侨仅仅视为弃民，而是认识到了中国是世界的一部分。

4 地理教育的开展

《瀛寰志略》对英国的记载，一直上溯到凯尔特（“塞尔达”）、哥特（“峨特”）、凯撒（“恺撒”）开始叙述。[67]还有，在记载美利坚合众国建国的时候，就像是写纪传体的华盛顿传一样，从波士顿茶党事件开始，描绘了华盛顿的人品、与英军的战和，以及后来各州州长和联邦政府的总统。[68]

当时对一个地方的关心，主要集中于其历史沿革，阐明其地的人物事迹。

与这种传统的地理记述不同，介绍西方成体系的地理知识的，可以说是慕维廉（William Muirhead，1822—1900）的《地理全志》。安政五年（1858），盐谷宕阴在《地理全志》和刻本的序中，把《地理全志》与《海国图志》、《瀛寰志略》进行了比较：

> 近代译西舆地书，以《海国图志》、《瀛寰志略》为核实。然《图志》失于杂，《志略》主于事迹，皆未能悉于方舆。此书西洋士所撰，其记国朝，虽多疏谬，而至旧所通诸邦，盖简而括。浏览三日，略足以瞭五洲之大势，则讲地理者，安得不以此捷径焉哉。[69]

没有自然地理学和人文地理学的概念的魏源和徐继畬的关心，不同于西方地理学的关心之所在，也不同于日本的关心之所在。其中所谓“《志略》主于事迹”，可以说显示了对中国的事迹中心主义的不满。如此序中所说，《瀛寰志略》虽然与美国传教士雅裨理（Rev. David Abeel）密切相关，但在本质上如同在方志编纂中所能够看到的那样，是处于以沿革地理的发展和事迹为中心的地方史的延长线上。

随着时代的发展，直到戊戌变法时期，广雅书院（广州，1889年建）、两湖书院（武昌，1890年建）、求是书院（杭州，1897年建）等实施新式教育，其中也有的书院开设了新式地理教育的课程。其中广雅书院和两湖书院是当时历任两广总督、湖广总督的张之洞所创办的。成为《地球韵言》底本的两湖书院聚珍本，大概就是这一时期编纂的。令人感兴趣的是，梁启超曾写信给张之洞，论述两湖书院的教育，还曾在湖南的时务学堂从事过教育。

梁启超在《三十自述》中说，张之洞数次请他做幕僚，但是他坚决拒绝了。梁启超与张之洞初次见面是在光绪二十二年（1896）十二月。[70]次年二月，梁启超给张之洞写信，建议在两湖书院提倡政法之学。同年六月，梁启超起草不缠足会的章程，当时任湖广总督的张之洞作序。附有光绪二十三年四月序的《地球韵言》是在两湖书院编纂的，正好是在这一时期。在幼学方面重视歌诀的梁启超与当时在武昌的湖广总督张之洞在这一段时间保持着密切的联系，这一事实暗示在《地球韵言》的编纂中梁启超和张之洞可能发挥了作用。1905年，上海维经书局出版的《地球韵言》的序中写道：“光绪二十七年辛丑仲夏南皮张之洞识于武昌高等学堂。”倪文君认为这是改变纪年，把张士瀛假托为张之洞。但也可能是被认为与变法派的人物有关的《地球韵言》，在戊戌政变之后再次发行之际，祭出“张之洞序”作为护身符，不能简单地说和张之洞无关。[71]

如前所述，梁启超的《论幼学》（1897），认为陈庆笙的《直省府厅州县韵语》和《历代纪元歌》，叶瀚的《天文歌·地理歌》，“皆有用可读”，对歌诀评价很高。叶瀚的《天文歌·地理歌》收入了光绪二十三年在武昌创立的质学会所编集的《质学丛书》初集的第二函：

《天文歌略》一卷，清叶澜撰，仁和叶氏自刻本

《地学歌略》一卷，清叶瀚、叶澜同撰，仁和叶氏自刻本

和《地球韵言》是在同一时期于武昌刊行的。[72]另外，作为介绍新知识的传统的童蒙背诵读物之一，与张士瀛的《地球韵言》同时，邹振环举出了1897年叶瀚和叶澜所著《天文地学歌略》。[73]叶瀚是张之洞的幕僚，著有《读书要略》。[74]清末的经世文编之类的书籍中收录其文章颇多，有麦仲华的《皇朝经世文新编》卷21所收《保种新理》[75]，甘韩的《皇朝经世文新编续集》卷9所收《工艺丛书序》，还有光绪壬寅（1902）年俞越作序、陈忠倚编的《皇朝经世文三编》卷9所收《以月离测经度解》和卷72所收《五国论》。

此外，光绪二十三年（1897）叶瀚等在上海创立蒙学公会，发行《蒙学报》，登载面向5岁到8岁以及9岁到13岁这两类儿童的读物[76]，叶瀚的著作还有上海蒙学书报局出版的《亚洲全图简明略说》、《亚洲山势略说》、《亚洲水流略说》（皆1902年刊）。[77]

另外，叶澜在光绪十七年（1891），做杭州府学的附生时，参加在格致书院举行的，由李鸿章出题的西学课艺，取得优胜。[78]后来，光绪二十九年（1903）在日本印刷的《新尔雅》的编纂者中，同时出现了仁和叶澜与元和汪荣宝的名字。

当年编纂《地球韵言》时，在教会学校之外，教育都是按照传统学塾的风格来进行。如梁漱溟自传中所说的那样，没有合适的学校。还有，如茅盾所记述的，启蒙教育的内容无法用白话记述，除了韵文没有其他教小孩的手段，可以说还处于旧瓶装新酒的阶段。除了《地球韵言》之外，邹振环《晚清中国人编纂的地理学教科书书目》还列举此类韵文读物如下：

《天文地学歌略》，叶瀚、叶澜著，1897年周氏刊本

《五洲歌略》，贾恩绂辑，五求实学社 1902 年重刊本

《蒙学历史舆地歌括》，周峨卿、姚文楠著，沈思孚编，一新书局 1903 年版

还有更薄的小册子，记载对象限于中国的，如 1902 年刊行的《时务三字经》。[79]但是，在 1904、1905 年以后为人所知的，就不是歌诀了，大部分都是带有教科书或者课本之类书名的书籍，可见那时传统的歌诀已经被作为新式教科书而编修的书籍所取代了。[80]

与上述歌诀相对，散文的教科书一开始用的就是与基督教会有关的教育设施所编撰的书籍。大概是因为集体授课的场合，文言的教科书用起来不方便。1877 年 5 月，在上海召开了基督教传教士大会，成立了学校教科书委员会（益智书会，School and Textbook Series Committee），当初的目的是统一为各个教会学校而编纂的教科书的译名，决定编纂初级和高级两种教材。根据 1890 年傅兰雅（John Fryer）的记录，益智书会共出版了 50 种 74 册，而在学校使用审查中合格的有 48 种 115 册。其中与地理有关的是 9 种。[81]据邹振环《晚清西方地理学译著知见录》说，其中 1882 年出版的《地志须知》和 1883 年出版的《地理须知》影响很大。[82]

另外，上海的格致书院，在聘请王韬为山长的光绪十一年（1885）末之前，开始进行初等教育，对 10 岁到 14 岁的少年，教授英语、数学、地理等基础学科。[83]

清末教会学校的课程中有地理。圣玛利亚女子学院采用《训蒙地理志》（美华书馆，1901）、《地理志略》（美华书院，1882 年版）、《地理初桄》（美华书院，1899），镇江女塾采用《地理初阶》（北京汇文书院，1904?）、《地势略解》（汇文书院，1893）等当时出版的地理学启蒙书籍作为课本。邹振环推测应该是开设了与其书名相对

应的课程。

对照当时的观念，介绍自然地理知识，一方面具有针对中国人习惯的风水观念进行启蒙的意义，将正确的地理学与迷惑民众的风水观念相区别。另一方面，与资源开发也密切相关。

而且，受到西洋列强侵略的清朝，尤其强调地理学的必要性。如邹振环所指出的，1898 年康有为在《日本书目志》卷 4《图史门》的序中写道，中国不教授世界境界、情势和地志，所以即使“野人山地”、“滇界土司”被英法夺去，也不知道是在哪里发生的事情。翰林院的精英不知道中国省都府州县的方位，地方官也不知道外国国名，其他人就更加无从谈起了。[84]

中国人自己编纂的最早的地理学教科书是美华书馆（American Presbyterian Mission Press）1893 年出版的王亨统（Wang Hang-tong）《新辑地理问答》上下集。[85]其内容不详，是白话还是文言，也无从得知。但是，寄存在斯德哥尔摩远东图书馆的皇家图书馆的藏书，可以提供一些线索来推测其内容。施白珩《地志入门问答》（皇家图书馆，M9）是光绪二十八年（1902）汉口的圣教书局出版的用白话介绍基础地理知识的问答集。[86]其中一段内容如下：

> 问：地形如何？答：地形是圆的，像球一样。故叫作地球。（第一段）
>
> 问：中国江与河有那几条顶出名？答：北有黄河。南有西江。当中有长江（长江也称扬子江）。（第九段）
>
> 问：满洲有何处租于俄国？答：旅顺口，是大炮台。（第三十段）
>
> 问：月离地球有多少远？答：有七十二万里。（第一百零七段）

如上所示，记载了中国国内的地志和有关地学、天文的问答。王亨统《新辑地理问答》既然是1893年出版的，应该不会记载关于旅顺租借地的信息，但是，王亨统《新辑地理问答》和施白珩《地志入门问答》同属与教会有关的出版物，出版地虽然不同，分别为汉口和上海，但在内容上大概会有相似之处吧。

另外，除了王亨统编纂的以外，还有很多教科书，斯德哥尔摩的远东图书馆收藏了许多种。带有光绪三十年（1904）葛伯兰（Asher R. Kepler）[87]和王亨统的序的《绘图蒙学本国地理志》（上海美华书馆藏版，1906，M30）的封底内外，登有《王氏书目广告》，其中与《绘图蒙学课本》、《女子国文课本》等并列的，有与地理有关的教科书的书目。[88]1906年的时候，邹振环所提到的《新辑地理问答》（上下集）是第14版，几乎每年都再版，《中国近世地理志》（上下集）也是第3版，由此可见，初等教育非常重视地理。

另外，带有光绪辛丑的序的王亨统著《绘图蒙学捷径初编》（上）（上海美华书馆藏版，1905，M31—1）的封底内外，登载了《绘图蒙学本国地理志》（*A Primary Geography of our Country*）和《中国近世地理志》（*Geography of China*）的广告文。《绘图蒙学本国地理志》的广告中写道：

> 今日各国大小学校，皆设地理一科，所以使学者通晓地理之梗概，而养成练达之人才也。……各国皆详本国之地理，惟我国独无，此余之所以辑本国地理志以饷我中国垂髫之英俊也。本书既为启蒙而作，故叙事简明，行文平易，不失之多，亦不失之寡，最合儿童之脑力，蒙学之程度。[89]

另外，《绘图蒙学本国地理志》的王亨统的中文序中，写道：“自知中国之国家珍如拱璧。”[90]王亨统《最新小学地理课本》的广告文中写道："转贫为富、化弱为强。"由此可见，作为培育国家意识的科目，地理是不可欠缺的，在近代学制改革中，承担着重要功能。

另外，将英国人汉勃森（Herbertson）原著的《中等地理教本》翻译成中文（广智书局，1907）的范祎，在其序文《中等地理教本序》中质问，虽然明末有像《职方外纪》那样的"完善之地理学教科书"，但是在近年的道光、咸丰之世，自英法来到中国，应对无方，其原因何在？他批评传统的地理学者们，一味埋首于故纸堆中，不能深入了解国家现状，更无暇关心国外的情况，然后强调地理学的必要性："地理学之关系于民智，诚一国兴衰强弱之本也。"[91]必须以世界观念培养知识，以国家思想奋发精神，为此，学校必须把地理视为重要科目。[92]这里显示的是这样的见识，为了在庶民中培育清末所急需的国家观念，地理是一门重要的学科。

如同前面引用的清末人物传记所显示的那样，北京（老舍、梁漱溟）、江苏无锡（钱穆）、四川乐山（郭沫若）、四川崇庆（萧公权）、湖北罗田（王家鸿）、浙江绍兴（徐世大）、浙江桐乡（茅盾）等，《地球韵言》在各地被广泛阅读，直到1905年前后。从各种版本的刊行来看，第一个高峰是戊戌变法时期，第二个高峰是商务印书馆版刊行的1905年前后。

在第一个高峰，光绪二十四年戊戌变法的时候，至少出现了湖北的两湖书院聚珍本和鄂垣务急书馆本，还有上海自强斋等刊本。在19世纪90年代的西学书中，有关地理的书籍占据了很大的比重。[93]像《地球韵言》这样的世界地理读本之所以能够赢得人气，是有其基础的。

第二个高峰的背景是，1901年政府开设经济特科，明确表示不考八股文，而是考策论。张晓灵写道，《时务统考》、《洋务经济统考》、《五大洲各国政治通考》之类的书籍，为了满足应试者的需要，被编纂出来。[94]如同《正蒙必读》的编纂所显示的那样，在童蒙教育中也同样变得追求世界知识和时务，有的书籍像《时务三字经》那样版本众多。

张晓灵根据1904年上海书业公会的账本（“书底”），考察了57家书局出版的有关教科书和议论、科学参考书及西方科学知识等三个类别的新书，发现《地球韵言》在11个地方出售，是当时的畅销书。[95]

1904年1月制定学堂章程时，设立了八个科目，分别是修身、读经讲经、中国文字、算术、历史、地理、格致和体操，其中有地理，提出了通过历史和地理培育爱国精神的目标。[96]如同商务印书馆1905年版的存在所显示的那样，《地球韵言》虽然是以背诵为主体，不是新式教科书，却被看作是适合孩子的宝物。1905年登在《京话日报》上的赵嘉琛《劝教书先生改良说》，可以说很好地描绘了当时的情况。

在光绪新政的高潮中，基于“不停科举则无法发展学堂”的认识，光绪三十一年（1905）八月，发出了“谕令停科举以广学校”的上谕，学堂数量激增。在清末自传类的书文中，提及《地球韵言》的，多是从戊戌变法开始到这一时期的作品。从各地都有1905年版这一事实来看，大概如同《京话日报》所刊赵嘉琛《劝教书先生改良说》所主张的那样，作为面向这些学堂的教科书，对于《地球韵言》的需求一时剧增。光绪三十一年前后，老舍进入改良私塾的时候，老师所给的也是《地球韵言》一册和《三字经》一册。

此后，白话的教科书被迅速采纳。在全部学生使用同一教科书进行学习的学校教育中，如果采用韵文这一体裁，会被认为是旧式的教育，所以需求一路减少。张志公认为，不久，这种类似《蒙求》

的童蒙书籍，大部分被认为不符合教科书的体例，得不到教科书审查机关的许可，无法在市面上流通。[97] 1906 年 7 月，制定了《学部第一次审定初等小学教科书凡例》，被规定为教科书体例的口语的教科书普及开来。[98]

与教会一直有关系的王亨统，于 1904 年为《绘图蒙学本国地理志》作了序。这部书不但有插图，而且有标点。与这种白话的教科书相比，仅仅罗列四字文言的格式，被认为落后于时代了，不知不觉之间，渐渐被世人遗忘。

当时清朝面临被列强瓜分的危机，为了教育臣民救亡图存，地理这一科目被认为是必不可少的。而经学部审定的口语的教科书的编纂，在为了实现广泛培养国家意识的目标而致力于普遍提高教育水准的情况下，也是势所必至的。

另外，专门要求背诵的那种以诵读为中心的旧式童蒙书，虽然适合科举考试，却不利于进行广泛的启蒙教育，也不便于采用新的语汇来解释新的概念。因此，随着科举的废除，其衰落之势无可避免，这是历史趋势所决定了的。

5 《地球韵言》的历史定位

清末的知识分子如何认识中国自身？当时中国人如何把海外情报纳入其世界观之中？如何确定中国在世界上的位置？其中发生了怎样的变化？

从 19 世纪初俄罗斯与江户幕府的交往中，可以窥知当时中国人无缘得知的外部世界对清朝的看法。文化元年（1804）航行至长崎的俄罗斯的雷扎诺夫提交的要求通商的文书中，与俄语、日语并列的是满语。文化五年（1808），幕府天文方高桥景保受命翻译这份文书，他参考当时红叶山文库的《增订清文鉴》进行解读，两年后完成了翻译（图 10）。[99]俄罗斯不用汉语，对俄国而言，汉语的地位并非绝对，这一点对清朝而言也同样。对俄罗斯而言，清朝的官方语言是满语，所以对于作为中国周边国家的日本，递交满语书函，丝毫没有不自然的感觉。

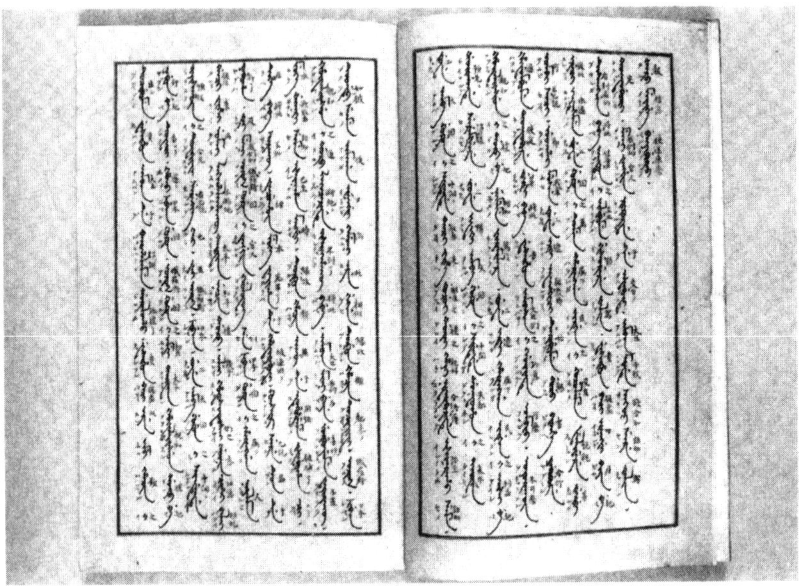

图 10　《俄罗斯国伊尔库茨克巡抚赠松前奉行满文书函对译》

日本国立公文书馆所藏资料特别展图录《将军的书库》，2005 年 4 月。满语原文书写，右侧是满语的汉语译文，左侧用朱笔写着用日语假名记录的读音。

在 19 世纪，从欧亚大陆的中央到东北亚，分布着语言不同、乡土意识各异的民族，将其维系在帝国统治之下的纽带，在于承认清朝的正统性。自成吉思汗以来大汗的正统性和中华帝国天子的正统性，可以说在清朝皇帝身上得到了具体的体现。出于政治上的需要，作为保证清朝统一的工具，满语一直保持着特殊地位。尤其是在中华地域以外，作为官方文书的通用语言，留下了在汉语的世界中无法窥见的身影。

道光年间刊行的《瀛寰志略》没有记述中国。没写的部分大概可以说就是“我朝”。刘鸿翱的道光己酉（1847）序中写道：

> 我朝幅员之广，亘古无二。中华十八省外，南极越南，北极俄罗斯，东极朝鲜，西极雪山葱岭，几得亚细亚之全土。[100]

可以说清末中国人基本上认为关内“十八省”是中华。另外，《瀛寰志略》“凡例”中写道：

> 此书详域外。葱岭之东，外兴安岭之南，五印度之北，一切蒙、回各部，皆我国家侯尉所治。朝鲜虽斗入东海，亦无异亲藩［蒙古、回部］，胥神州之扶翊，不庄阑入此书。谨绘一图［皇清一统舆地全图］于卷首，明拱极朝宗之义，而不敢赘一辞。[101]

大概这就是清末读书人对清朝领土的认识。在《瀛寰志略》卷1《皇清一统舆地全图》中，内外蒙古诸部、新疆和回疆、朝鲜、青海和两藏，被视为同列：

> 至若旃裘毳幕，棋布北庭（内外蒙古诸部），雪岭天山，幡回西域（新疆、回疆），襄平箕子之遗封（朝鲜），乌斯吐蕃之旧部（青海、两藏），昔限异方，今归典属，轺车往复，几亦无殊。[102]

另外，在《瀛寰志略》卷1的亚细亚图中，甚至把清朝的领土和缅甸以及阿富汗并列。因此，对于奉清朝正朔的朝鲜就没有加以记述。卷1《亚细亚》中的所谓“东洋二国”，指的是日本和琉球。[103]

与此相对，被认为作于1853年到1854年的慕维廉的《地理全志》卷1《亚细亚全志》，则依次记述了中华国志、满洲志、蒙古志、新疆志、西藏志、高丽国志、东洋群岛志、越南国志、暹罗国志……当时传教士的著作是把中华、满洲、蒙古、西藏等视为同列，可见没有把清朝领域内的政治一体性作为既定的前提。他们根据19世纪的西欧所形成的民族的概念，把清朝全域分为中华以及其外的部分来记述，并不认为有任何不妥。但是，对于清朝的知识分子来说，我朝等于“中华十八省”加上满洲、蒙古、回族、西藏以及其他地区。也就是说，在有清朝存在的前提下，当称中国的时候，“中国”等于“我国”而非“中华”。

当时《海国图志》或《瀛寰志略》也没有多少人读，更难说《地理全志》十卷有多少人会看。但是，当清末知识分子看到这一图式的时候，感到有必要与之对抗。本来，在中华帝国的历史上，支撑帝国统一的理论是一贯存在的，“华夷之别”对读书人来说是不言自明的。但是“华夷之别”被鸦片战争以来的军事力量所否定，19世纪末以后的现实是，列强分割各地，划定势力范围。当清朝感到濒临被瓜分的危机时，为了保全清朝的领土，所依据的是西方近代国家的概念。清朝的一体性被来自西方的民族概念夺去了合法性依据，被其军事实力所切割分解，却又必须用来自西方的国家这一概念来设法弥合，这就是当时清朝的处境。

梁启超在1900年2月《清议报》第35册上发表《少年中国说》，指出中国一直没有国家，只有朝廷。后来又在《新民丛报》上发表《新史学》，提倡历史学的革新，指出中国历史旧有的四个弊端，其一便是只知有朝廷，不知有国家。但是地理知识的普及带来了新的视角：列国与中国，世界之中的中国。邹振环引用在甲午战争之后流行的黄遵宪《日本国志》中所谓“当依列国之制各君其国，即各自纪年”，认为中国的历史学者开始放弃传统的天下观念，史学中开始形成具有世界意识的历史认识。[104]这样的观点大概未必已经普及，但是在当时的中国而言，应该是形成新的自我认识的契机。

清朝当时虽然有对皇家或者王朝的忠义，却尚未有明确的国家归属意识。在中华的世界里，不存在超越对天子的忠诚的更高的统一理念。在清末，与天下、国家的概念和领域相关的地理知识，成为时代的需要，体现在初等教育之中。在这种意义上来说，在清末对庶民的启蒙教育中成为必需的，是国家意识，是过去的读书人阶层所追求的知识内容。而且，随着对地理教育的必要性的认识，也出现了似乎尝试扩大“中华”概念，进行“省的设置＝中华”的理论转换。见之于《瀛寰志略》或《地理全志》的“十八省”的说法，以后在《地球韵言》中就看不到了，增加了四省（东三省和新疆），成为“廿二行省”。[105]

清朝为了对抗西欧列强，维持政体统一，不得不从西方近代概念中采用“国家”，但是，对于和近代国家不可分离的另一概念即“民族”，不得不进行微妙的处理。民族这一用语，据说是19世纪末流亡日本的梁启超从日语中学来的。[106]但是，在西方的背景下，民族意识的觉醒，对于清朝的统一来说也孕育着危机。1898年严复翻译的《天演论》出版之后，被介绍到中国的社会进化论产生了巨大的影响，以民族为单位的兴亡，唤起了人们的极度关心。[107]梁启超1902年2月—4月在《新民丛报》上发表《论民族竞争之大势》，提出了民族帝国主义时代的世界认识。

变法派主张，帝国臣民无种族之别，在清朝的立宪政治下，虽然是“多种族”，也能形成统一的国民。1904年，梁启超在介绍布伦奇利学说的《政治学大家伯伦知理之学说》中，提倡各民族融和的“大民族主义”。而另一方面，1905年，革命派的汪精卫在《民报》

第1、2号发表的《民族的国民》，则提倡在排除满族的民族革命之后，以汉民族为主体，同化各民族，建设国家。[108]于是，成为所谓文化的民族论和种族的民族论的源流的两种主张，在清末都被提出来了。[109]其中，从文化的民族论中诞生了从中华民国到中华人民共和国的，通过提倡中华民族来谋求国家统一的模式。

变法派为了保全领土而谋求清朝的延续，革命派试图排除满族，可以说两者本来就有着不同的国家设想，当初所意识到的国家境界也是不同的。对于革命派知识分子来说，“清朝”并不等于“中华”，因此，可以把中华解读为中国，有时甚至是必须如此进行解读。汉族革命派知识分子，有意识地舍弃了清朝皇帝作为满、汉、蒙、回、藏五个民族的君主的意味，限制其正统性，尝试在儒教正统性的层面上否定之。

辛亥革命后，中华民国成立，这种民族和国家之间的错位，为形成两种不同的理解留下了余地。一种认为，民国等于旧清朝（即中华十八省加满洲加蒙古加回族和新疆），另一种则认为，民国就等于中华十八省。[110]这一错位有可能成为招来外部侵略的理由，或者成为蒙古、西藏主张分离的根据。中华民国主张自己是继承了清朝的国家，提出中华民族的概念来避免分裂。但是，因为没有成立基于个人的“国民”，于是用“族”取代了“民”的位置，用“国族”来构成共和国。[111]

不得不把中华这一称呼冠于国家，即把天下限定于一国的范围，这意味着曾经存在于东亚的帝国理念的结束。保持中华这一传统的价值规范，与创造新的价值规范并贴以新的中华这一标签，是两件不同的事情。实际上，在清末的中国，认识世界意味着认识中国的文化边缘性。辛亥革命排除了满族，打倒了皇帝统治的制度，但是传统的中华意识却没有改变。革命的成功反而导致看不到中国的文化边缘性，并延续传统的价值规范（“中华意识”）。这不能不说是历史的讽刺。

从清末所要求的国家这一视角出发，认识世界的契机比较薄弱，其关心侧重于在时局中面对外部压力的国家的视角。在张士瀛的《地球韵言·序》中，虽然记述了对儿童启蒙教育的重视，其实，所求之于清末初等教育的，不仅仅是富国强兵的近代化，首先是为了保持帝国的统一。通过知识的均一化，追求能够保证政治统一的文化同质性，让孩子们认识我们的国土。《地球韵言》正是为此而作。可以说这是变法派的政治理想在启蒙教育舞台上的表现。《地球韵言》的内容向人们显示了，由于变法运动这一自我改革的挫折，中国所丧失的东西绝对不在少数。

结　语

随着清末的时代变化，在旧时的书院教育中也认识到了新式教育的必要性。新的内容被采纳了，但最初依然表现为旧的形式。《地球韵言》可以说正是在这样的时代夹缝中诞生的教科书，但是，在倾向于提倡国家意识的地理学中，不怎么能够听到提倡理解自然地理的声音。当时的世界地理读物，首先被赋予了作为关于近代化的知识的供给者的意义。

令钱穆感兴趣的《地球韵言》卷 2《瑞挪第十三》中关于瑞典、挪威的日照时间的记述如下：

> 士突训（斯德哥尔摩）都，东临黄海，殿阁湖滨，傍美拉尔（梅兰湖），北裔硗确，艰于耕稼，冬夏九时，分为昼夜。（北境背负冰海稍南，夏日长九时，冬夜长九时。极北冬有夜无

昼，不见日者七十五日，夏有昼无夜，不见月者七十五日）。[112]

从国家意识出发的地理教育虽然在近代国家形成的过程中是不可或缺的，但是，从对不可思议的世界的兴趣出发的地理认识，却难以得到发展的机会。

在《明史》卷25，或者在关于乾隆末年马戛尔尼使节团的记载中，能够看到，把大地表现为球体的地球仪，屡次传到中国。但是，地球仪也不过是令人玩物丧志的仪器而已，中国读书人对于大地的形状毫无兴趣。

元代传来了伊斯兰地图学。《元史》卷48《天文志》西域仪象中记载了地球仪（“苦来亦阿儿子”，Kura-i-ard，波斯语地球仪）的传来[113]，也制作了像《经世大典地理图》那样的所谓蒙古风格的地图，受到以南为上的伊斯兰式地图的影响，以左上角为南，在方格中仅仅记载地名或部族名（图11）。但是，这一地图再次被人发现，不得不等到道光二十七年（1847）刊印的魏源《海国图志》60卷本的出现，是从《永乐大典》中转录的。[114]

极端而言，对于中国文明而言，统一的地理的世界认识本来就不见得是必需的。中国文明没有像基督教文明那样，把对未知世界的探求，赋予了解神所创造的世界的意义。例如，在明末的《图书编》中，《四海华夷总图》、《舆地山海全图》等各种地图是混在一起的；在崇祯年间的《皇明职方地图》中，利玛窦地图的世界知识被认为是“议而不论”，于是将其弃置不顾。[115]这没有形成将知识体系化的意识，仅作为考证学以前的学问风格，进行各论并记的注释，不过是把关于世界的知识作为几种说法之一列举记录而已。

虽然得到了新知识，依然把欧洲各国塞入传统风格的地图中，更记入女子国、毛人国、长臂国、三首国、穿胸国等在《山海经》

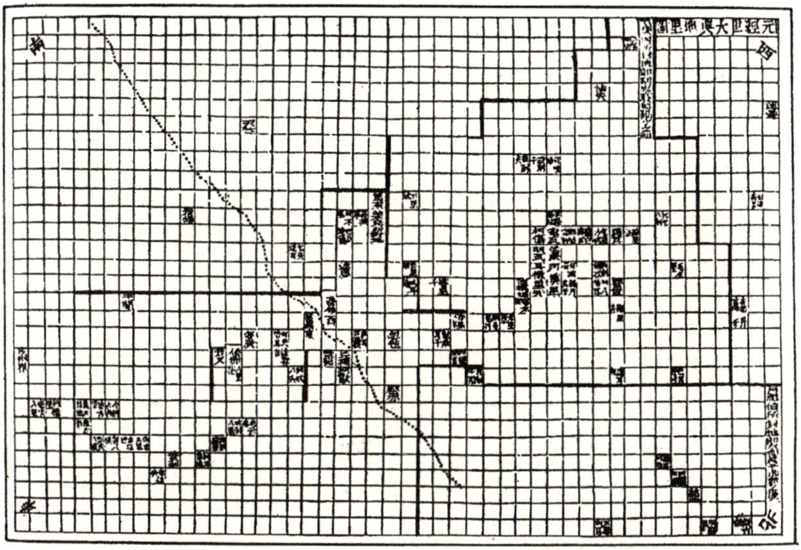

图 11 《经世大典地理图》，《海国图志》卷二，道光二十七年刊六十卷本

〔英〕李约瑟著，东畑精一、薮内清监修：《中国的科学与文明》第 6 卷《地的科学》，思索社 1991 年版，第 71 页。

中提到的传说中的国家，这样的东西在以后也出现过。除《图书编》、《四海华夷总图》之外，还有崇祯十七年（1644）金陵曹君义发行的《天下九边分野人迹路程全图》（图 12），以及康熙二年（1663）姑苏王君甫发行的《天下九边万国人迹路程全图》（在日本改称《大明九边万国人迹路程全图》，屡次翻刻）之类的单面地图，可以说体现了华夷之别，表明其对中国以外的地方全无关心。另外，不经确认就在同一地图上记入女子国、长臂国等荒唐无稽的地方，这种做法和自《禹贡》五服之制以来形成的对文明的感觉大有关联，即把与中华的关系和距离，直接理解为文明的程度本身。

本着祖述的态度，对于经书以及类似书籍的说法，虽然加以注释却并不进行检证，这种学问形式，使得对于女子国、长臂国等的

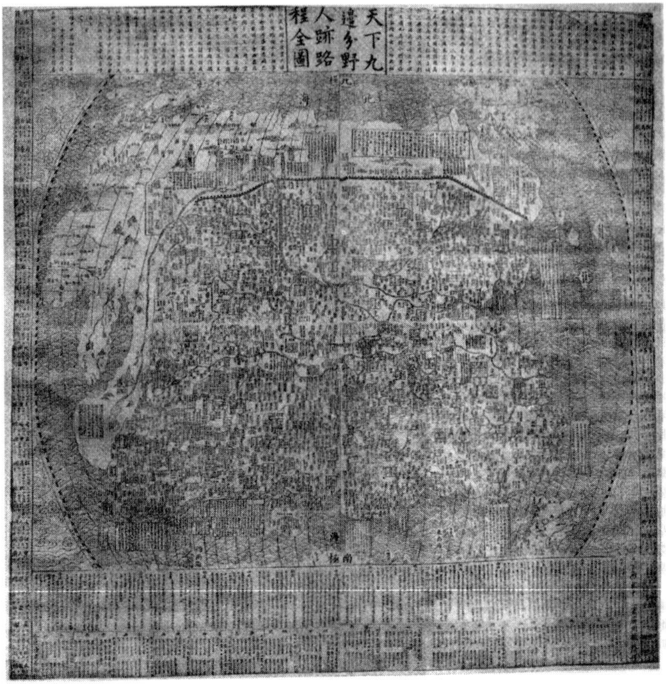

图 12　《天下九边分野人迹路程全图》，崇祯十七年金陵曹君义刊

《中国国家图书馆古籍珍品图录》，北京图书馆出版社 1999 年版，307 图，第 282 页。

在鼓形的框架内描绘了大陆，但是中华之地占据了其中大部分，其外的土地连地名也没有记录，几乎一片空白。东西两端画的点线似乎表示纬度，从赤道（可能是以赤道为起点）到南北两极分别记了 90。这幅地图的中心是河南省汝宁府附近。另外，从北极到南极分别向东西画 18 条线，可以认为是相当于经线。

在北纬 40 度附近，从东向西画了长城，在长城尽头的西北方向，是欧洲。黄河在长城外侧，周围几乎没有任何地名，向西南延伸，直到葫芦形的星宿海。在黄河西面并行的海，切入大陆，是印度洋（“小西洋”），对岸是非洲。栏外有说明文字，上栏外面写着“万国大全图说”；下栏外面写着“天下两京十三省府州县路程”；右栏外侧写着山海关、开原卫、雁门关、宁武关、古北口等“九边”；左栏外侧写着高丽国、女直国、日本国、琉球国等“外国”。

记载，没经任何质疑地长期流传。虽然也可以将其看作是对传统知识的折中，但觉得在中华以外的地方，即使发生什么事情，也与我无关，所以其实并没有形成进行折中的自觉意识。实际上，只是因为既然有了某种新的知识，便在地图上拼接起来。

《天下九边分野人迹路程全图》在鼓形的框架内描画经纬度，这种表现手法与传统的方格图的方百里是不同的，说明这是在大地球体说的地图于明末传入中国之后的作品。但是，所描绘的大陆的形状和欧洲的世界地图完全不同，属于《古今形胜之图》、《乾坤万国全图古今人物事迹》的系谱，可以说是传统华夷图的变种。

在后世看来，利玛窦的新知识最终也没有成为中国的经验，不过是在士大夫的世界中一度出现的奇闻逸事而已。在这一向心性极强的文明中，当利玛窦的世界地图所代表的新知识传入时，能够对当时的知识分子带来多大程度上的冲击呢，非常令人怀疑。在日本，以利玛窦的世界地图为代表的西欧世界地图的影响，甚至及于通俗读物。除了享保四年（1719）刊印的平住专庵《唐土训蒙图汇》、《山川舆地全图》之外，还诞生了与民族图谱合在一起刊行的正保刊《万国总图》，以及贞享五年（1688）刊印的石川流宣《万国总界图》。《万国总界图》系列的世界地图甚至被收入《节用集》之类的书中，如元禄十一年（1698）刊印《头书增补大成节用集》的《世界万国总图》，还有享保十二年（1727）刊印《大字万图节用福字通便》的《世界万国人物总图》等。进入19世纪之后依然多次刻版发行，直到兰学系列的世界地图出现，才完成了其使命。[116]与此相对，清代中国最终也没有出现如此程度的对新知识的接受。

另外，像《西游记》、《三宝太监西洋记通俗演义》以及《镜花缘》之类的流行小说，提到了佛教的地理观，或者出现了阿拉伯。三言二拍中也有阿拉伯人出场的胡人取宝的故事，如《拍案惊奇》

卷 1《转运汉遇巧洞庭红，波斯胡指破鼍龙壳》。但是，有西洋人出场或以利玛窦所介绍的世界观为基础创作的小说，却没有发现。

乾隆帝对马戛尔尼说“地大物博”。从传统来看，这完全是汉族的语言。但是，当满洲王朝的皇帝也这么说的时候，反而更显示了中华文明的向心性之强。所谓文明，构成了世界的中心。生活在中华这一文明的中心，对于了解世界，即对文明周边的关心，非常淡漠。求心性在中心而言是无用的，在周边而言才是必需的。在这样的文化框架下建构起来的中华概念本身，使人产生向内的关心，在历史上使得汉族的视线指向内部。对海外的冷漠眼神，其远因大概正是在与这种内向的关心。

在面临列强侵略之际，呼吁生死存亡的，却是来自西欧的社会进化论。不是片断的知识，而是具有体系性的科学，伴随着危机感传入中国社会。此时，中国开始被迫意识到其边缘性。如此，清末已经处于不能再允许对海外毫无关心的时代了。从原来的毫不关心，到将外国视为近代化的榜样，在这一转型刚刚开始的时期，《地球韵言》应运而生。

考古学在近现代中国的命运
——围绕着“历史”的“传统”与“近代”

竹元规人

前　言

在思考中国这一地域或者文明圈的时候，值得重视的问题之一是汉字这一文字的悠久历史及其一贯性。在数千年前，文字就出现了，而且基本上保持着一贯性沿用至今，并且由地球总人口的相当一部分持续使用，这一事实本身就是令人惊叹的。

作为原因之一，这一特点使得对中国上古史的把握背负了一个宿命般的问题。文字的出现和开始留存文字史料的时代，与自觉进行上古史记述的时代，其间有着很长的时间差，而且随着出土文字史料的解读，出现了这样的情况，即后代的上古史记述所涉及的对象，可以利用同时代的史料来予以证实。具体来说，随着甲骨文字的发现和解读，《史记》的殷王系谱的正确性得到了确证。但是，已经得到确证的时代，与后代的上古史记述对象所处时代的上限之间，尚存在着被认为超过千年以上的漫长的时间差。这样一来就形成了两种立场，一种是通过类推，对已经得到确证时代之前的上古史记述的正确性充满期待，另一种则更加重视其尚未得到确证的性质。在这两种立场之间，历史学家被置于一种不安定的状态，从各自的立场出发，展开了无休止的争论。“疑古”以及对其展开的反驳和批判，从20世纪20年代以来一直延续到今天，产生这种情况的原因之一，恐怕正在于中国文字之历史悠久和一贯性所带来的期待感，与近代以后的知识理性所产生的疑念之间形成了难解的纠结。毕竟，传统的上古史所记述对象的时代太过古昔，记述中又有一定的虚构性。如果出土文字史料的解读极端困难，或者后代的上古史记述非常贫弱，抑或很晚才开始记述的话，在20世纪中国发生的围绕着中国上古史的争论应该会减少许多。

上面就文字史料的领域，叙述了中国上古史认识中的结构性问题，但是，历史并非仅仅通过文字史料才能够解明。近代西方使得上古史研究的新方法成为可能，即考古学，也关系到地质学、古生物学和体质人类学。考古学通过遗留下来的物品来接近历史和文明的真相，但这里的问题是，在中国，由于存在着围绕着文字史料的前述基本构造，考古学到底是伴随着怎样的变形被引进，导致了怎样的反应，发生了怎样的影响呢？[1]传统的上古史记述，新发现的出土文字史料，考古学发掘出的物质文化，这三者在中国都出现了。如果这三者之中，只有一个或者两个方面的资料比较充足，问题还比较简单，但是，这三者都“有”，从而导致20世纪中国的上古史研究中的认识论、方法论的对立愈发错综复杂。

本文将根据王国维、顾颉刚、傅斯年、李济、郭沫若和章炳麟等在当时具有代表性的学者的论述，对这种错综复杂的状况进行梳理，讨论其中存在的矛盾或者方法论以及思想上的问题。具体而言，论点可以划分如下：

第一个问题是，研究历史的时候，文字史料和非文字史料在怎样的情况下应该怎样利用，后面将会谈到。关于这个问题，许多学者提倡两者并用。但是，在有文字的时代和没有文字的时代，对文字史料如何区分使用才是妥当的呢？非文字资料和文字史料的关系如何？对于有文字的时代而言，非文字资料具有何种意义？关于这些具体问题，存在不少分歧。

第二个问题是，认识和记述历史，应该用怎样的知识体系、语言体系来进行呢？当然，这里也存在比如说用数学公式来认识和记述历史是否可能等问题，但是，本文要讨论的是语言体系所具有的历史性的问题。也就是说，是用古代的传统的语言体系来认识和记述呢，还是用在传统中找不到依据的语言体系来认识和记述呢？具体而言，在考虑中国古代史的时候，三皇五帝、夏商周这些出自古文献的人名或者王朝名还可以原封不动地使用吗？或是应该首先用旧石器时代、新石器时代、青铜器时代等近代考古学的语言来进行分类呢？更进一步，原始共产主义社会、奴隶社会和封建社会的分类方式是否可以采用呢？这一问题同时也意味着，中国古代史仅仅运用中国古代传来的文献是否足以做出充分的记述？还是如果不借助西方传来的近代学问就无法获得正确的认识（从个别具体史实到历史的结构等各种层次的问题都包含在内）？一言以蔽之，中西的对立，传统与近代的纠葛，这是一个老问题。而且，在近现代中国，古代史作为本国的起源、自我认同的根据受到了高度重视，从而使得这一问题也与民族主义密切相关。关于上述问题，当时学者之间也有着不少分歧。

以下，从20世纪20年代到30年代，基本上随着时代的变迁分析当时的论述。选择这一时期，是因为考虑到其在中国是近代学术的确立期，而且，有着浓厚的中国传统学术背景的学者在当时还大量存在，延续到今天的方法论问题的基本结构，大体上在这个时期就已经固定下来了。

1　王国维和顾颉刚的不同——先史时代和历史时代

在讨论近现代中国的古代史研究时，首先应该提到的大概就是疑古学派吧。1920年前后，胡适、钱玄同、顾颉刚等开始考虑，古籍中关于上古史的记述，也许不过是以后的为政者或学者根据各自的需要而编造出来的传说。其中一个典型的例子是顾颉刚的假说，禹这个人物并不存在，本来只是铸在鼎上的一只虫子，后来演变成传说中的人物。

在此想要讨论的不是疑古本身，而是主张疑古的人和反对的人对于古典文献所取态度的交错。今天，在批判疑古过于极端的时候，屡屡被引用的是王国维下面一段话。

> 研究中国古史为最纠纷之问题。上古之事，传说与史实混而不分：史实之中固不免有所缘饰，与传说无异，而传说之中亦往往有史实为之素地，二者不易区别。此世界各国之所同也。……而疑古之过，乃并尧舜禹之人物而亦疑之。其于怀疑之态度及批评之精神不无可取，然惜于古史材料未尝为充分之处理也。吾辈生于今日，幸于纸上之材料外更得地下之新材料。由此种材料，我辈固得据以补正纸上之材料，亦得证明古书之某部分全为实录，即百家不雅训之言亦不无表示一面之事实。此二重证据法惟在今日始得为之。虽古书之未得证明者不能加以否定，而其已得证明者不能不加以肯定，可断言也。[2]

许多论者，作为二重证据法的例子，会举出王国维所做的关于殷王系谱的考证。王国维利用从19世纪末开始受到注目的出土史料甲骨文字，其中出现的王的名字和《史记·殷本纪》中所记载的王的名字相互对照，证明了《史记·殷本纪》的记载是正确的。

从王国维对疑古的这一批判出发，下一步当然应该是对于尧舜禹等上古圣王也运用地下史料进行证明。王国维在介绍纸上和地下的史料之后，对禹也进行了论述。其论旨是，在春秋时代的秦公敦和齐侯镈钟上可以看到关于禹的记载，与《诗经》、《尚书》的记载一致，由此可见，“春秋之世，东西二大国无不信禹为古之帝王，且先汤而有天下也”[3]。

对此，顾颉刚作跋，对王国维的议论表示欢迎，认为可以证明自己所主张的，春秋时代尚无黄帝和尧、舜的观念，最古的人王是禹。[4]从上下文来看，虽然没有明言，王国维想说的应该是：“在春秋时代的出土史料中既然可以看到关于禹的记载，就不可仅仅因为对传世文献的怀疑而否认禹的真实性。”当然，根据王国维所提供的论据，在理论上也可以推导出顾的那种解释。而顾颉刚的解读和王国维的意图，显然完全是相互错位的。那么，这种理解上的错位，究竟是从何而来呢？

关键在于“无史时代”（先史时代）和“有史时代”（历史时代）的区别。本来，对于考古学而言，这可以说是基本的区别。[5]但是，在当时围绕着上古史的讨论中，很少将其提出来作为主题，而顾颉刚却很重视这一区别。

在《古史辨》第1册中，接着王国维的《古史新证》的是李玄伯（李宗侗）的文章。李首先把古史研究的材料，分为载记（一切纸上的记载）和遗作品两种。然后论道，古代的载记流传至今，经历了各种变迁，所以错误很多，还有伪造，但是，即便是伪造，也可能混入了与作为其记载对象的时代有着某种关联的史料。到此为止，李玄伯和王国维的立场是相同的，亦由此开始，李玄伯与王国维分道扬镳。李玄伯认为，辨别载记中可以利用的史料极其困难，只能利用古人直接遗留下来的作品来研究古史。遗作品是古人亲眼所见的东西原封不动地保留下来的，与流传至今历经变迁的载记相比，具有更高的价值，所以说：“要想解决古史，唯一的方法就是考古学。我们若想解决这些问题，还要努力向发掘方面走。”[6] 这样，二重证据法就不能成立了，实际上变成了“一重证据法”。

李文之后，还有顾颉刚的回应。在此应当注意的是，顾颉刚的立场其实很接近王国维。顾颉刚赞成李玄伯对考古学的重视，认为是“极正当的方法”，但他又认为李玄伯有过度尊重遗作品、轻视载记的倾向，对此批判道：

> 我以为无史时代的历史，我们要知道它，固然载记没有一点用处；但在有史时代，它原足以联络种种散乱的遗作品，并弥补它们单调的缺憾，我们只要郑重用它，它的价值决不远在遗作品之下。我们现在讨论的古史，大都在商周以降，已入有史时代，载记的地位已不可一笔抹煞。要讲遗作品直接出于古人，载记何尝尽是后人写的。要讲载记多伪作难以考定，遗作品又岂纯粹无伪作而又易考定呢。所以我觉得我们若是多信一点遗作品，少信一点载记，这是很应当的；若说惟有遗作品为可信而载记可以不理，便未免偏心了。……我们生于今日，初懂得用历史演进的眼光去读古书，初懂得用古人的遗作品去印证古书，乍开了一座广大的园门，满目是新境界，在载记中即已有无数工作可做。[7]

通过出土品来印证古书，这是王国维以后很多中国学者的志向，可以说正是二重证据法的关键。在此，顾颉刚对李玄伯的论述的回答，可以说是替王国维说了话。

但是，在此可以看出，王国维和顾颉刚毕竟不同。在刚才引用的那段话中，顾颉刚首先指出了“无史时代”和“有史时代”的区别，认为载记中有价值的，仅限于后者。这一态度和王国维完全不同。顾颉刚写道，商周以后进入了有史时代，那么，（被认为是）尧舜禹（所生活过的时代）当然就属于无史时代，载记遂完全无用。当然，根据遗作品本身，还可以把无史/有史时代的分界线往前推。因此，王国维在没有发现禹的时代的遗作品的情况下，将二重证据法适用于禹，对顾颉刚而言就全无意义了。[8]

如上所述，单从二重证据法的角度出发的话，我们只能承认顾颉刚和王国维的共通性，而决无批判顾颉刚的道理。王国维和顾颉刚的区别，在于有史时代和无史时代的区别，以及对于不同时代的史料的运用方法。对王国维而言，不存在无史、有史的区别，至少把纸上材料和地下材料互相对照就可以了。但是，这样的态度其实有很大问题，这一点大概不用多说。本来，就先史时代而言，只要还没有发现当时的文字，无论后代关于当时的事物如何记述，都不可能证明其记述的事物当时的确存在过。这已经不是考古学的问题，而是属于认识论的领域了。顾颉刚虽然不曾明言，可以说他已经谈到这个问题。比如他说：“禹之是否实有其人，我们已无从知道。”[9]又说：“有许多古史是考古学上无法证明的，例如三皇五帝，我敢预言到将来考古学十分发达的时候也寻不出这种人的痕迹来。”[10]考古学可以解明在先史时代曾经存在过怎样的文化，但是，解明其文化与后代的记述之间的关系，并不是考古学本来的任务。为了证明这种关系而求诸文字，只能使考古学变得贫瘠，而绝不能使之丰富。

在此，从逻辑上来说存在着两个方向。一方面，如果重视关于上古史，特别是先史时代的文献记述，便只能去追踪当时这种记述在文献中形成的过程；另一方面，如果不拘泥于文献的记述，则可以打开通过考古学的发掘直接解明中国上古文化的道路。顾颉刚选择的是前者。顾颉刚本来的兴趣，在把历史作为故事来把握的基础上，解明其故事从产生开始，经历了怎样的时代背景和创作者而完成其发展变化的。[11]这是把关于上古史的历史记述按照时间序列进行系统化的工作，与所谓是破坏历史还是建设历史的问题，本来便不在同一个维度上。20 世纪 20 年代末，顾颉刚在燕京大学进行的中国上古史研究讲义，便是其尝试之一。

但是，《古史辨》第 1 册之后，顾颉刚继续表达了对通过考古学解明中国上古历史的期待，那时，先史时代和历史时代的区别自然也是暧昧的，把自己的工作的意义定位为通往历史的建设的准备工作。[12]但是，对于没有西方留学经验的顾颉刚来说，从事近代考古学事实上是不可能的，那和在自己的研究中吸收考古学的成果有着完全不同的意味。自己的能力和关心的真正所在，与当时学界、社会的要求以及自己半是被其所迫而抱有的志向，两者之间的鸿沟愈来愈难以掩盖地暴露出来了。但顾颉刚尽其一生致力于对典籍的细密研究，特别是在《尚书》研究中留下了很大的成果，这充分地证明了他对文献的强烈执着。所谓“疑古”，大概也正是这种执着在反方向上的发挥。

还有一点，作为对疑古的批判而经常被提到的默证法的问题，也能够反映出顾颉刚对文献的潜在的态度。所谓默证法是这样一种方法：“凡欲证明某时代无某某历史观念，贵能指出其时代中有与此历史观念相反的证据。若因某书或今存某时代之书无某史事之称述，遂断定某时代无此观念，此种方法谓之‘默证’（argument from silence）。”这种方法只有在所有事实全部被记录下来，没有任何遗漏的条件下才有可能。但是，关于古事的记载，几乎全都散失了，不可能使用默证法。这是张荫麟的批判。[13]默证法只有在除了作为记录而保留下来的历史之外，没有其他历史，这一强有力的前提之下，才有可能。从这一点来看，可以发现刚开始疑古的时候，顾颉刚完全没有考虑过可能存在于文献之外的历史。

《古史辨》第1册出版之后，对顾颉刚在学界的地位和活动构成了最大的挑战的，是以前在北京大学的同学傅斯年。那时，傅斯年曾如此批判当时的史学界并表明自己的立场："我们应该于史料赋给者之外，一点不多说，史料赋给者以内，一点不少说，不受任何传说观念的拘束，只求证，不言疏，这样然后可以'起废疾，箴膏肓，发墨守！'"杜正胜引用这一段话，推断"墨守"是指信古派，"膏肓"是指谈论子虚乌有的东西的社会史论战派（杜氏用语），"废疾"指可以辨伪但无法充分证明何者为正确的疑古派。[14]

这一形容是否妥当，大概还有很大的讨论余地，但是，在此关注的是"废疾"这一印象。可以认为其意是指，如果仅仅依据文献的话，存在于当时文献之外的广阔的历史将无法进入视野，对历史的认识将变得不完整。下一节将以此印象为线索，来考察傅斯年以及在其领导之下负责考古学的李济与文献的关系。

2 傅斯年和李济——考古学的妥协？

傅斯年有着顾颉刚所无的留学西洋的经验。顾颉刚不仅不曾留学西洋，在其80余年的一生中，一次也没有离开过中国。在北京大学学习的时候，傅斯年就是学生中的领袖人物，参与杂志《新潮》的编辑出版，其名声在校内轰动一时。而顾颉刚在五四运动的时候也因病回乡疗养，与傅斯年相比是很平凡的。

傅斯年本来出身于国文门，学力得到了章炳麟高足黄侃的认可。但是，他在北京大学毕业后，留学欧洲，变得醉心于西洋近代学术。傅斯年喜欢的不是人文学科，而是物理学、心理学和统计学。他在给老师胡适的信中写道：“在国中念得几句中国书，忘得光光净净。但如此善忘，真正舒服，所以我却觉得大快乐。”[15]在传统的读书生活之外，他体验到了新的学问世界。

傅斯年回中国后，首先到当时正在进行北伐的国民政府的学术中心中山大学就任文科学长。孙伏园向傅斯年询问其方针，后孙伏园复述他的话如下：

> 孟真（傅斯年）的答复是只有使“斯文扫地”四个大字。他接续说中国书没有一部够得上称书的，多读一部中国书，便在身上多长一个疮。如果有人愿意牺牲一身，长着百孔千疮，也不妨听其自便，但绝对不准鼓吹别人也像他一样的长着百孔千疮。[16]

这一方针，本来是源于傅斯年在北京大学读书，作为新文化运动中学生的中心而活跃的时期，但是，应该也与他在欧洲留学过程中，认为中国传统学术与西洋近代科学相比大为逊色有深刻的关系。他刚刚开始留学的时候，在给胡适的书信中就已经写道：“我自问我受国文的累已经不浅，把性情都变了些。”“近中温习化学、物理学、数学等，兴味很浓，回想在大学时六年，一误于预科一部，再误于文科国文门，言之可叹。”[17]“疮”这一表达，与本文前节所介绍的“废疾”的印象有着很大的重合性，显示了他对中国传统的读书使人视野狭窄，销蚀人性的认识。

傅斯年后来成为预定要新设的中央研究院的心理学研究所筹备委员，但是，他向蔡元培提议设立历史语言研究所（简称史语所），自任所长。[18]在此，傅斯年再一次回到了自己曾经熟悉的中国历史的世界，但傅斯年在那里的方针反映了他之前的经历：不是通过传统的读书沉潜于典籍的世界来进行历史研究，而是集自然科学方法之大成来进行历史研究。其志向在以下著名的主张中很好地反映出来了。“现代的历史学研究已经成了一个各种科学的方法之汇集。地质、地理、考古、生物、气象、天文等学，无一不供给研究历史问题者之工具。”“我们不是读书的人，我们只是上穷碧落下黄泉，动手动脚找东西！”“要把历史学语言学建设得和生物学地质学等同样，乃是我们的同志！”[19]

当然，傅斯年并不是说只关心历史研究的材料而无视文献，文献依然是重要的史料，毋庸赘言，即使是学习自然科学的方法，也不可能不依赖各种文字。重要的是，对文献的态度大不相同。文献既不是历史研究的唯一手段，也不是首要手段。作为在方法上已经接受自然科学理念和方法而操作的材料，文献和非文字资料受到同等对待。方法的基准已经不再被置于文献之上，读书也不再带有伦理意味或者高级的价值，世界和历史在文献之外大为拓展。不仅仅是材料的种类和数量的扩大，甚至其性质也被改变了。

在这样的方针之下创立的史语所，虽然将从事文献史学的部门设为第一组，但也包括语言学、考古学人类学等部门。语言学以赵元任为主任，不仅研究传统的音韵学，还重视方言调查和音声学，作为研究对象，不仅有古代汉语，还大力研究现代汉语、藏语和南方话等。考古学人类学以李济为主任，不限于金石学和甲骨文，主要展开了对殷墟和城子崖等的发掘活动，其主要活动是通过田野调查制作民族志和测定研究发掘出的人骨。如此，将历史研究、语言研究扩展到文献之外的意志得到了切实的贯彻。史语所的英文译名为 The Institute of History and Philology，Philology 是指以文献为对象的学问，由此出发，甚至可以推测 History 应该是指文献以外的历史。[20]

傅斯年在欧洲知道了顾颉刚的疑古的成果，最初大为赞同，甚至称其为“史学之王”。但是，他在回国途中渐渐产生疑问，归国后逐步加强了对顾颉刚的批判。他批判的是，顾颉刚根据很少的史料就要断定史事是否真实，批判他“以不知为不有”。这与前述对默证法的批判是相同的。[21]

傅斯年与最初批判顾颉刚默证法的张荫麟不同的是，张仅仅从逻辑上论证顾的推论不成立，傅则打算通过考古学增加史料，解明上古史。能够批判默证法的前提之一本来就在于现存文献以外还有历史资料存在。因此，批判者开始探求新的历史资料。

只是，在此必须注意的是，即使傅斯年转向考古学，也不能保证顾颉刚所怀疑的关于先史时代的文献记载能够原封不动地得到证明。比如说，傅斯年在发掘报告集《城子崖》的序中，如此提醒读者注意：

> 本书所论遗址之为谭国故墟，就文籍遗传看来，十成中有九成可信了，若从此时一般作史学的风气，就要直名之为“谭墟”了。然而本书作者知道只是经籍遗传之说，所发掘者，并无一物确证其为谭邑，与殷墟之为殷墟有多量实物证明者不同，并且见到此地之地层有上下，不便混为一名，所以作者“多闻阙疑，慎言其余”，集合此类文集中材料为附录，本文中转不涉及。此虽是一个节目，然也是表显全部风气的。……此文中一切无辩，写近代考古学的报告本当如此的。[22]

所谓谭，是春秋时代的国名，当时既然已经进入历史时代，以此来命名遗迹，这在逻辑上是没有问题的。但是，傅斯年依然认为不能确证这一点，并提醒读者注意，因为地层的时代跨度很长，按照经籍的记述命名为谭墟，反而有可能限制考古学发掘的意义。

但是，傅斯年是否真的有着强烈的愿望要去证明有关先史时代的文献记载呢？他在多大程度上打算对疑古直接提出反证呢？这些都很难断言。这里很好地显示了傅斯年与王国维之间微妙的连续和断绝。傅斯年的确对王国维有高度评价，但那仅止于对其用甲骨文字印证《史记》。[23]对于王国维利用金文讨论禹的部分，他则沉默不言。另外，史语所的考古发掘，也绝没有朝着从殷墟开始进而探索"夏墟"、"禹墟"、"舜墟"、"尧墟"、"黄帝墟"等的方向推进。虽然没有确切的证据，对于曾经留学欧洲的傅斯年来说，顾颉刚所觉察到的那种先史时代和历史时代的区别，大概是不言自明的。另外，傅斯年和李济对作为考古学的工作与发掘甲骨文字等记载着文字的遗物相比，更重视发掘没有文字的遗物和地层的资料，以解明地下的总体状况。[24]在这种意义上，傅斯年虽然也批判顾颉刚，但是和王国维立场绝对不同。

傅斯年支持王国维，批判疑古，其目的大概也在于确立史学界的主导权，分清敌友。也许，为了避免使王国维与自己的区别表面化，傅斯年对于考古学中文字应有的地位，以及先史时代和历史时代的区别，有时也就闭口不言了。傅斯年在说"历史的重建"时，其批判的对象是顾颉刚，但是，从李济紧跟着谈到考古学这门学问的性质来看，"重建"的历史绝不是顾颉刚所怀疑的文献上的"历史"。对此为什么他没有明确地指出来呢？真是令人遗憾。傅斯年和李济在没有廓清这一点的情况下从事研究，直至今日其言论依然广为流传。另外，也不能说傅斯年就没有关于先史时代也尽可能地沿着肯定文献记载的正确性的方向进行思考的愿望。王泛森从其在1940年出版的《性命古训辨证》中引用了一节，其中从殷商文化的发展高度来推测夏后氏必然存在，而且其文化必定水平很高。王泛森论道，傅斯年认为殷商是集中了若干文化系统而成立的，所以其前应该有个范围广泛且时期漫长的发展背景，这种看法与王国维认为“虽然不能否定古书中不能证明的东西，但是不得不肯定已经得到证明的东西”的立场是相近的。[25]但是，如果在傅与王的关系问题上强调这种类似之处，大概会使得傅斯年思想中存在的另外的志向变得难以看清。问题在于，没有明言的地方才是傅斯年的真意所在。

傅斯年的主要业绩“夷夏东西说”等，根据其说明，那本来应该是未刊行的著作《民族与中国古代史》的一部分。但是，这些论文虽说是进入 20 世纪 30 年代以后才发表的，实际上在 1920 年前半的留学时期就已经有了构思，结论也没有变化。[26]由此可见，傅斯年的主要业绩的构思，与对疑古的批判，或者考古学的进展并没有特别的关系。实际上，傅斯年虽然是优秀的指导者，却绝不是考古学者，自身的业绩甚至像《性命古训辨证》那样主要依赖于文献史料，进而言之，是依赖于其早年的读书，尽管他在留学时期说“已经忘得一干二净”。本来，傅斯年如此激烈地批判传统的读书，甚至口称“焚书坑儒”[27]，那应该是因为在新文化运动的环境中，经历了价值观的巨大转变，可以说那是一种近亲相憎的感情，导致了激烈的否定。

但是，根据屈万里的记述，傅斯年后来又说过这样的话：

> 民国三十二年孟真先生在四川南溪县的李庄时，他看到一般学生程度的低落，很感慨地对王献唐先生说：“又得教书了，不然读书的种子要绝了！”[28]

另外还有：“孟真先生和书，好像不可须臾离开，也好像是有不解之缘；喜欢读，喜欢买，更喜欢收藏。”[29]前面曾经提到，傅斯年对夏王朝的明确肯定，是在 1940 年左右的事情，由此可见，傅斯年在对“读书”表示了强烈的否定之后，随着时间流逝，又越来越回归书籍。

作为傅斯年实现其理念的左右手而活跃的，是最早把考古学引入中国的李济。作为中国人主持的最初的考古发掘的西阴村遗址的发掘，还有殷墟发掘、城子崖发掘等业绩，代表了近代考古学在中国的创始和发展，赢得了世界性的声誉。

综合李济自身的文章和其他学者的回顾，可以看到他作为考古学者的两种不同取向的形象。一个是作为近代考古学者的形象。例如，1926 年他在清华大学举行演讲，首先把考古学用年代和地域进行了区分，前者又进一步区分为史前考古学和历史考古学。然后讲道："自从有了考古学以后，把人类的历史延长到十二万五千年，换句话说，就是自从人类有史以至现在，已经有十二万五千年了；以前认为人类的历史只有几千年，这不过是说记载的历史罢了。"又介绍了旧石器时代、新石器时代、铜器时代和铁器时代的分期。[30] 历史不是在文献存在之后才开始，在其之前存在着更加漫长的历史。北京原人的发现也近在咫尺了。

李济在 1926 年被招聘为清华大学国学研究院的讲师，与梁启超、王国维、陈寅恪、马衡、赵元任共同站在讲席之上。李济在其中最为年少，但加上他从具有合作关系的美国的佛利尔博物馆的收入，与梁和王等人的工资相等。[31] 作为近代学术的引进者，他对当时中国的学术观念应该有着很大的不满。根据当时在研究院学习的戴家祥的回忆，有这样一件事儿。

瑞典皇太子对中国的访问，在学术界非常重视。梁任公写了一篇报告，陈寅恪译成英文；这篇报告的中文本分发到每个同学的手中。李老师把这篇报告在课堂上向我们一摊："这是中国人的所谓考古学。"……李老师所讲的考古学与我们过去所讲的考古，或者挖古董，收藏古董，实在相去十万八千里。[32]

另外，李济在1934年发表于《东方杂志》的随笔，对之前的考古活动进行了总结，对以后的工作进行了展望，笔锋之间充溢着作为打开新的历史世界的学者的自负。他首先从某个友人的故事开始了叙述。这个朋友十年前做中学教员的时候，因为在河南的奉天被证明发现了石器时代的遗迹，于是在讲义中不讲三皇五帝，只讲石器时代、铜器时代的文化。他本来以为学生们应该对自己的严谨精神有兴趣，结果却被以为是在讲笑话，以至哄堂大笑，于是辞去了教职。但是十年过后再看，情况完全变了，石器时代这个名词，连村子里的小学生都知道。然后，李济继续说：

> 这段谈话，我想很可以代表十年来我们对于历史观念的变迁。社会上对于三皇五帝的忆念，虽仍觉得恋恋不舍，然究竟敌不过石器时代、铜器时代所代表的观念的实在；石器铜器时代的史实一天一天地增加，现在差不多可以自成一卷历史。至于三皇五帝是否完全为一个神话，自然另是一个问题；但就是仍旧相信这些古圣人的人，对于他们所代表的内容也变更了许多。这一切我们可以说全是考古学发生出来的影响。
>
> 近十年来考古学在中国的成绩，有两件值得称述。一为发现中国北部的石器时代文化，一为确定中国的青铜时代文化。十余年前，旧一点的史学家笃信三皇五帝的传说，新一点的史学家只是怀疑这种传说而已；这两种态度都只取得一个对象，都是对那几本古史的载籍发生的。直等到考古学家的锄头把地底下的实物掘出来，史学界的风气才发生些转变。[33]

李济在这里论述的是考古学性质的历史相对古史载籍的独立性。对于三皇五帝的传说，考古学既没有必要否定，也没有必要肯定。

不用文献中出现的朝代来进行时代划分，而是运用考古学独立的时代划分，根据发掘的实物来建构历史，这样的工作与文献没有必然的关系。李济等进行的考古发掘，目的并不是印证文献上的古史，从这种立场出发来看，主张二重证据法的王国维与顾颉刚之间的区别，其实非常之小。

傅斯年去世之后，李济为其在史语所的部下考古学者石璋如制作的年表作序，体会傅的意旨，论述中国学术中考古学的新意。

> 田野考古终极的目的，自然是寻找史料，但其开始必自调查入手。这里包括对于史学观念的一个基本改变。古之所谓博学者，为读穷万卷书——有字的书；治史学也只是如此。故治史学的入门，就是读史。但是傅先生虽是一位极博学的人，他办史语所却不以"读书的人"自居；他要把历史学建设得像生物学地质学一样；故他所奖励的是——跑腿儿能"找东西"的人。……
>
> 中国学术界接受科学方法是很晚近的事，不必讳言。有一次斯文赫定告诉中国的科学家说："李希霍芬……始终不相信，中国的斯文秀才会放弃蓄长指甲，出门坐轿子并带一个书童侍候的习惯。"他的意思，就是"田野工作"是欧洲科学家的法门；中国秀才不但不会学，也学不会的。但是斯文赫定说："假如李希霍芬晚生五十年，他的意见就一定不是这样。"[34]

在此所谈的毕竟还是考古学从书籍中的独立，可见李济的考古学与傅斯年的思想有着强烈的共鸣。但是，李济虽然在年少时期多少也学习过中国古典，其主要的教育还是在作为留学预备学校的清华学校以及美国所接受的，专业也是心理学、社会学和人类学。在这种意义上来说，他没有傅斯年那种对于古籍的深厚造诣，因此其对文献的态度，也没有带上傅那种过激色彩，总的来说是比较淡然的。

活跃在美国的考古学者张光直是李济的学生，在李济去世之后，他写的回顾其业绩的短文中，很好地传达了李济作为近代考古学者的形象。文中写道：

> 传统中国的古物趣味中的青铜器分类，无论在概念上还是在方法论上，都是混乱的，长期的历史重荷（burden），以及中国重视文字超过实物的传统，都阻碍了其发展。古典文献中的用语被随意地用于器物，而且，一旦如此使用，作为其结果而形成的分类，就被赋予了毫无保证的具体性质。为了校正这一问题，李济计划对于陶器和青铜器的分类，采用纯粹的形态学的方法。……这一分类体系如今已经成为中国考古学的语言的一部分。[35]

这里不仅谈到了考古学从文献中的独立，更谈及文献对考古学性质的近代的、科学的认识的妨碍。“重荷”一语是多么深刻的感受啊！

但是，这些应该说只是李济表面的形象。实际上，从其他史料来看，会发现他还有另外一种形象，那是被文献所制约的考古学者的形象。关于作为中国人组织的最早的考古发掘而出名的西阴村遗址发掘，李济在提交佛利尔博物馆的初步报告中，如此写道：

> 选择西阴村这个史前遗址，主要是因为它覆盖的面积比交头河遗址为大；部分地也是由于它的位置正处在传说中夏王朝——中国历史的开创时期——的王都地区的中心。[36]

考古学本应该从文献中独立出来，但是，在工作的出发点上，即选定发掘地点的时候，文献记载发挥了作用，虽说只是“部分”作用。当然，发掘文献中记载的王朝的位置，未必就可以断言印证文献就是第一位的目标，但是，两者毕竟具有亲和性。这种与文献的关联，在出版的正式的发掘报告《西阴村史前的遗存》中就看不到了。这大概是因为没有必要写，而且也不想写吧。

这次发掘结束之后，在清华大学举行了梁启超主持的欢迎会，李济发表了演讲，戴家祥回忆道：

> 李老师首先说明，选择山西为工作对象的动机，是《史记》上讲道："尧都平阳，舜都蒲坂，禹都安邑。"这些行政名城都在山西。[37]

这里不仅提到了夏，甚至还提到了尧和舜。尧舜禹正是顾颉刚等强烈怀疑其真实性的圣王，由此可见，如果认为李济是为了寻找对疑古的反证材料而进行发掘，也并非不可思议。

重要的是，听到李济的这一说明之后，王国维如此对学生做了补充说明。

> 静安先生又说："我主张找一个有历史根据的地方进行发掘，一层层掘下去，看它的文化堆积好吗？"[38]

在此，李济以文献为根据选定发掘地点的做法，受到了强烈的肯定。对于主张与文献印证的王国维而言，做出这种评价可以说几乎是唯一的可能。作为考古学者的李济，在内部报告书和公开发表的报告书的记载之间有着微妙的区别，很难想象他对自己这种态度没有感到任何不适。恐怕这是考虑到当时中国的情况——考古学的观念尚未普及，拿出文献的记载来进行说明比较容易为人接受，容易得到支持——而采取的策略性的态度吧。在前面引用的回忆文字中，对李济和梁启超的差别进行了说明的戴家祥，也以殷墟和城子崖的发掘为例，肯定这一手法道："有历史根据的文化遗址，用近代科学的考古发掘，这就是李老师在我国考古工作中做出的卓绝贡献。”[39]而且，直到今天，还有人沿袭了这一判断来评价李济。

> 1925年，王国维先生在研究院讲授《古史新证》，明确提出纸上史料与地下史料互相印证的“二重证据法”，成为考古学研究的理论先驱。……王国维先生发表了《最近二三十年中中国新发见之学问》，李济先生也发表了《中国最近发现之新史料》，足相辉映。……李济先生在1926年之所以选择去山西汾河流域调查，是由于他看到《史记》载有尧都平阳，舜都蒲坂，禹都安邑，这些都邑都在山西西南部，这表明他的考古工作并不脱离所谓纸上史料的载籍，而是和古史研究密切地结合为一体。20年代，正是对载籍中的古史进行考辨的鼎盛时期。[40]

这里强调了李济和王国维的亲和性，进一步可以说，连“考古学”这一用语所表达的学问的内容都被改变了。考古学非但没有从文献中独立出来，反而以印证文献为目的。被用这种形式来评价，李济在心理上的感受姑且不论，从学术的立场出发应该是无法接受的吧。然而，这种评价之所以会产生，其原因应该就在于李济自身在心理上或者在战略上的妥协。[41]

由此可知，在中国近代考古学的创始过程中，古典文献的记述还在发挥影响，甚至一直持续到现在。如果用追求与文献相印证的形式来推进考古学的话，考古学将会丧失独立性，萎缩为文献史学的附属品，中国在20世纪20年代出现的追求非文字历史的新趋势，将会发生180度的大转向，考古学的主角将会被折断。

3 郭沫若的考古学——与傅斯年和李济的异同

在提到20世纪30年代中国的考古学时，还有一个不可以遗忘的人是郭沫若。郭在20世纪的中国，是用唯物史观重新考察中国古代史的代表人物之一，因为在史料上主要依据甲骨文和金文，且号为鼎堂，所以被与罗振玉（雪堂）、王国维（观堂）、董作宾（彦堂）并称为四堂。而且在1948年的中央研究院第一次院士选举中，在考古学方面，与李济、董作宾、梁思永共同当选。

在评价郭沫若的史学的时候，向来主要注目于郭依据唯物史观这一点，从中解读出其与中国以前的史学之间的断绝，这可以说是一般的观点。但是，从甲骨文研究的方面来看，不如说郭沫若其实正处于中国当时的史学新潮流——不仅利用传世文献，也广泛利用考古学史料的倾向——之中。

郭沫若在1928年流亡日本之后，耽读与唯物辩证法有关的书籍，其后又读《周易》、《诗经》、《书经》，写了《周易的时代背境与精神生产》、《诗书时代的社会变革及其在精神生产上的反映》，都收入在1930年出版的《中国古代社会研究》中。但是，其中有这样的思考：

> 在文一做好之后，自己便有点踌躇起来了。《诗》《书》《易》这三部书尽管是为一般人所相信的可靠的书，但那是在世上传了几千年的，有无数的先人之见掺杂在那儿，简编既难免偶有夺乱，文字也经过好些次的翻写，尤其有问题的，是三部书的年代都没有一定标准。因此我从那三部书里面所建筑出的古代观，便不免有点仅是蜃气楼的危险。因此我也就切实地感觉着有研究考古学以及和考古学类似的那类学识的必要。我的对于甲骨文字和殷周金文的研究，便从这儿开始了起来。[42]

区分经书中的真伪，关注成书年代，这些在疑古的动向中都是第一位的问题，但是，郭沫若对这些并没有多么在意，很快就把目光转向对甲骨文和金文的研究。他对于作为同时代的先行者的罗振玉和王国维，予以高度评价：

> 中国之旧学自甲骨之出而另辟一新纪元，自有罗王二氏考释甲骨之业而另辟一新纪元，决非过论。言“整理国故”，言“批判国故”，而不知甲骨文字之学者，盲人摩象者之流亚而已。[43]

但是，重要的是郭沫若还潜藏着对中国传统的考古学的批判。“北宋以来的金石学……只是欧洲方面所说的记铭学（epigraphy）……只是一些材料的杂糅，而且只是偏重文字，于文字中又偏重书法的。材料的来历既马虎，内容的整理又随便，结果是逃不出一个骨董趣味的圈子。往年我曾称那种学问为‘纸上的杂货店’。”[44]这里显示了他对非文字资料的志向。郭沫若对刊行《铁云藏龟》的刘鹗和罗振玉都一概批判为“骨董趣味”[45]，但同时也充分注意到罗振玉致力于古器物收集，说：“罗氏在中国要算是近世考古学的一位先驱者，他的搜藏与从来骨董家的习尚稍有区别，他不仅搜集有文字的骨片，他还注意到去搜集与骨片同时出土之各种器物。”又评价罗振玉的《殷墟古器物图录》道：“此为研究甲骨者所不可不读之书，中国人研究古物嗜谈文字而不知考古，即今人之研究甲骨者亦忽视此书，甚可怪异。”然后表达了自己的期待：“将来如有学术团体能于小屯举行科学的大规模的掘发，则古器物之出土必且更丰富而可信赖，而地层之研究，人体之研究，如有宫趾或墓趾存在时则古代建筑之研究与营葬习惯之研究等等，必更能有益于学术的记述。”[46]

郭沫若的这种态度，即使从其发表的时期来考虑，也无疑是和史语所的殷墟发掘有着共同的方向。地层的研究和人体（出土人骨）的研究是李济极其重视的，而郭沫若在读了《新获卜辞写本》后对董作宾的批判，与李济在给傅斯年的书信中对董的批判[47]，正处于同一轨道之上。郭沫若的批判如下：

惟惜董君于近代考古学上之知识，似无充分之准备。发掘上所最关紧要的地层之研究丝毫未曾涉及，因而他所获得的比数百片零碎的卜辞还要重要的古物，却被他视为“副产物”而忽略了。

具体而言，作为出土的副产品，董作宾所列举的“铁”，对于判断殷代是否处于金石并用时代，是意义极其重大的出土品，而董作宾对此仅道“待考订”，没有注意到如果从地层中脱离出来的话将会无法推定年代。郭沫若指出上述问题之后，对李济的发掘寄予期待。[48]

以上显示了郭沫若与李济的共同点，而郭沫若与傅斯年也有共通之处，即使用“斯文扫地”一语来批判传统的读书：

中国的一些大人先生们看见年轻人不大搅古学，动不动便要发出浩叹，道一声“斯文扫地”。其实据我的经验看来，凡是有了科学的素养的人，如要回头来搅搅古学，那“斯文扫地”的叹声倒是该由我们来发出的。一些大人先生们，大多只是些纸老虎，有点钱买得点子巾箱夹板来，不外是拿去装饰一下壁头；其有真正的“斯文”中人，有本领去“皓首穷经”的，也正十足地表现着他们是笨伯。一部经书，有多么点子大道理，公然值得人皓首去穷！然而穷得通都还是好的，事实上连能认得几个古字的老学究都找不出好几个。呜呼——且让我来浩叹一下吧——真真是“斯文扫地”矣乎！[49]

这里的主张是，仅靠研究经书不可能阐明古学，若不依据利用甲骨文等出土资料的科学的考古学，已经不可能研究古学。郭沫若其实是重复了他自己以前在《中国古代社会研究》中的主张：“我们要跳出了‘国学’的范围，然后才能认清所谓国学的真相。”[50]而傅斯年则一面主张：“我们反对‘国故’一个观念。……扩充材料，扩充工具，势必至于弄到不国了，或不故了，或且不国不故了。”[51]一面在史语所推进中国史研究，考虑到这一点，甚至可以说郭沫若的言论与傅斯年实为同调。

当然，郭沫若与傅斯年和李济也存在很大的分歧。郭沫若的第一目标在于通过考古学解明中国古代的生产关系和社会阶段。在《中国古代社会研究》的序中，郭沫若对国学展开议论之后，突然笔锋急转，强调：“本书的性质可以说就是 Engels 的《家族私产国家的起源》的续编。”又道：“谈‘国故’的夫子们哟！你们除饱读戴东原王念孙章学诚之外，也应该要知道有 Marx、Engels 的著书，没有唯物辩证论的观念，连‘国故’都不好让你轻谈。”[52]。这是傅斯年等甚至不屑一顾的观点。

那么，应该怎样把握傅斯年等与郭沫若的区别呢？在从来的研究中，一般认为傅斯年等的史学是实证主义或者史料学派，而郭等的唯物史观是史观学派。[53]然而，这种对比反而会使人很难发现，其实郭沫若的史料观和李济、傅斯年非常接近。

更加切近实际情况来说的话，真正的差异应该可以说是在于叙述上古史的语言的不同。傅斯年和李济，特别是李济，如前文所阐明的，其目标在于运用近代考古学的知识体系和语言来重新叙述历史。与此相对，郭虽然也使用考古学的分类方式，最终目的则在于将马克思主义史学的分类和用语（原始共产制、奴隶制、封建制……）应用于中国古代史。无论是近代考古学还是马克思主义，和中国传统的文献和学术都是断绝的，都是近代西方的产物。傅斯年、李济两人与郭沫若的差异可以说正是在于，当谋求历史叙述的语言从传统的分类标准、语言向近代转换的时候，最终选择了不同的语言。郭沫若虽然批判经书，成为其依据的可以说是作为新的经书的马克思、恩格斯的著作，无论他多么重视考古学揭示的无文字的历史，在受制于“文字”这一点上，却没有改变。另外，郭沫若自己写道，他流亡日本之后，耗费了十年精力所从事的，正是甲骨文、金文的研究，实际进行考古发掘的希望自然是没有实现，终归只是研究“纸上的杂货”（即甲骨文、金文的拓本之类）而已。[54]

代结语——章炳麟的反击

傅斯年和郭沫若还有一个共通之处，都批判章炳麟。傅斯年反对“国故”的时候，将章炳麟一派视为主要的论敌[55]，还曾强烈批判章炳麟的中国语言学研究是要返回到两千多年以前。[56]要而言之，在傅斯年看来，章炳麟的学问已经落后于时代。在另一方面，郭沫若则批判章炳麟不相信甲骨文，视其为伪作这一点。读了董作宾的《新获卜辞写本》之后，郭沫若写道，由此可以封住以卜辞为伪作者（指章炳麟、饭岛忠夫）之口。[57]这也是批判章炳麟没有看到史学发展的新方向。

但是，20 世纪 20 年代以后逐渐从舞台表面消失了身影的章炳麟本人，并没有沉默。1932 年，已经步入晚年的他在燕京大学进行了“论今日切要之学”的演讲。他认为所谓切要之学就是要适合于求是和致用之道而已，关于古文字研究，他如此论道：

> 考古文字，此亦求是而不切要之学也。若今日举国学子欣欣然考证龟甲，研求钟鼎，推求陶瓦，各自以为得。其考证甲骨者则凿凿于某字《说文》作某，钟鼎又作某，某字应读某声，穿凿附会之态较之研究钟鼎者尤为可笑。而不知龟甲之真伪本

难分别，何况其证据又薄弱无力！至于钟鼎本系金属，真伪尚易辨别，然考证其文字，终觉无味。……夫文字递变，必据有形迹者以为推。假如佐证毫无，而欲妄加揣测，正如外人到中国听戏，纵赏其声调铿锵，而于曲中旨趣则茫乎无所知矣。[58]

1935年章炳麟的演讲是这样说的。虽然比较长，还是引用一下：

今人以为史迹渺茫，求之于史，不如求之于器。器物有，即可证其必有，无则无从证其有无。余谓此拾欧洲考古学者之唾余也。凡荒僻小国，素无史乘，欧洲人欲求之，不得不乞灵于古器。如史乘明白者，何必寻此迂道哉？即如西域三十六国，向无史乘，倘今人得其器物，则可资以为证耳。其次，已有史乘，而记载偶疏，有器物在，亦可补其未备。如列传中世系籍贯、历官之类，史或疏略，碑版在，即可借以补苴。然此究系小节，无关国家大体。且史乘所载，不下万余人，岂能人人尽为之考？研求历史，须论大体，岂暇逐琐屑之末务？况器物不能离史而自明。如器有秦汉二字，知秦汉二字之意义者，独非史乘所诏示耶？如无史乘，亦无从知秦汉二字为何语也？即如陕西出土之秦汉瓦当，知陕西为秦汉建都之地，乃史乘之力。据史乘，然后知瓦当为秦汉之物，否则又何从知之？且离去史乘，每朝之历年即不可知，徒信器物，仅如断烂朝报，何从贯穿？以故，以史乘证器物则可，以器物疑史乘，则不可。以器物作读史之辅佐器则可，以器物作订史之主要物则不可。如据之而疑信史，乃最愚之事也。[59]

当时已经证明，大量的钟鼎和甲骨都是真史料，而且近代考古学的说明能力也不止于章炳麟所谓的“枝叶”，所以不得不说他的主张很有问题。但是，即便有这些问题，章炳麟的主张也不能单纯视为被时代遗弃者的妄言，这一点大约是肯定无疑的。章炳麟在这里提出的是，史料的性质和等级的问题。对他而言，经书和自古传来的史书，作为传达古代史事的书籍，是认识的前提，比甲骨文更可信。章炳麟基本上是相信古书的，更准确地说，是相信古人。古代书籍是历经多人之手的有意识的、无意识的改变之后而形成的，已经无法保持原状，所以不能轻易相信，这是当时一般性的认识，与是否采取疑古的态度无关。但是，章炳麟却反过来主张，正是因为古书是经历了漫长的历史时期而流传下来的，经过很多史家的考订，所以可以信赖。比如他在别的演讲中如此论道：

> 昔蜀之谯周，宋之苏辙，并著《古史考》，以驳正太史公。夫上下数千年之事，作史者一人之精力，容有不逮。后之人考而正之，不亦宜乎？……古人之治经史，于事理所必无者，辄不肯置信……又同为一事，史家记载有异，则辨正之，如《通鉴考异》之类，此史学者应有之精神也。[60]

单独一个史家，无论多么伟大，当然都有其局限。所以有必要花费很长的时间，由很多优秀的头脑来补正。传世文献是暴露在众人视线之下的公共知识体系，流传到现在的都是能够经得起长时间考订的，所以值得信赖。与此相对，甲骨文、金文长期沉睡在地下，突然冒了出来，尚未经过长期考订的鉴定。而且，一个一个出土物都是片断的，缺乏典籍的体系性。所以，其作为史料的优先性，远在典籍之下。另外，非常重要的一点是，章炳麟指出，作为历史认识的基础，排除经典是绝对不可能的。出土史料借助典籍才能够明确其在历史中的位置。关于这一主张，如果和前述对王国维而言的出土史料的意味，以及对李济而言的文献的意味，结合起来一起思考的话，越发意味深长。

从章炳麟的立场出发来看王国维的工作，会怎样对其加以把握呢？在章炳麟看来，利用甲骨文来印证《史记》，完全是颠倒了。不如反过来说，最多只是用《史记》证明了甲骨文乃是真史料而已，实际上，章炳麟大概判断甲骨文是根据《史记》而伪造的。而郭沫若认为古物“没有经过后人的窜改，也还没有甚么牵强附会的疏注的麻烦，我们可以短刀直入地便看定一个社会的真实相，而且还可以判明以前的旧史料一多半都是虚伪”[61]，就成了“最愚之事”。

章炳麟的反击，其主张本身的问题姑且不论，实际上提示了对思考近现代中国学术史非常重要的事实。

如上所述，对默证法的批判，还有王国维展开的批判，都是对疑古的反击。但是，无论怎么批判默证法，对文献的信赖都不可能再回复原状，“不能说没有”，这一说法本身，就已经是以怀疑为前提的回答。而且，王国维自身也有着巨大的矛盾，他在《殷周制度论》中，重视殷周交替的道德意义，赞颂周德。这正是传统的正统的态度。但在另一方面，王国维严肃认真地完成了“二重证据法”这种巨大的价值颠倒，从章炳麟所指出的意义上来说。在这种意义上来说，甲骨文字的发现以及用其来印证古史的行为，其实反而意味着传统文献价值的低落与疑古密切相关。在此存在的巨大鸿沟——王国维究竟在多大程度上自觉到了呢——与王国维的自杀，应该说绝非无关吧。郭沫若早已指出，王国维的《海宁王忠慤公遗书》“外观虽然穿的是一件旧式的花衣补褂，然而所包含的却是近代的内容。这儿正是一个矛盾。这个矛盾正是使王国维先生不能不蹈水而死的一个原因。王先生，头脑是近代式的，感情是封建式的。两个时代在他身上激起了一回剧烈的阶级斗争，结果是封建社会把他的身体夺去了”[62]。章炳麟的见解，可以说是对郭沫若的这一解说进行了学术史的注释。

王国维的另一悖论是，对“地下材料”的提倡，恐怕是以他本人并未意识到的形式，与向文字以外的世界探求历史的志向密切相连。傅斯年和李济继承了这一志向，开始了考古学发掘。他们一方面从对传统读书的恩仇之念出发，一方面从近代西方的学术观点出发，的确一度显示了贬斥文献的态度。一旦通过疑古怀疑文献，从而打开了潘多拉盒子，就已经再也难以回到从前。但是，恐怕也与他们自身的民族主义感情有关，又针对围绕着疑古的论争，提出了“历史的重建”的立场，由此，反而采取了与文献不即不离的态度。另一方面，打开潘多拉盒子的始作俑者顾颉刚其人，却比谁都更显示出了对文献世界的执着。前面也曾指出郭沫若所说的“考古学”与其实际从事的工作之间的距离。他们都无法实现自己的志向、行为和结果的一贯性，志向和行为总是不断曲折迂回。

作为少数自觉的例外，我们必须要提到章炳麟和陈寅恪。陈寅恪恐怕比谁都更显示了对王国维的学术的理解，但是，对于当时围绕着上古史的争论，他却一贯采取了不参与的立场。陈寅恪比傅斯年留学西方的时间更长，大概他已经充分地意识到了，关于上古史的议论本身，将会伤害到文献以及其所传达的中国的历史系谱。当王国维看似登上了学术声誉巅峰的时候，实际上他已经满身疮痍，终于自杀。陈寅恪身处清华国学研究院，近距离看到了这一切。他后来是把从魏晋南北朝到隋唐，直到明作为自己的研究范围。对陈寅恪而言，六朝以后是中华在吸收各种异族和异文化的同时，实现了自身繁荣的时代。即使同样从民族主义的志向出发，假如在上古史这一危险的领域中追溯中华民族的起源的话，也难免会陷入泥沼不能自拔，他也许已经意识到这一点了吧。

章炳麟给人的启示，大概可以简洁地总结为，要使传统与近代调和连续起来，绝非易事。利用近代来为传统赋予活力，延长性命，反而可能会使传统自身发生根本的变质。而且，从传统的角度出发，也可能出人意料地反戈一击，拒绝接受这种治疗。另外，从近代的角度出发重新考察历史，也可能无论如何都无法摆脱作为历史前提的传统。而如果反过来想要利用传统的话，同样也可能引发矛盾。传统也好，近代也好，都不是可以根据自己的需要而随意选择利用的。章炳麟的言论可以说正是揭示了这一矛盾状况，如果要着手调和两者，还不如沉潜于传统更加正当和有益。章炳麟当时被新进者视为守旧，被嘲笑是时代的落伍者，看起来似乎处于最守旧的位置，却提示了对新潮流进行整体性批判的逻辑依据。

但是，如果要问章炳麟自身果真只是沉溺于传统之中吗？却也不能这么说。再回顾一下他在 1932 年的演讲吧。对其而言，所谓切要之学究竟是什么呢？

> 今日切要之学是什么？曰历史也。……现在的青年应当知道自己是什么时候的人，现在的中国是处在什么时期，自己对国家负有什么责任。这一切在史志上面全都可以找到明确的答复。若是连历史也不清楚，则只觉得眼前混沌万状，人类在那里栖栖皇皇，彼此似无关系，展开地图亦不知何地系我国固有，何地系我国尚存者，何地已被异族侵占？问之茫然无以对者，比比然也，则国之前途岂不危哉！一国之历史正似一家之家谱，其中所载尽已往之事实，此事实即历史也。若一国之历史衰，可占其民族之爱国心亦必衰。盖事实为综错的，繁复的，无一定之规律的；而历史乃归纳此种种事实，分类记载，使阅者得知国家强与弱的原因，战争胜败的远因近因，民族盛衰的变迁，为人生处世所不可须臾离者。[63]

在此首先应该注意的是，章炳麟所说的“历史”，与本文所考察的王国维、顾颉刚、傅斯年、李济、郭沫若所说的“历史”都不相同。从其对“尽既往之事实”的阐述可知，他认为史志不必等待考古学的发掘，已经提供了充分的材料。而且，这场演讲，在批判古文字学之前，先对远古史的研究批判道：“今日一般学者忽于近代之史，而反考证三代以上古史如《山海经》等孳孳不休。正如欧西学者日夜研究古巴比伦、埃及等国的文化，同样的无味。”[64]由此可见，章炳麟以为必要的“历史”，重视的不是上古，而是近代。

这显然是强烈地受到了1932年这一历史时期的影响，是考虑到“九·一八”事变的发言。章炳麟在演讲中接着感慨那种因为不读史志，跟着外国人说东三省不过是附属地，不是中国本土，舍弃了也没有关系的说法。然后，他讲道：

> 即以明清论之，明清两代东三省皆为我国固有之版图，今竟因不明史志而疑固有的国土为附庸之地，其害较不读经书为尤甚，盖不晓得周公、孔子的名字，仅遗忘一二死去的人而已，无关国家之得失，若不晓得历史则几乎茫茫然遗失了东三省千百万方里的土地，其为害驾于经书之上。……故谓历史为掌故亦可，谓之为民族的家谱亦无不可。……史志之全帙虽繁，读司马光之《资治通鉴》则简而易行。今之青年既知史志为切要矣，当视为新发现之宝物去日夜看他才好！

所谓“视为新发现之宝物”，也带有史志比甲骨文等重要得多的含义。章炳麟的结论是：“历史上之陈迹即为爱国心之源泉，致用时之棋谱。其系于一国之兴亡为用尤钜，故史志乃今日切要之学也。”[65]

在此可以看出，章炳麟与之前所考察的学者们还有一个对立之处，那是围绕着近代学院主义而展开的。近代学院主义确立了一个原则，即大小各种知识的增进本身具有独立的意义。基于正当的根据和推论而追求“真实”，如果不是真实的，任何主张都没有价值。这正是章炳麟所描述的“求是”之学。知识的增加带来新的问题，然后开始新的研究，知识被不断再生产。学院主义的理想状态，正是提问、研究和获得知识三者之间形成自足的、永恒的循环。前节之前所考察的那些学者，可以说正是在这样的原则之下进行研究的，当然，这只是原则，和现实之间经常存在错位。王国维称颂周公之德，顾颉刚破坏中国历史上的偶像，傅斯年燃烧着与西方和日本学者进行竞争的意识，郭沫若向往革命。但是，这些背后的意图，并没有动摇“原则”本身。他们的论争并不是在意图的层次上进行，而完全是在所谓“真实”到底是什么的层面上展开。

章炳麟的批判，可以说归根到底是对这种学院主义的批判。章也不会否定“求是”本身的意义，但是他批判那种认为仅仅“求是”便可自足，委身于与“致用”无关的“是”的做法。学院主义所追求的“是”是没有界限的，而章炳麟以为必要的“是”，指的是对于“致用”而言为必要，其范围大体是由传统所规定的。而且，对章炳麟而言，与发现新知识相比，更重要的是学习传统知识。所谓“致用”是与“现在”相对应的，由此来看，可以说学院主义这种“近代”正是在“现在”这一舞台上受到了“传统”的攻击。然而，当章炳麟谈到“爱国心”的时候，他就已经是处于“近代”的框架之中了。

另一方面，现实中的学院主义并非真的能够纯粹的自足，这一点无论地域如何，大概都没有特别说明的必要了吧。傅斯年在“九·一八”事变的时候，写《东北史纲》，也利用了当时考古学的发现，来论证自古以来东北就是中国的一部分。又如郭沫若所说，明确中国古代在世界文化史中的位置，从学术上来说在当时也有着燃眉之急，因为当时考古发掘的世界性潮流是带有浓厚的文化政治的意味，难以摆脱殖民主义的倾向。[66]傅斯年等人的反应，可以说是面对当时以学术为自身武器之一，向中国袭来的近代帝国主义和殖民主义，自己也以学术为依据奋起对抗。在这种意义上来说，面对章炳麟的批判，他们完全可以反论说，古代史研究也可以有效地致用。然而，那就脱离近代学院主义本来的宗旨了。

如此，从致用和学院主义的问题出发来进行考察，就可以发现章炳麟与其他学者在立场上也是相互交错的。行文至此，问题已经不再单纯限于对考古学的回应和上古史研究的方法论的范围了，更进一步的考察只能期以别稿再论。

梁启超的孔子观及其意义

高柳信夫

前　言

对于就中国发表言论，或者在中国发表言论的人而言，“孔子”绝不仅仅是一个历史人物的名字。今天，有一个承担中国政府的世界文化战略部分任务的组织，被命名为“孔子学院”。看到这一事实便能够明白，即使是在现代，“孔子”依然作为具有各种各样含义的“象征”而发挥着作用。

这种情况，在清末民初的时候也是一样的。在当时，如何论述“孔子”，都不可避免地反映了论者自身的思想立场。

岛田虔次曾经在《辛亥革命时期的孔子问题》[1]一文中指出，在清末思想界，在清朝考证学的展开等的延长线上，诞生了“被降格为诸子之一的孔子”、“作为神秘的宗教人物的孔子”和“开明的孔子”等新的孔子形象；在清末将这三者综合起来的是康有为（1858—1927）的“孔教”，与辛亥革命以后的孔教会的运动密切相关。该文进一步论述道，与康有为的“孔教”的“作为宗教教主的孔子观”相对立，章炳麟（1869—1936）提出了“作为民族文化的伟人的孔子观”；无政府主义团体所提出的观点，则可以看作是以后新文化运动时期的否定性孔子观的萌芽。关于在清末思想界拥有压倒性影响力的梁启超（1873—1927），岛田首先指出梁启超当初和其师康有为“同样是热心的孔子主义者，而且是孔教主义者”，但是在1902年的《保教非所以尊孔论》以后，梁启超“除了出于礼节与客气，或者偏离正题而提及之外，几乎不再谈及‘孔教’”[2]。当然，岛田也指出，梁启超并非与孔子或者孔教再无任何瓜葛。[3]但是，从结果上来看，仅就孔子问题而言，梁启超被认为只是个辅助性的人物。

众所周知，康有为基于不同于传统儒教的三世说，认为孔子真正的教义在于，世界的发展进步要经历“据乱→升平（小康）→太平（大同）”三个阶段，每一个阶段都有与其相适应的不同的制度和伦理。而孔子预先为“小康”、“大同”等阶段制定了相应的制度和伦理，是一个“预言者”性质的人物。康有为进一步主张，在中国，由于刘歆等制作“伪经”，孔子真正的教义被掩蔽起来，以至于社会的发展停滞不前。与此相对，以前被看作是夷狄的近代西洋的制度、伦理，符合孔子真正教义的部分其实很多，中国应该以西洋为范本，进行改革。这样做非但决不意味着中国的“夷狄化”，反而正是实现了孔子真正的教义。然后，立足于这样的逻辑，康有为及其门下弟子（梁启超是其中最具代表性的一位），推动了甲午战争以后的改革运动，最后发展为1898年的戊戌变法。

当此之际，康有为活动的特征之一是设想尊孔子为“教主”，将其作为进行礼拜的对象，成立“孔教”，并通过将其国教化，作为中国国民统一的核心。这一构想的范本主要是基督教。康有为一贯强调作为宗教的“孔教”的重要性。在19世纪末的维新运动时期，“保教”与“保国”、“保种”是并举的三大口号。在中华民国成立之后，作为孔教会的实际指导者，康有为展开了要求在宪法中规定“孔教”为国教的运动。而且，在戊戌政变之后到辛亥革命之前，康有为流亡海外，他与弟子们为了向海外华侨普及“孔教”，也进行了积极的活动。

就康有为等人作为一种宗教运动而提倡的“孔教”而言，1902年以后的梁启超并未发挥多少积极作用。在这种意义上，大概也可以说梁启超与“孔教”的关系，不出“礼节与客气”的范围。但是，如果暂不考虑康有为那种把孔子奉为教主的“孔教”，便不能说因为梁启超脱离了康有为的“孔教”，就意味着孔子对梁启超就变得不重要了。其实，梁启超宣布告别康有为的“孔教”的文章，题目被定为“保教非所以尊孔论”。由此也可以看到，梁启超强烈地意识到，自己与“孔教”划清界限的立场，才是真正的“尊孔”，反过来说，尊奉康有为的那种“孔教”，绝不是真正意义上的“尊孔”。

即使是在1902年以后，梁启超谈及孔子的时候，也几乎总是强调孔子的思想和行动是如何对现代中国也有意义，虽然他有时也会指出孔子作为历史人物的局限性，但基本上不曾对孔子做出过简单否定的评价。

也就是说，完全可以把梁启超在1902年以后针对孔子的发言，理解为是采取了与康有为不同的形式，摸索孔子或尊孔的现代性意义。这一事实提示我们，完全可以把梁启超作为在近代中国思想史上的孔子问题中的重要出场人物之一来进行把握。

到目前为止，讨论梁启超的思想与儒教（或者儒家思想）关系的研究有着数量庞大的成果，其中，也有不少涉及其关于孔子的议论。特别是1902年对“保教”的批判，作为梁启超摆脱康有为影响、确立独自的思想立场的象征性事件之一，其意义得到了充分的承认。[4]另外，中华民国成立以后，梁启超有关孔子的发言，作为显示其文化上的保守主义立场的证据，也经常被提出来讨论。[5]但是，即使是在这些研究之中，也几乎没有对梁启超的孔子观本身进行深入探讨。

因此，本稿打算聚焦于梁启超的孔子观这一问题，对其进行通史性的考察，探讨其思想意义。如前所述，即使在脱离康有为的“孔教”之后，对梁启超而言，孔子依然是一个特别的存在。而且，随着时间的流逝，孔子进一步被赋予了超越儒家、儒教等范畴的突出意义。下面计划追踪梁启超的孔子观的这一变迁（也许可以说是发展、深化）过程。

1 与“孔教”诀别？——《保教非所以尊孔论》前后

梁启超在 19 世纪末的维新运动时期，处于康有为的压倒性的影响之下，他对孔子的看法，基本上与康有为类似。

例如，在 1896 年的《西学书目表后序》中，列举了为认识中国学问的真正价值所应注意的要点。其中关于“经学”写道，“当知孔子之为教主”，“当知六经皆孔子所作”，“当知六经皆孔子改定制度以治百世之书”，等等，强调了作为预言家性质的“教主”的孔子形象。[6]另外，在岛田虔次的论文《辛亥革命时期的孔子问题》中，作为显示梁启超之为“孔教主义者”的证据，也引用了他在 1897 年的《湖南时务学堂学约》第十条的“传教”项中，主张应该将孔子的太平大同之教传布于万国。[7]

但是，梁启超在戊戌政变之后流亡日本，通过阅读日本书籍接触到近代各种学问的新知识，思想发生了很大变化。他自己也说是“思想为之一变”[8]。然后，在 1902 年 2 月发行的《新民丛报》第 2 号上发表的《保教非所以尊孔论》中，劈头便写道“此篇与著者数年前之论相反对”[9]，宣布了与康有为的“孔教”的诀别。

在这篇文章中，梁启超列举了很多反对“保教”的理由，其中最大的理由在于“保教之说束缚国民之思想”这一点。梁启超认为：“文明之所以进，其原因不一端，而思想自由，其总因也。”[10]在他看来，宗教以起信（产生信仰）和伏魔（排除邪说）为不可或缺的要素，因此，必然难免会“禁人之怀疑，窒人思想自由也”，“持门户以排外也”，对于发展到一定阶段的人类而言，是进步的障碍。[11]而“保教”倾向于把“孔教”理解为宗教，希望将其作为国教。即使仅仅就其宗教性这一侧面而言，在梁启超看来，也应该予以否定的评价。

而且，梁启超认为，与以排他性为特征的其他各种宗教不同，“盖孔教之精神，非专制的而自由的也”[12]。“孔教”不排除他者，可以从外部引入所有优秀的要素。“孔子之所以为孔子，正以其思想之自由也。”[13]从这一观点来看，“保教”的主张背离了孔子本来的精神，可以说是双重的不合适。

在《保教非所以尊孔论》中表现出来的梁启超对“孔教”的态度变化，一见之下，似乎可以建构起这样的叙事：梁启超作为康有为的弟子，曾经是热烈的“孔教主义者”，但是在流亡日本的时候，认识到在社会发展进步中思想自由的重要性，然后进一步在孔子的教义中发掘出思想自由的精神，结果脱离了康有为的“孔教”。然而，事情并非如此简单。

梁启超1899年在《清议报》上发表了题为《论支那宗教改革》的一篇文章，内容是记述其在日本哲学会的演讲的内容。演讲的目的是介绍康有为所阐明的孔子之真教旨。[14]

梁启超把康有为阐明的孔子的教旨的内容总结为六点：“进化主义，非保守主义”，“平等主义，非专制主义”，“兼善主义，非独善主义”，“强立主义，非文弱主义”，“博包主义（亦谓之相容无碍主义），非单狭主义”，“重魂主义，非爱身主义”。[15]

其中特别值得注意的一点是，这一时期的梁启超指出，“博包主义（相容无碍主义）”是康有为所理解的孔子教义的特征。关于这个“博包主义”，梁启超进一步详细说明道，如同佛教的大乘之教能够包容一切，孔子的大同之教也能够包容一切，而且，在春秋的三世说中，发展阶段不同的据乱世、升平世和太平世的法制相互抵触之处虽多，《春秋》却将其全部包含在内。[16]梁启超认为：

> 思想之自由，文明发达之根原也，听其诸说杂起，互相竞争，而世界自进焉。中庸道并行而不相悖之义，即本于春秋三世并立之义，而孔子之真相也。自汉以后，定于一尊，黜弃诸子，名为尊孔子，而实则背孔子之意甚矣，遂使二千年来，人人之思想，不能自由，有发一奇论者，则群然以非圣无法目之，此智识所以不能发达也。[17]

由此可见，根据梁启超的理解，康有为所发现的孔子的真教旨中，包含了思想自由这一原则。也就是说，在孔子之中发现思想自由的精神的，不是梁启超，而是其师康有为。在康有为的“孔教”中，思想自由的要素作为一个重要部分被包含在内，这是梁启超自己指出来的。

但是，在1920年12月，即梁启超发表《保教非所以尊孔论》之前不久，他所执笔的《南海康先生传》所介绍的康有为的“孔教”的内容，与《论支那宗教改革》有若干不同之处。

在《南海康先生传》中，第6章题为“宗教家之康南海”，其中列举了六条康有为作为“孔教的马丁·路德”所阐明的“孔子之道”。将其内容与《论支那宗教改革》比较一下可以发现，有五条内容基本相同，但是，在《论支那宗教改革》中与思想自由相联系而加以说明的“是博包主义而非单狭主义”这一条被删除了，代之以

“孔教者，世界主义，非国别主义”[18]。在《南海康先生传》中提到，“小康为国别主义，大同为世界主义”[19]，可见“世界主义”、“国别主义”的用语是和康有为的社会发展阶段论三世说相联系的，显然与思想自由的问题无关。也就是说，在《南海康先生传》中，康有为的“孔教”中的思想自由这一要素被删掉了。

关于康有为对孔子的理解，梁启超的记述之所以发生变化，能够想到的可能性有好几种，而其中不难想象的一个要因是，在从《论支那宗教改革》到《南海康先生传》期间，梁启超和康有为围绕着对自由的评价的龃龉表面化了。

比如说，在《梁启超年谱长编》收录的光绪二十六年（1900）4月1日致康有为的书信中，梁启超对康有为说，“来示于自由之义，深恶而痛绝之，而弟子始终不欲弃此义”，然后详细地论述道，自己所说的自由，是作为“中国数千年之腐败”的“根源”的“奴隶性”的反对之物，对中国而言是必需的。[20]由此可见，当时在康有为和梁启超之间，围绕着自由存在着尖锐的意见对立。可以认为，康有为对自由明确采取否定态度，这一点在《南海康先生传》中反映为关于康有为“孔教”的记述内容的变化。

梁启超作为“文明发达的根源”而特别重视思想自由，在他看来，康有为对自由做出否定性的评价，其实是背离了孔子的真正教义，这是非常自然的考虑，很可能这就是他发表《保教非所以尊孔论》的重要原因。

在《保教非所以尊孔论》中有这么一句话：“吾爱孔子，吾尤爱真理。”[21]对此多有人评论道，曾经的“孔教主义者”梁启超，形成了将孔子的权威相对化的观点，这种评价是非常合理的。只是，所谓“真理”是什么呢？对于这一点，梁启超并没有进行详细的原理性的考察。

但是，从另外的角度来看的话，梁启超设定真理这一绝对标准，也可以说是要在真理的背景之下，对孔子的权威进行再定位。

作为保教论者的问题之一，梁启超指出：“彼欲广孔教之范围也，于是取近世之新学新理以缘附之，曰某某者孔子所已知也，某某者孔子所曾言也。”[22]这可以说是把孔子的思想、言论作为正确的标准，以符合孔子教导作为根据，来论证接受新学新理的正当性。对于在接受新学新理的时候采取这种态度的做法，梁启超批判道：“不过以其暗合于我孔子而从之耳，是所爱者仍在孔子，非在真理也。万一偏索之于四书六经，而终无可比附者，则将明知为铁案不易之真理，而亦不敢从矣。”[23]

与此同时，从相反的角度来观察的话，“铁案不易之真理”，“偏索之于四书六经，而终无可比附者”的情况下，依然要像康有为的“孔教”那样把孔子作为绝对的标准的话，必然会从中产生虚伪，与保教论者的主观意图相反，可以说“保教”反而将会成为导致孔子权威崩溃的契机。

梁启超究竟在多大程度上自觉意识到了这种“危险性”呢？这一点尚不明确。但是，他在这一时期关于孔子的言论，在某种意义上也可以说是，在预先承认孔子作为历史人物的局限性的基础上，从真理的视角来判定孔子的价值，反而可以尝试保证孔子的正确性。事实上，他从真理的视角出发重新确认了“孔教”的不灭的价值，《保教非所以尊孔论》的第 7 章题为“论孔教无可亡之理”，不正是因为认为这才是真正意义上的“尊孔”吗？

也就是说，对梁启超而言，一方面将孔子的价值相对化，另一方面重新确定孔子的真正价值，这两方面的工作同时进行，才是真正意义上的“尊孔”。

正是怀着这样的问题意识，当时的梁启超首先积极地进行将孔子的价值相对化的工作。例如，在从1902年开始连载的《新民说》中，以与孔子无直接关联的盎格鲁-撒克逊为主要模型，提倡与从来的儒教不同的为近代国家的国民所必需的德目。另外，在同年完成了主要部分的《论中国学术思想变迁之大势》中，排除了儒教中心的历史观，把从来被认为是异端极其猖獗的混乱时期的先秦时代，作为中国学术思想的黄金时代来叙述，认为当时实现了思想言论的自由，实现了思想的多元性。孔子完全被看作诸子之一，与其他诸子在同一舞台上进行比较。

只是，在另一方面，值得注意的是，梁启超虽然也屡屡指出当时一般所认为的儒教学说的各种问题，但是关于孔子个人的议论，他却似乎大多是慎重地与这些问题保持距离。

例如，他在《新民说》中，一面批判旧时儒教价值观的缺陷，同时又屡屡指出，孔子真正的教义，与他在《新民说》中提倡的各种价值（“进取冒险”、“尚武”等）有一致之处。这些价值之所以在中国被丢掉了，是因为“后世之贱儒”们无视孔子等人的教义的全体，只是抽取其中符合自己需要的部分。[24]

同样的例子在《论中国学术思想变迁之大势》中也能够看到，汉代确立了儒教独尊的地位，从此以后，在政治上一直延续君主单方面的统治，没有确立民权。其主要原因在于，以荀子为代表的后人把孔子关于小康的教义，不适当地加以绝对化了，而那本不过只是孔子思想的一部分而已。[25]

另外，梁启超有时候也会论证说，孔子的教义看起来不符合20世纪中国国民的需要，那是因为它是适用于与20世纪不同的时代的状况的，反过来说，可以想象，如果孔子生活在20世纪，应该会有和当时不同的主张。

这种事例在《新民说》的《论国家思想》中也能够看到。梁启超认为，孔子在《春秋》中主张破除国界，归于一王，是因为在战国以前的时代，各国并立，国家主义盛行，带来了争乱导致的祸害等弊端，为了纠正这种极端状况，孔子才提出了上述主张。然后梁启超质问："后人狃一统而忘爱国，又岂先圣之志也?"他认为孔子之所以没有强调国家主义，正是适应当时的社会状况，对症下药。[26]

如此，可以说梁启超在《保教非所以尊孔论》中，虽然把孔子的地位相对化了，但他坚持认为孔子依然有着巨大的价值。[27]

只是，梁启超没有再特别着力强调孔子的伟大，而是在谈及中国过去的文化遗产的时候，将重点置于重新发现过去被隐蔽在儒教的阴影之下，没有被认识到其真正价值的思想家。

特别是关于墨家的思想，梁启超论道："欲救今日之中国，舍墨学之忍苦痛，则何以哉，舍墨学之轻生死，则何以哉。"[28]他认为墨子是"中国独一无二之实行家"[29]，而孕育了墨子那种行动力的正是其学说，他评价道："其学说之所以影响至重大焉。"[30]作为墨子学说的核心之一，梁启超进一步从中总结出了以类似于基督教上帝的"主宰的天"为中心的宗教思想。[31]

梁启超还提出，儒教和墨学的根本差异在于，儒教一味以人们的行为"义"或"不义"为主要问题，这在结果上导致不考虑是否能够带来利益，与此相对，墨学则主张对于正确的行为和不正确的行为，分别会由天或者鬼神降下福祸，以此来引导人们。与儒教的"义不义"之说相对，梁启超称这种主张是"祥不祥"之说。梁启超认为，如果孔子能够"兼取墨子祥不祥之义而调和之，则吾二千年来社会之现象，其或有以异于今日乎"[32]。

但是，这并不意味着梁启超认为墨学比孔子的教导更加优越。梁启超认为"耶墨两圣之教义，本无一不为孔子所涵"[33]。而且，梁启超认为，墨子等通过"祥"与"不祥"这种福祸观念来引导人们从事道德行为，是一种功利主义，与此相对，专门讨论“义”与“不义”的孔子的责任道德说，才是“诚所谓拔本塞原之论，其为道学正鹄，无疑义也”[34]。因此，就理论水平而言，孔子的学说更加圆满。

只是，就现实而言，不得不说众生的资质是汲汲于私人利害，其实很难对这样的人们提倡实行责任道德之大义，所以导致了“孔教不及于下层之人”的结果。为此，以“祥不祥”来为道德行为提供动机的墨学的议论，在作为“权法”，即作为一种方便法门的实效性这一点上，得到了肯定性的评价（但是，对梁启超而言，“实法”依然是孔子的责任道德说）[35]。

如此，对于20世纪初的梁启超而言，与中国历史上其他思想家相比，实际上他赋予孔子高度的评价。但与此同时，梁启超也有意识地把孔子的地位相对化，强调孔子也可以和其他思想家在同一舞台上，参照真理来进行比较。

但是，在辛亥革命以后，梁启超一面继续坚持孔子和真理的区别，另一面开始将孔子看作中国文明的独一无二的象征，逐渐强调孔子作为一种“特权性质的”存在的侧面。本文打算从下一节开始考察这一过程。

2 作为中国文明的象征的孔子

辛亥革命导致清朝崩溃，中华民国成立。这也意味着两千年来以皇帝为顶点的王朝体制向近代共和国的大转变。而在新的民国之中，孔子问题变得蕴涵了重大的政治意味。

民国成立之初，蔡元培就任南京临时政府教育总长，提出了《对于新教育之意见》（1912年2月）作为新的国家教育方针，认为：

“满清时代有所谓钦定教育宗旨者，曰忠君，曰尊孔，曰尚公，曰尚武，曰尚实。忠君与共和政体不合，尊孔与信教自由相违。”[36]于是产生了将儒教的东西从学校教育中排除出去的动向。与此相对，也有不少人认为这将导致道德崩溃，甚至导致中国亡国。带着这种危机感，他们组织团体，要求在学校恢复“尊孔读经”。1912 年 10 月，作为这一运动的代表性团体，孔教会成立。

另外，袁世凯就任临时大总统，掌握政府实权之后，复古趋势的增强，取代了南京临时政府时期的革新动向。1912 年 9 月，教育部通知在孔子诞生日（被认为是 10 月 8 日）举行纪念仪式。1913 年 6 月，又发布了《尊孔祭祀令》。在这种情况下，1913 年 8 月，孔教会会长陈焕章等向国会提交请愿书，要求在宪法草案中规定孔教为国教。孔教国教化问题开始凸显。之后数年间，赞否交织，各种观点论战不已。新文化运动中的儒教批判，就是在这一背景下展开的。

那么，在这样的潮流之中，梁启超对孔子问题态度如何呢?

梁启超在 1912 年 10 月结束十几年的流亡生活回国，此后主要以政党为舞台进行政治活动，甚至在 1913 年 9 月成立的熊希龄内阁中担任司法总长。次年 2 月熊希龄内阁倒台，梁启超辞去了司法总长的职务，但又被任命为币制局总裁，在任至 12 月。

作为这种活动状况的反映，梁启超归国后到 1913、1914 年之间的言论，大部分都是与政治、经济问题有关的内容，不太论及孔子或儒教。但是，辞去币制局总裁之任以后，他应创刊于 1915 年 1 月的《大中华杂志》之邀，签订三年契约，担任主笔。他在创刊号上发表《我今后所以报国者》，宣言今后脱离政治活动，在有关政治的议论方面自我克制。

作为其重大理由，梁启超道：“吾至今乃确信吾国现在之政治社会，决无容政治团体活动之余地，以今日之中国人而组织政治团体，其于为团体分子之资格，所缺实多”，“吾国欲组织健全之政治团体，则于组织之前更当有事焉。曰：务养成多数可以为团体中健全分子之人物”。[37]进而又道：“吾以二十年来几度之阅历，吾深觉政治之基础恒在社会，欲应用健全之政论，则于论政以前更当有事焉。”[38]在此基础上，他强调要作为自己“莫大之天职”，追求并议论“人之所以为人者”，“国民之所以为国民者”。[39]

在追求、议论“人之所以为人者”，“国民之所以为国民者”的过程中，他不可避免地要谈及孔子或儒教，但是其议论的基调，是立足于独自的立场。

的确，梁启超也是孔教会的会员，在1913年8月向国会要求孔教国教化的请愿书上，他也签名了，并在孔教会举行了演讲。[40]但是，可以推测的是，他与孔教会活动的关联，毕竟不出“礼节与客气”的程度，恐怕这也与当时他是政界之名士有关吧。他在1915年以后的言论，与孔教会的实质指导者康有为的主张有着很大的隔阂。

试举一例，康有为在1912年10月的《孔教会序》中，主张为了孔教而设立教会是不可或缺的，与此同时，又认为孔子完全是宗教性的教主，并批判那些否定孔子作为教主性质的“愚儒”，指责他们从非常狭窄的视野出发，以至认为“孔子只为哲学、政治、教育之名家，仅侪之于希腊索格底、伯拉图之列”。这种行为“尤愚谬之甚者也”。[41]而认为孔子是哲学家、政治家和教育家，将孔子与苏格拉底并列，正是梁启超《保教非所以尊孔论》的观点。[42]

与此相对，梁启超在1915年2月的《孔子之教义实际裨益于今日国民者何在？欲昌明之其道何由？》（简称《孔子之教义……》）中论道：“自海通以来，见夫世界诸宗，多有教会，党徒传播，其道乃昌，欲仿效之，以相拒圉。”[43]但是，“欲效彼都教会之形式以推崇孔子，其必劳而无功，明矣。劳而无功，犹可言也。苟以此倡，其弊实滋”[44]。进而，在同一文章中，指出“孔子之言虽多，可大别之为三类”，这三种是哲学、政治学和社会学，伦理学、道德学和教育学。[45]梁启超的议论，在康有为看来，可以说正是“愚儒”之论。

从这些要点来看，可以说梁启超虽然与孔教会的运动有所关联，但是其主张和孔教会运动的主导者康有为等的考虑有着相当的隔阂。

那么，梁启超在这一时期关于孔子的议论，到底有怎样的特征呢？说到这个问题，最引人注目的是，孔子被明确地赋予了作为中国文明的象征的地位。

梁启超在《孔子之教义……》中主张，“盖中国文明，实可谓以孔子为代表”，“吾国民二千年来所以能抟控为一体而维持于不敝，实赖孔子为无形之枢轴”，因此，今后的社会教育方针也只有继续以“孔子之教义”为核心才足以行之有效。[46]进而，在 1915 年 7 月的《复古思潮评议》中也认为：“试思我国历史，若将孔子夺去，则暗然复何颜色。且使中国而无孔子，则能否抟捖此民族以为一体，盖未可知。”[47]

从梁启超的这些发言来看，他虽然在把孔子看作“教主”这一点上，不赞成康有为的主张，但是在认为孔子才是中国国民全体的“统合之象征”这一点上，可以说他和康有为有着共同的理解。[48]

如前所述，对于 20 世纪初梁启超而言，孔子的确是中国历史中一个特别的存在。但与此同时，孔子未必曾被梁启超认为是中国文明本身的象征，其实，可以说他更加致力于发现在孔子或儒教之外的中国文化遗产的价值。

特别是在《论中国学术思想变迁之大势》中，梁启超在记述中国文明的起源时，认为在中国古代，黄河流域和长江流域“各自有其本来之文明，为独立发达之观”，通过南北两文明（在学术思想上，北派的代表是发自孔子的儒家，南派的代表是发自老子的道家）

调和、混合，在学术思想的层面上诞生了先秦诸子的多样性，呈现出思想史上的黄金时代。[49]梁启超的记述，似乎认为所谓中国文明起源的多样性才是中国的发展原动力。与此相对照，汉代以后的“儒学统一时代”被描述为停滞的时代。从这样的视角来观察的话，中国国民全体两千年来一贯以孔子为“无形之枢轴”，可以说并不是值得期待的事态。

但是，在辛亥革命以后，梁启超却又积极强调这一点，其背景应该是当时梁启超最大的关心在于对中国国性的重新认识。与此相关，孔子被认为是适合作国性象征的人物。

辛亥革命带来了划时代的成果，一方面，中国从王朝体制转变为近代共和国，另一方面，好不容易保持了中国统一的清王朝被瓦解了，继清朝而起的中华民国体制尚处于不稳定的阶段，从而导致了一种思想混乱的无政府状态。

梁启超自己在 1914 年 2 月的《述归国后一年来所感》中写道：“一年来之中国，其状态变迁之剧烈，盖不可思议。”“举国彷徨迷惑，几无一人得安身立命，则社会杌陧之象，终无已也。”[50]由此可见，梁启超也认为当时处于思想上的混乱状态。

在这种情况下，梁启超提出了“国性”的概念，可以说其目的之一就是试图结束这种价值观的混乱状态。

他首先于 1912 年 12 月在杂志《庸言》创刊号上发表了《国性篇》，其中论道：“国之所以立者”在于“国性”，如同每一个人各自有其独特的个性，国家也基于其独特的性质而成立。[51]然后又列举了国性的具体表现形式，如国语、国教、国俗等。[52]

又进一步指出，国性一旦分裂，国家也将随之分裂。[53]当国性衰落之时，“其国人对于本国之典章文物纪纲法度，乃至历史上传来之成绩，无一不怀疑，不一不轻侮，甚则无一不厌弃”。最后，“共同生活之基础，日薄弱以即于消灭”[54]。由此可见，梁启超认为当时面对的思想状况，正是所谓国性分裂、衰落的危机。

另外，梁启超在1915年1月《大中华》创刊之际执笔的《大中华发刊辞》中，也依然是以国性为中心展开议论。

那一次的议论，首先强调：“国之成立，恃有国性。”[55]然后论道：“东西古今已亡之国，或其本无国性不能称为国者也，或其国性尚未成熟，而猝遇强敌，中道夭于非命者也，或有国性而自摧毁之者也。”[56]又道：“若夫为深厚之国性，而其国民对于其国性，能生自觉心者，固无人焉得而亡之。”[57]

而关于中国，则论道：“以吾侪祖宗所留贻根器之深厚，吾侪所凭借基业之雄伟，吾侪诚不自亡，谁得而亡我者。”[58]

在此即是主张，第一，中国已经形成了有着漫长历史的国性。第二，中国如果有亡国的可能性的话，不可能是亡于他人之手，而只会是中国国民自己放弃了自身的国性。而且，第二点如果反过来说的话，等于是宣言只要中国人对自己的国性保持自觉，中国就不会亡。

在这样的文脉中，梁启超强调孔子正是维持两千年来中国一体性的“无形之枢轴”，可以说其目的在于，通过把孔子作为中国国性的象征，唤起中国国民对国性的自觉心。

然而，虽然可以认为梁启超在1915年的时候，把孔子这一具体人物作为中国国性最主要的象征提出来了。但他在1912年的言论与此相比，其实还稍微有些不同。

他大约在发表《国性篇》的同一时期，发表了《中国道德之大原》一文，其中也是把国性问题作为关切的中心。他认为：“以吾所见之中国，则实有坚强善美之国性，颠扑不破，而今日正有待于发扬淬厉者也。”[59]然后又论道：“凡一社会，必有其所公认之道德信条，由先天的遗传，与后天的薰染，深入乎人人之脑海而与俱化。如是，然后分子与分子之间，联锁巩固，而社会之性命，得以永续。”[60]由此可见，在国性之中，特别强调的是该社会“公认之道德信条”的重要性。在此基础上，梁启超认为中国人的心理中存在“三种观念”，那是“由数千年之遗传薰染所构成，定为一切道德所从出，而社会赖之以维持不敝者”[61]。

所谓“三种观念”是指“报恩”、“明分”和“虑后”。梁启超强调这些观念在现代社会中也绝非不适用[62]，同时表达了自己的期待：“吾愿世之以德教为己任者，毋骛玄远之谈，毋衒新奇之说”，“宝吾先民所率由之庸德，而发挥光大之，编为教科书，播诸讲社，而当立法行政之轴者，尤本此精义以出政治、施教令”。[63]

也就是说，可以认为，梁启超在 1912 年的时候，作为中国国性的最基本的内容，设想的是报恩、明分和虑后这三个具体的道德信条。[64]

但是到 1915 年的时候，梁启超的设想转变为把孔子这种具体的人物作为国性的象征。关于这一转变的理由，他并没有特别加以说明。但是，从当时的背景来看，不难想象至少其部分原因是，在 1915 年的时候，以孔教会为中心的孔教国教化运动等的结果，使得孔子这一存在——对他采取怎样的态度姑且不论——已经成为思想界的中心话题。

但问题还有另一侧面，在思考梁启超所说的国性的性质时，与其将其主要内容求之于某些具体的道德信条，不如以孔子这样的历史人物作为象征，在理论上更便于操作。

对梁启超而言，所谓国性是在过去漫长的历史中无意识形成的，不是今天的人们可以创造或者蔑视的。但与此同时，国性也绝不是单纯地墨守就可以的。如同《国性篇》中所论：“国性有窳败者，有不适时势者，匡救而改良之。”国性也需要经常助长和改良。[65]

在这种情况下，如果像《中国道德之大原》那样，把报恩等具体的道德信条作为国性的根本，就像梁启超自己在该文中所说的那样，“一旧信条失其效力，而别有一新信条与之代兴，则社会现象生一大变化焉”[66]。既然承认道德信条可能随着时代或者环境的变化而失去效力，那么作为国性之根本的道德信条，就有经常作为改良的对象而处于动摇之中的危险。实际上，比如关于报恩，梁启超也指出，由于在中国这种观念很强，所以“对于先哲明德，其崇拜服从之念极强，而不敢轻有所议”，“思想进步，未尝不缘此而小凝滞”。[67]显然，梁启超也考虑到了作为国性的道德信条自身是有问题的，对其加以改良是不可或缺的。然而，被不断改良的道德信条是否依然足以成为国性呢？不免会令人心生疑念。

与此相对，孔子是大多数中国人都知道的历史人物，无论怎样批判孔子教义，也无法否认孔子与自身之间有着历史的联系。如果以这样的人物作为国性象征，无论孔子教义中“陈腐”而“不合于时代”的东西被舍弃多少，极端地说，即使孔子教义中无一具有“今日的意义”，也可能同时解决国性的历史连续性和国性的改良这两个课题。

自然，梁启超虽然把孔子视为中国国性的象征性存在，却没有毫无批判地继承孔子的全部。在《孔子之教义……》中，梁启超批判过去的“汉学一派”和“宋学一派”，甚至近代康有为那种遵奉“孔教”的“新学一派”，都没有把握住孔子真正的形象。他说：“吾以为诚欲昌明孔子教旨，其第一义当忠实于孔子。”然后他又指出，在孔子的教义中存在三个部分：第一，与“性”或“天道”有关的“哲学”的部分；第二，与“治国平天下之大法”有关的“政治学、社会学”的部分；第三，与“各人之立身处世之道”有关的“伦理学、道德学、教育学”的部分。[68]本文前面也曾经引用过这一分类方式。

其中，关于第一部分的“哲学”，梁启超论道：“孔子之哲学，诚有其精深博大之系统，视中外古今诸大哲，毫无愧色，然此当以付诸专门哲学家之研究，万不可悉以喻全国民。”关于第二部分的“政治学、社会学”：“孔子之所言治平之理法，为百世后从政家所当守者殊多，至其节文礼仪制度，在孔子原为彼时代彼国土之人说法，未尝以诏晚成，安能一一适于今用，且不适又安足病？”[69]

梁启超又道：“吾意以为孔子所以能为百世师者，非以其哲学论、政治论等有以大过人，若仅就此范围内以观孔子而已，则孔子可议之处或且甚多。”在此基础上，梁启超认为：“孔子之教义，其实际裨益于今日国民者，固别有在。”那就是梁启超所列举的第三部分“所谓教各人立身处世之道者是已”，“更以近世通行语说明之，则孔子教义第一作用，实在养成人格”。然后，按照梁启超的看法，“人格之纲领节目及其养成之程序，惟孔子所教为大备，使人能率循之以自淑而无所假于外，此孔子之圣所以为大为至也。”所以，信奉孔子，希望隆盛其教者，正应该以孔子的“人格之养成”、“人格教育”为中心。[70]

1902年的时候，在《保教非所以尊孔论》中，梁启超也曾指出，孔子的教义在“人格教育”这一点上，是“东西古今之圣哲”之中最杰出的。[71]在此，梁启超进一步将其视为作为国性象征的孔子的本质之所在。

那么，在梁启超那里，继承孔子关于人格的教养，是如何更具体地加以描述的呢？关于这一点，他是通过对比英国的绅士和中国的君子而展开议论的。

梁启超认为，英国人的理想人格，很难在其他语言中找到贴切的译语，但是，在中国的语言中，“君子（或者士君子）”一语则非常合适。而这是因为中国和英国自古以来的教育的精神是相同的，都是以“人格养成”为目标，所以不期而然地都有用一个词来表达理想人格之观念的语言。[72]

梁启超还进一步指出，绅士和君子共通的性质在于，即使问“什么是绅士”、“什么是君子”，也很难明确给出“这就是绅士”、“这就是君子”的具体回答。尽管如此，在所有人的意识中，本来就存在着一种“无形之模范”，由此便可区别某个人物的言行是否配称绅士或者君子。然后，梁启超主张，作为中国的理想人格的君子的模范，即便不是孔子一个人全部完成的，也是孔子作为集大成者而使之确立的。孔子不仅用语言来进行教导，也身体力行，即用自己的行动来进行教导。[73]

如此，梁启超指出了作为中国人的理想人格的君子，与英国人的理想人格绅士之间，有着相似性。而且，在“无形之模范”（关于君子，其“无形之模范”本质上是孔子确立的）这一点上，两者也有着共通的性质。但是，两者的处境也有不同。那就是，英国人对于绅士的“无形之模范”的意识极其明确，实际上发挥着作为自律及他律的规范的功能，而中国人对君子的“无形之模范”的意识却陷入了这样的状态：“此种意识，本已在朦胧茫漠之中，而其力又甚单微，不足以断制社会，故人人不必求勉为君子。”[74]

因此，现代继承孔子教义的人所应该做的是，将孔子所提示的君子的“无形之模范”明确化，使其具有社会实效性，也就是，通过孔子的言行而知道孔子所要养成的人格，自己努力将其作为典范，同时思考各种各样的方法来引导训练民众。[75]当然，这也是梁启超自身的课题。

如此，梁启超把孔子设定为中国文明的象征、国性的象征，并进一步强调，孔子的教义之中，有关人格教育的部分，在当时中国正是有着最为本质意义的内容。

本来，从上述梁启超关于孔子的议论出发，应该进一步深入探讨的问题至少有以下两个：

一个问题是，前面也曾经提到，梁启超曾经在《论中国学术思想变迁之大势》中，强调中国文明起源的多样性，现在他却把孔子作为中国文明的独一无二的象征，这种判定，真的能够在历史上证明其为正当吗？

另一个问题是，梁启超认为孔子的教义对于今天的意义的中心在于有关人格教育的部分，他本人也把阐明孔子的人格理想作为自己的课题，那么，孔子视为理想的人格，究竟有着怎样的内容呢？

梁启超虽然在1915年初一度表明退出政界，但是，之后不久便正式展开的袁世凯称帝的活动，再次将他拉回到政治的圈子。其后，他又参与了所谓“三次革命”，为此，在1915年的时候，有关孔子的上述问题的讨论，并没有深入下去。

他正式提出自己的“回答”，是在进入1920年代以后。

3 孔子的历史再定位与“佛教”式解释

梁启超从1919年到1920年，以巴黎和会中国代表团顾问的资格，访问了欧洲。这一经历对他的思想产生了巨大的影响，已经有很多研究者指出了这一点，在此不再赘言。

他从欧洲归国后，“绝对放弃上层的政治活动，惟用全力从事于培植国民实际基础的教育事业”[76]。他以后活动的中心是在各地讲学及从事著述，关于中国学术思想史也写了大量的作品。

在此，不打算详细叙述其具体的活动，而仅仅想要探讨一下前节留下的问题，即梁启超给出了怎样的回答？

首先讨论第一个问题，以孔子为中国文明的独一无二的象征，这一点能够在历史上证明其正当性吗？

前文也曾提到，他在从1902年开始发表的《论中国学术思想变迁之大势》中，作为中国古代学术思想的两大流派，列举了相对独立发展而来的北派和南派，认为在两派相互影响的过程中，又诞生了很多思想流派。

而且，南派的代表老子，比北派的代表孔子在时间上更早，这一点在1902年的时候，是一般性的常识，梁启超也沿袭了这种说法。1919年出版的胡适《中国哲学史大纲》中，以其崭新的方法论和叙述风格唤起了巨大反响，其中与具体人物结合在一起的中国哲学史的叙述，也是从老子开始的。

从这一点来看，仅仅把孔子看作中国文明的独一无二的象征，在其“历史的起源”这一点上，其妥当性绝对很难说是不言自明的。

当然，与“历史的起源”的问题无关，在现实的中国历史中，汉代以后，儒教的确是一贯保持了作为国家正统教义的地位。无论如何评价这一事实，至少，在两千年以上的漫长时期中，孔子作为中国文明的独一无二的象征，已经深入到中国人心理之中。提出这样的主张本来倒也并非不可能。

但是，从梁启超自身的立场出发，很难提出这样的主张。为什么这样呢？因为他基于佛教的理论，认为在过去的历史中一旦发生的事情的影响，即使以后不再显现于表面，在人们的心理中，其实也不会抹去其痕迹。例如，梁启超在1921年的《墨子学案》的《第二自序》中，如此论道：

本书既概述墨学之全体大用，而结论，则太息于秦汉以后墨学之中绝，及细思之，而有以知其未尽然也。凡一切众生所造之共业不共业，其种子必持续于后而永不灭，虽微细之事相且有然，况墨学者，战国二百余年间，其言盈天下，而谓易代之后，遂如饕风卷叶，一扫无迹，天下宁有是理？吾尝谛观思惟，则墨学精神，深入人身，至今不坠，因以形成吾民族特性之一者，盖有之矣。

……

秦汉以后，大夫信奉者盖鲜，而其统乃存于匹夫匹妇。

……

今之匹夫匹妇，曷尝知有墨子其人者，然而不知不识之中，其精神乃与墨子深相悬契。[77]

根据这样的逻辑，在先秦时期，以老子为始祖的道家，既然被认为曾经拥有与儒家、墨家鼎足而立的势力[78]，则和墨家的情况一样，也可以说，现在一般的中国人“不知不觉之间，其精神与老子深刻相连”。就墨子而言，他无疑属于孔子以后的世代，而且，既然认为他本来是学习儒学，后来才反对儒学，确立了自己的学派，因此就有可能这样说：即使是与儒学对立的学派，如果没有孔子的存在，墨子之学或者墨家思想也就不可能成立。然而，关于老子，既然他比孔子在先，就无法采用这样的论证。

但是，1922 年以后，梁启超修正了自己以前的观点，把老子的年代大幅度下调，提出了否定老子在孔子之先的说法。[79]

那是在以“评胡适之《中国哲学史大纲》”为题的演讲中提出来的。胡适的著作从老子开始实质的哲学史叙述，对此梁启超表示疑问，然后提出了自己的观点。梁启超根据老子的传记记录或者《老子》中的用语，推断道家的基本文献《老子》的著作年代应在战国时代末期。[80]

另外，他还主张，假定著名的“孔子问礼”的故事是事实，而且孔子问礼的对象老聃，与《老子》的著者不是同一人物。那么，从有关老聃的记录来看，他是个“拘谨守礼之人”，与《老子》的思想也应该是完全不同的。

关于作为历史人物的老子以及作为道家基本文献的《老子》的年代，梁启超的说法是否得当？这一说法对于中国思想史研究有何意义？在此不拟讨论。但是，梁启超的这一年代推定，从结果上来说，使将孔子视为中国文明的独一无二的象征的观点，被赋予了历史正当性，当然，梁启超应该不是以此为直接目的，而进行年代推定的。

也就是说，《老子》的成立假若是战国末年的话，如同梁启超自己也指出的那样，其与道家的另一位代表性思想家庄子的时代先后关系也就成了一个问题。[81]甚至也可以主张，庄子才是道家的奠基者。进一步说，在《论中国学术思想变迁之大势》中，庄子被认为曾经就学于田子方，而田子方是孔子门下子夏的弟子[82]，所以，从谱系上来说，庄子与孔子就联系起来了。这样一来，就可以说，和墨子或墨家一样，即使其思想内容是反儒家的，庄子或道家毕竟离开孔子就无法存在。

实际上，梁启超最终提出了这样的论证方式。

在其晚年，他在1927年的著作《儒家哲学》中，首先主张儒家的思想实际上起源于孔子。

> 就是凡一学派，都不是偶然发生，虽以孔子之圣，亦不能前无所承。不过儒家道术[83]，至孔子集其大成，所以讲儒学从孔子讲起，未尝不可。

……

我们所应当知道的就是儒家道术，孔子集其大成，以后二千多年，都由孔子分出。[84]

梁启超进一步论述，与儒家三分先秦思想界的道家和墨家，实际上也是儒家的分支。

从前说九流各家，道家最古，儒家次之，其说非是，应当以儒家为最古，道家亦儒家盛行后一种反动，为儒家之对敌的学派。墨家方面，出在孔后，更不必辩。

……

墨家继儒家而发生，有不以为然的地方，然后独树一帜。

……

道家方面，既然老子一书，不在孔子之前，则庄子与老子的先后亦成问题了。向称老庄，若使庄子在前，当改称庄老才是。

……

庄子学于田子方，田子方学于子夏，所以庄子一面是道家大师，一面是孔门三传弟子。由此看来，道墨两家，亦可以说是儒家的支派，先是承袭，后才独立，先是附庸，后为大国，无论如何变化，仍称孔子之后，道墨两家既盛，与儒家立于三分的地位，就不承认孔子之后了。[85]

这样，根据梁启超的观点，孔子以前的思想性要素到孔子而集大成，孔子以后的主要学派全都始自孔子。孔子之适合作为中国文明的独一无二的象征，在历史上也就得到了充分的证明。[86]

还有，前文已经论述过，梁启超认为孔子的教义在今天的意义的核心是有关人格教育的部分，在此基础上，他已经认识到阐明孔子的理想人格类型的课题。

而他在1915年的时候，之所以强调在孔子的教义中，有关人格教育的部分具有最重要的意义（反过来说，此外的部分就不是那么重要了），其意图主要是为了对抗那种把孔教视为宗教并谋求其国教化的人们的主张，或者旨在复活旧来的儒教的复古主张。[87]

与此相对，梁启超从欧洲归来时，1920年的中国思想界已经发生了新的变化，经过了以“民主、科学”为口号的“新文化运动”，其中尤其是以陈独秀为中心展开的“儒教批判”。

与这一状况相关，梁启超对于“新文化运动”基本上给予了肯定的评价，例如，在1922年的《什么是新文化（科学的理解和自律的情操）》中，他写道：“这几年来所谓新文化运动，举国的先觉相率提倡，一般青年勇猛前进，这是一个顶好的现象。”只是，他同时也指出，“新文化运动”很难说是否已经真正在中国社会扎下根来，如此写道：“但是口头讲的很多，你若问他什么是新文化，却又有许多答不出来，即或答了出来，也是一个人一样。”[88]

然后，关于“新文化”的内容，梁启超论道：

> 要讲新文化，必有两个先决的要点：一、在知识上要有科学的理解；一、在品格上要有自律的情操。[89]

梁启超认为，培养上述意义上的“新知识”和“新人格”，是“新文化”最大的目标。[90]

关于儒教和“新文化”的关系，梁启超写道：“据我所见，新文化的精神，有许多和旧文化相同之处。”关于“新文化”的构成要素，特别是与其后者的“新人格”有关的部分，梁启超认为儒教和“新文化”有共同之处，“儒家主义，可以说正合乎新文化了”[91]。

可见，进入20世纪20年代之后，虽然思想界的状况与20世纪初已经不同，梁启超依然主张，渊源于孔子的儒教教义的“今日之意义”，首先在于有关人格的部分。

另外，将知识与人格两分，在某种意义上来说，把科学的价值限定在知识的领域之中，这样的思考方式，与梁启超在1923年的“科学与人生观”论战中的主张密切相关。当时，他把“人类生活”区分为“理智”和“情感”（也可以说是“生活的原动力”）两个领域，主张：“人生关涉理智方面的事项，绝对要用科学方法来解决。关涉情感方面的事项，绝对的超科学。”[92]

那么，梁启超所理解的孔子视为理想的人格（当然，这也是梁启超视为理想的人格），具体而言，是怎样的呢？下面这段文章，可以说是其总结：

> （一）宇宙是不圆满的，正在创造之中，待人类去努力。……明乎此，知做事不成功，是不足忧的。世界离光明尚远，在人类努力中，或偶有退步，不过是一现象。譬如登山，虽有时下，但以全部看仍是向上走。……人要如此看，方知人生不能不活动，而有活动，却不必往结果处想，最要不可有奢望。我相信孔子即是此人生观。……天天快活，无一点烦闷气象，这是一件最重要的事。
>
> （二）人不能单独存在，说世界上那一部分是我，很不对的。所以孔子“毋我”，佛家亦主张“无我”。所谓“无我”，并不是将固有的我压下或抛弃，乃根本就找不出我来。……世界上本无我之存在。能体会此意，则自己做事，成败得失，根本没有。……将“为我”的私心扫除，即将许多无谓的计较扫除，如此，可以做到“仁者不忧”的境域。有忧时，就是“先天下之忧而忧”，为人类（如父母、妻子、朋友、国家、世界）而痛苦。免除私忧，即所以免烦恼。[93]

在此，梁启超认为孔子的人格理想是基于“宇宙不是固定的，而是处于人类永远的努力创造过程之中”，和“世界上不存在真正意义上的‘我’”，这两点世界认识，不考虑“成败得失”，为了他人而积极行动。如同梁启超所说的，这也是“我自己的人生观”，可见这也是他自身的人格理想。

梁启超认为这种人格的理想，是儒家和佛家共通的，他从儒书和佛经中发现了它。[94]的确，这种被认为是人格的理想的前提的世界认识，与主张“诸行无常”、“诸法无我”的佛教非常有亲和性，这一点一眼便能够看出。但是，要在孔子的教义中找出这样的世界认识，就决非不言自明了。不过，梁启超主张，孔子的《易》的哲学，显示了和佛教同样的世界认识，但《易》是否忠实地反映了孔子的思想，这也是一个问题，在此姑且不论。

他在1920年的《孔子》中写道：“印度、欧洲的哲学家以及我国古代的老子、后世的宋儒，都喜欢研究宇宙本体是什么。”这里说的印度的哲学家，应该是指佛教以外的所谓“婆罗门旧教”或者“外道”。对于孔子的《易》的哲学，按照梁启超的解释，“孔子所谓易，自然是宇宙万有的代名词，他却直截了当下一个断案，说宇宙万有是没有本体的”。《论语》中“逝者如斯夫”一语，被认为体现了宇宙中不存在不变的本体，经常处于“生生”的变化过程之中的认识。[95]

梁启超还用电影作比喻来解释孔子的“生生”的哲学。电影的一格一格的胶片，正因为是处于连续的运动之中，所以才有意义。一旦停止运动，各个胶片就全无意义。同样，宇宙也只有在动中才能够成立，其背后不存在不动的本体。[96]

梁启超在解释佛教的“诸行无常”等教义的时候，也使用过这个关于电影的比喻[97]，由此可见，他显然认为孔子的《易》的哲学体现了和佛教同样的世界认识。

另外，关于无我这一点，梁启超敷衍《易》之阴与阳，认为这是一种“人我一体”论。他如此论道：“人我两观念亦实由（阴阳所代表的）正负而来。”“人我原只是正负两面。”[98]

如此，梁启超主张，孔子的人格理想，包括其哲学前提，与佛教的思想是同质的。只是，对孔子进行这种佛教式解释，在思想史上果真是妥当的吗？这一点颇有疑问的余地。

的确，当时的梁启超，如此自我定位道：“我是对佛教有信仰的人。”[99]对他而言，佛教的理论，代表了所谓真理。因此，将孔子的教义与佛教视为同一，对梁启超而言，也意味着从真理的角度为孔子确立基础。[100]但是，对于运用佛教的唯识论来解释庄子的章炳麟的《齐物论释》，梁启超承认其为“名著”，同时又认为其中有些部分“有些比附得太过”[101]。然而，同样的批评，实际上不也可以用于梁启超自身对孔子的解释吗？

结　语

以上，对梁启超关于孔子问题的言论，进行了通史性考察。可以认为，对于辛亥革命以后的梁启超而言，孔子是“中国文明的无二的象征”；其“今日的意义”在于孔子有关人格教育的方面；进一步的，到了20世纪20年代的时候，梁启超所理解的孔子的人格理想，是经过了以佛教为基础的重新解释的内容。

但是，在20世纪20年代，关于中国思想之不同于西洋思想的特质，梁启超强调西洋的哲学是注目于人与物的关系的“知识的学问”，与此相对，中国思想家则注目于人与人的关系，是追求“人之所以为人之道”的“行为的学问”。[102]

所谓人格，正是人之所以为人。中国思想史最主要的侧面，可以说就是各个时代的思想家追求自己视为理想的人格的历史。

那么，就会形成这样一个问题，认为孔子作为理想的人格，比中国其他思想家的理想人格更加优秀，是独一无二的，其根据到底是什么呢？

当然，如同前面所介绍的，一方面，梁启超用各种各样的形式，对孔子思想的杰出性进行了理论说明。另一方面，梁启超在思考中国思想的特质时，其研究不仅仅是基于科学的方法的“文献的学问”，也运用基于内省和躬行的“德性的学问”。[103]如果说研究中国思想必须运用这样的“方法”，中国思想家们作为理想的“人格”的优劣评定，换句话说，孔子的价值认定，最终将无法得到客观的论证，就只能是付诸个人的主体判断。这意味着，只能说这是一种信仰的问题。

实际上，梁启超恐怕对此也有所自觉。按照1927年的《北海谈话记》的记录，他对清华学校的学生曾经讲道：“我所理想的，也许太难不容易实现。我要想把中国儒家道术的修养来做底子，而在学校功课上把他体现出来。”[104]然后又道：“智识才能，固然是要的；然而道德的信仰（不是宗教）是断然不可少的。”[105]在此，梁启超虽然谨慎地有所保留，说“不是宗教”，但也强调了“道德的信仰”的重要性，其实他是指对于“儒家道术”的“信仰”，这样理解恐怕不会错。而且，理所当然的是，以最高的形式展示了“儒家道术”的人格理想的孔子，依然是信仰的对象。[106]

本文第1节也曾经提到，梁启超曾经评价康有为是“孔教的马丁·路德”。但是，从上述梁启超的议论来看，与模仿基督教会的组织在全国设立孔教、通过在宪法中规定“孔教”是国教来动员对孔子的崇敬之心的康有为相比，主张以个人内心的信仰为基础的梁启超，不是在实际上更接近清教主义吗？

注：

本稿引用梁启超的著作所用标记如下：其中《饮冰室合集》（1932 年出版，参照了 1989 年发行的中华书局影印本）所收录的内容，《饮冰室合集·文集》略记为《文集》，《饮冰室合集·专集》略记为《专集》，并附记其卷数和页码。另外，夏晓虹编《饮冰室合集集外文》（全三册）（北京大学出版社，2005）所收录的内容，略记为《集外文》，并附记页码。

以对宋平子新字的历史定位为中心

——关于江南知识分子的日本趣味

虾名良亮

序　言

宋恕（1862—1910），浙江省温州平阳县人。字燕生，晚年改名为衡，字平子，号六斋或六字课斋等。本文以宋恕的遗稿《宋平子新字》为线索，尝试探索清末中国知识分子关于自己以及围绕着自己的环境的认识方式。

宋恕是构成了清末变法思潮之一翼的人物。1892 年，他上书直隶总督李鸿章（1823—1901），建议采用洋服、调整官制、设置议会、改革科举，并提交其主要著作《六斋卑议》（1897 年刊行），由此而闻名于世。但是，与康有为、梁启超等发动的戊戌维新所展示的自上而下的改革运动界限分明，他和章炳麟（1869—1936）、陈虬（1851—1903）等创办杂志《经世报》，展开了言论活动。戊戌政变之后，他逐渐从政治活动中抽身，专心从事教育事业，曾执教于杭州求是书院（浙江大学前身）等地，在 1905 年至 1908 年之间，还作为山东学务处议员负责山东的教育行政。晚年隐居于故乡温州，遗憾的是辞世时尚未满 50 岁。

在宋恕的言行之中，引人注目的是其对日本的高度关心。其改革言论，多以明治时代的日本为模范，对日本的重视不下于西洋。亦认可在经学和史学领域，日本汉学水准之高。他与明治时代日本的汉学者频有交流往来，并于1903年游历日本半年左右。在他晚年隐居期间，据说潜心于日语研究。[1]

《宋平子新字》是在1957年开始的宋恕遗稿整理过程中发现的资料，1993年刊行的《宋恕集》将其收入，从而变得容易进行参考。[2]这份资料是由日本的片假名和辅助记号以及自造的文字所构成的文字一览表，根据散见各处的片断性的说明，可以知道宋恕在尝试用片假名来实现温州方言的表音式表记（表1）。只是，总体而言尚远未完成，不出备忘录的范围。

表1　《宋平子新字》示例

（1）扩展韵母的例子（例如，在“アイウエオ”“カキクケコ”等各行附加六字）

交等母　央等母　园韵母　余韵母　收韵母　勾韵母

〔ʔ〕　〔ɔ〕　〔ε〕　〔ɸ〕　〔y/tt〕　〔εu〕　〔au〕

〔k'〕　〔k'ɔ〕　〔k'ε〕　〔k'ɸ〕　〔k'y〕　〔k'eu〕　〔k'au〕

（2）通过附加符号扩展声母的例子

(在“ア”行用了与“イ”、“ウ”、“エ”不同的文字，这一点亦应注意)

ア行重音，吾温“行”行音

〔ɦa〕　〔ɦi〕　〔ɦu〕　〔ɦe〕　〔ɦo〕

ヤ行重音，吾温“夷”音行音

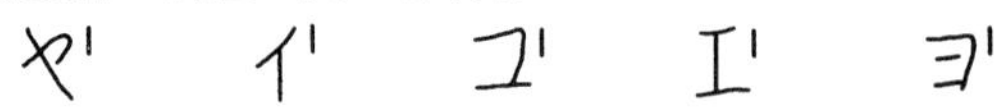

〔jɦa〕　〔jɦi〕　〔jɦu〕　〔jɦe〕　〔jɦo〕

ワ行重音，吾温“横”行音

〔vɦa〕　〔vɦi〕　〔vɦu〕　〔vɦe〕　〔vɦo〕

(3) 自造文字的例子

添造此记吾温“快”行音

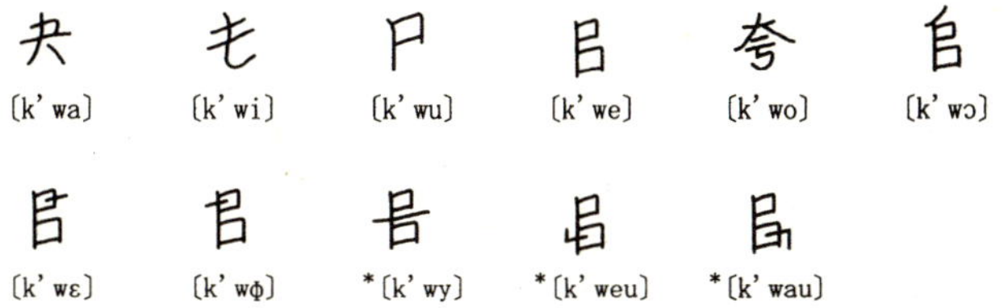

《宋平子新字》于1909年开始执笔，但是，直到宋恕死去前一年，依然没有得到充分整理和补写的机会，只是作为草稿遗留下来，远非定稿。而且，关于应该如何把握这份草稿，宋恕自身没有留下任何议论。这种资料上的制约，大概是其至今未能引起人们充分关注的原因之一。[3]

这个充满谜团的《宋平子新字》也有着一目了然的特点，即用日本的片假名进行汉语的表音式表记，本文将以这一点作为最初的线索，从清末中国对异文化的接受的研究视角，尝试对其进行历史定位。只是，不得不采用有些迂回的方式展开议论。下面先就此加以说明。

现在，在日本的“中国语”教育中，将汉语的罗马字表记称为“ピンイン”*，毋庸赘言，这是源于1958年中华人民共和国的《汉语拼音方案》。但是，所谓“拼音”，本来只是意味着表音式表记。

就此而言，《宋平子新字》尝试的是使用片假名的拼音。因此，有必要首先考虑确定其在19世纪90年代以后出现的，想要创造出汉语的表音式表记法的清末知识分子的动向中的历史位置。

在这一点上可以参考的现有研究资料是倪海曙《清末汉语拼音

---

* 发音为pinin，即拼音。——译者注

运动编年史》(简称《编年史》)。[4]

倪海曙从 20 世纪 30 年代开始致力于汉语的罗马字母表记，在中华人民共和国成立之后，参与了《汉语拼音方案》的起草和制定，是现代汉语存在方式的奠基者之一。而且，他很早就开始倾力于收集、整理汉语文字改革的相关资料，《编年史》是其集大成之作。

但是，在《编年史》中，倪海曙以详情不明为由，避开了对《宋平子新字》的详细论述，甚至没有探讨其在诸多清末试行方案中的地位，言外之意是将其贬为宋恕晚年认知混乱的产物。《编年史》堪称近现代汉语史必读文献，但其对《宋平子新字》的这种过低评价，事实上等于否定了其资料价值。这一事实，对于在思想史文脉中确定《宋平子新字》的位置的尝试性研究，是不可忽视的。

本文第 1 节是对这部《编年史》的《宋平子新字》评价的问题的整理，第 2 节则尝试加以解决。这样的安排在结果上导致拘泥于《编年史》。但是，本课题是对《宋平子新字》进行定位，就此而言，为了打下议论的基础，以求把握《宋平子新字》的个性，这样的操作是适宜的。由于《编年史》中的评价本来就不甚明了，而且作为评价尺度的方法论前提和分析视角也没有明白示人，因此，作为第一步，本文为了指出问题究竟何在，耗费了很多工夫。《编年史》中有关《宋平子新字》评价的问题的基本构造，在此先做一梳理，以便读者理解。

《编年史》对《宋平子新字》的评价乃是基于以下两点事实：

第一，当时通称为“切音字”的清末表音式表记试行方案，在表示音节的方法上，几乎全都具备某种特定的形式。简而言之，即将子音字和母音字组合起来，表示音节。

第二，《宋平子新字》的表示音节的方法极为独特，采用以一个字形（或者一个形态要素）表示一个音节的假名，仅此而言，在清末表音式表记试行方案中也是唯一的例外。

根据事实一，有可能将切音字作为音素文字的亚种来把握，从而，在与《汉语拼音方案》的连续性的关系中把握清末表音式表记运动的本质，也是可能的。在本文中，基于事实一而建立的，有限的切音字观，称为狭义切音字。在《编年史》的有些段落中，将这种狭义切音字视为清末表音式表记运动的本质。根据事实二，《宋平子新字》采用作为音节文字的假名，尝试了与其他切音字不同的表示音节的方法。但是，《编年史》中对事实二的评论，不必要地夸大了其重要性。

大致立足于这样的视角，在本文第 1 节中，将把《编年史》的议论和周边资料相互对照进行考察。把宋恕视为切音字的提倡者或者清末表音式表记运动的创始者，这是《编年史》的独特见解。本文将在与这一见解的关系中，讨论其对《宋平子新字》的评价究竟如何，这一评价在该书中处于怎样的位置。本文第 2 节讨论的题目是，在《编年史》中，将假名排除在外的狭义切音字观，作为分析视角是否有效。与此同时，也对《编年史》中评价《宋平子新字》的尺度是否合适，提出质疑。更进一步，在此也对宋恕参与的清末汉语表音式表记运动的初期情况重新进行解释。清末知识分子在追求汉语表音式表记的时候，意识到汉字与表音文字之间的对立，但是，音素文字对音节文字，这一评价坐标至少与运动的起源无关。具有音素文字性质的狭义切音字，其实可以从把握音韵体系的传统方法即反切法中直接推导出来，即便不是直接推导出来，也可能是由通晓英语的人在利用反切法把握汉语音韵体系的基础上，取罗马字母表以为范型而推导出来的。总之，并不是在对音素文字和音节文字进行比较考察之后作出的选择。

以上做的工作是考察《编年史》中对《宋平子新字》的观点，第3节的工作则是重新指出《宋平子新字》的个性特点，尝试明确其历史地位。

本文所关注的是，《宋平子新字》中片假名的配置和排列。散见各处的“カキクケコ”、“サシスセソ”等文字列，其实表明了宋恕是作为构想《宋平子新字》的基础而采用五十音图的。如此，则可以看出，自造的文字和特殊的记号具有扩展五十音图的手段的性质。

五十音图具有作为日本语音的有组织的音韵图的性质，这一点不必多说。不是仅仅着眼于其字形，而是注目于作为音韵图的五十音图，由此而诞生了《宋平子新字》。而这一点是与宋恕等江南知识分子的某种认知方式密切相关的，在日中文化交流史上，这不是很值得注意的吗？本文想要提出的正是这个问题。

近年来，关于清末中国与明治日本之间进行的文化交流，发表了很多研究成果。清朝外交官或者被派遣视察日本的清朝官僚的日本观和日本研究，还有以汉诗文为媒介的知识分子之间的交流等，受到了广泛关注。[5]以当时学术上和文化上的先进地区江苏省和浙江省为中心的江南知识分子，很多都得到了视察日本以及同明治文化人交流的机会，宋恕也不例外。《宋平子新字》的出现也可以置于这一潮流中进行理解。

与异文化的接触，可以作为人与人或者人与物的关系来进行把握。对清末知识分子而言，作为他者之物的假名和五十音图，是在怎样的契机下，作为自我之物而重新编织到其知识体系中的呢？对于这个问题，如果能够通过对《宋平子新字》的定位工作，来进行确认的话，则幸甚。

1 《清末汉语拼音运动编年史》中对《宋平子新字》的评价

如果想要参照《编年史》中对《宋平子新字》的评价，从该书的结构上来说，大概首先就会注意到目次之后的《清末汉语拼音方案一览表》（以下简称《附表》）。在此，先看一下《附表》中所显示的对《宋平子新字》的评价。《附表》将整理为 28 种的清末汉语表音式表记试行方案，按照编年顺序进行排列，并按照从 a 到 i 的 9 个项目，简洁地指出其各自的要点。这构成了该书的整体框架。

《宋平子新字》是第 23 种。但是，其中除了指出其采用了模仿假名、省略笔画的文字之外，关于这一试行方案的性质，没有提供任何有用的信息。[6]

特别值得注意的是，关于“e 语音标准”和“f 音节拼法”两点，注记为“不详”。

所谓“e 语音标准”的项目，是指作为试行方案对象的汉语语音是什么。由此可以看出试行方案中的潜在意图。例如，如果是“官话音”的话，重视的就是口语音的统一；如果是“某某方言音”的话，重视的就是针对地方民众的，以口语音为基础的教育；如果是“韵书”，重视的就是音韵学上的方便；等等。情况大致如此。

所谓“f 音节拼法”的项目，记载的是有关试行方案中显示的分析音节方法的信息。在《编年史》中，评价各种试行方案时，重视音节分析的精准度，因此，这是最重要的项目之一。[7]

《附表》对《宋平子新字》的处理方式的确很异常。《附表》中所谓“不详”，基本上用于尚未发掘的资料。这意味着，《宋平子新字》即使参考原始资料也有“不详”之处，而且，“i 其他”中写着

"原稿数页"，尤其给人一种远未完成的印象。

下面再试着考察一下《编年史》正文中1909年的记事"宋恕草拟《宋平子新字》"中的评价。其中简单介绍了《宋平子新字》的文字和辅助性记号之后，有若干评论：

> 似乎是拼温州话的，符号完全模仿假名。
>
> 由于草稿很简单，没有什么说明，所以方案的全貌无法了解。不过他的"新字"是跟日本假名一样的半音节文字，这点是可以肯定的。
>
> 宋恕在草拟这个方案的第二年就死了。[8]

可以看出其对《宋平子新字》的否定态度，这一点与该书对宋恕的评价整体之间的关系，以后再谈。在此首先关注的是其中所指出的"温州语"和"半音节文字"。《附表》中记为"不详"的地方，在此却是知道的。

《附表》与正文之间相互抵触，这是《编年史》中有关《宋平子新字》评价的第一个问题所在。

一方面，所谓"温州语"，指的是汉语的温州方言，这是宋恕家乡的语言。在《宋平子新字》中以"ア行重音，吾温'行'行音"的形式，表明了其"新字"所表示的发音。这个"吾温"的部分，除了理解为"吾温州"之外，大概很难做其他解释吧。[9]《附表》第11项列举了陈虬的方案。陈虬以《新字瓯文七音铎》(1903)等尝试进行了温州话的表音式表记。宋恕和陈虬生前交友甚厚，共同承担了清末变法论中的一翼，是所谓同志。尽管如此，至少在《附表》中，的确无缘窥知陈虬和宋恕各自的试行方案之间的关系了。

另一方面，所谓"半音节文字"，是指和假名相同，所以，姑且可以将其理解为原则上是以一个字形表示一个音节的音节文字的一种。《编年史》既然指出其为“半音节文字”，就应该将其表示音节的方法归为“音节制”。[10]而且在《编年史》正文中指出了其在音节表示方面与假名的关联，在《附表》中却注为“‘汉字笔画’（模仿假名）”，把两者在音节表示方面的关联涵盖于在字形方面的关联之中，以至于假名和对音节的把握之间的关联也变得晦暗不明。

如上所述，《编年史》正文中所指出的特征，在《附表》中却被视为“不详”，因此，不清楚《宋平子新字》在诸多试行方案中究竟地位如何。

进一步说，《编年史》中有关《宋平子新字》评价的第二个问题是，《附表》对《宋平子新字》的评价与《编年史》正文所作出的对宋恕的评价，相互抵触。

其实，在《编年史》正文开头的记事“宋恕的《六斋卑议》成稿”中，称宋恕为运动的创始者。此后，与宋恕有关的记事共有四处，横跨该书所涉及的清末约 20 年的时间段。如果将书中记载的内容和宋恕个人历史的时间轴重合起来看的话，大体上会对其人形成如下印象：

1891 年，宋恕开始思考切音文字，预见到了运动的本质，但是没有发表著作。1897 年刊行了记述关于切音文字设想的著作。1900 年对日语产生兴趣。但是，耗费了近 20 年的岁月，最终仅仅写出了《宋平子新字》这一未完成的草案就去世了。[11]

也就是说，《编年史》首先把宋恕作为象征着运动的意义的人物进行介绍，然后记述了补充性的逸事，但是在“宋恕草拟《宋平子新字》”中，否定性地提到了《宋平子新字》，然后笔锋突转，写到了宋恕的死。这里给人一种印象，《宋平子新字》是宋恕突然间提出来的，是其认知混乱的产物，应该随着宋恕之死而一起被清算。

根据上述内容，可以确认在《编年史》中有着过低评价《宋平子新字》的意图。这种过低的评价与倪海曙把宋恕视为清末表音式表记运动的创始者有关。本文将把这种观点称为“宋恕创始者说”。这是基于倪海曙的创见的观点，对于探索对《宋平子新字》的过低评价的由来，具有重要意义。

根据过去通行的观点，清末表音式表记运动的起点是1892年卢戆章（1854—1928）的《一目了然初阶》的刊行。卢戆章发表了闽南话的表音式表记法。他运用传统音韵学的反切法，模仿罗马字母的字形，自造文字，称之为“切音新字”。从此以后，“切音新字”或者“切音字”，成为指称清末各种试行方案的用语，在这种意义上来说成了清末的运动的象征。

与此相对，倪海曙主张宋恕的主要著作《六斋卑议》才是执笔于1891年的“最早的切音文献”。

宋恕在《六斋卑议》的《变通篇开化章第四》中指出，中国识字率低下，应该模仿日本，采用义务初等教育等近代学制。其中下述文字提到了“切音文字”一语，被倪海曙作为其论据。

> 按：今日本小学教法：先授和文，后授汉文。若师其意，江淮以南须创造切音文字多种，以便幼学。此事体大，未敢议及。[12]

倪海曙认为，宋恕的“切音文字”观立足于将其视为汉字学习的工具，并不是取代汉字，这是“清末切字音运动的代表性思想”。这是“一种改良主义”，尚未要求作为表记体系的独立性，但是，对于八股文所象征的读书人文化而言，具有进步性，当时“作为邪说被斥退”。也就是说，宋恕创始者说，不限于谁是创始者这样一个单纯的事实认定的问题，而是作为一个与运动整体性质的判定有关的问题被提出来的。

《编年史》的写作背景是在20世纪50年代以中国文字改革委员

会为中心而进行的一系列研究。以《汉语拼音方案》和《汉字简化方案》为代表的，以罗马字母表记、简体字和普通话为支柱的汉语政策的规划、普及、确立和规范化，这一实践性的指导方针，也是《编年史》的依归。可以说，当时所设定的民族性和国际性的坐标轴，也被投影于有关清末表音式表记运动史的叙述中。

在那之前，汉语的表音式表记，没有在汉民族的文化传统中产生。后汉发明的反切法的确带来了汉民族自身的、与汉字或者汉语的音声有关的文化传统，但是没有发展到诞生表音式表记，而且，那原本也是以接受外来佛教文化的影响为契机而出现的。另一方面，开始于唐代的利用异民族语言、异国语言的表音文字来进行的汉语表记，或者是清末 19 世纪 50 年代开始的利用基督教会罗马字母来进行的汉语表记等，这些先例都是来自于在政治、通商、宗教上希望与汉民族进行交流的异民族、异文化的一侧。

还有一个背景，开始于清末 19 世纪 90 年代的运动，被定位为“近代民族汉语拼音运动”，强调这是由汉民族自身所进行的尝试。[13]

关于中国有必要采用切音字的理由，卢戆章说明如下：

> 窃谓国之富强，基于格致（物理学），格致之兴，基于男妇老幼皆好学识理，其所以能好学识理者，基于切音为字，则字母与切法习完，凡字无师能自读，基于字话一律，则读于口遂即达于心，又基于字画简易，则易于习认，亦即易于捉笔，省费十余载之光阴，将此光阴专攻于算学、格致、化学以及种种之实学，何患国不富强也哉。
>
> 当今普天之下，除中国而外，其余大概皆用二三十个字母为切音字。……古欧美文明之国，虽穷乡僻壤之男女，十岁以上无不读书。据客岁西报云，德全国每百人中，不读书者一人

而已。……何为其然也。其一切音为字。字话一律，字画简易故也。日本向亦用中国字。近有特识之士，以四十七个简易之画为切音字之字母，故其文教大兴。……外国男女皆读书，此切音字之效也。[14]

在此提出了清末的运动中的基本论点，认为国力的强大与识字率的提高具有相关性。清末中国面对列强处于劣势，立足于这样的现状认识，寻求列强实现高识字率的条件，结果最后聚焦于这一问题：读音和口语发音的乖离，笔画的繁杂，即汉字乃至汉语在文字学习方面的难度。

由此而言，外来契机使得内在的问题成为关注的焦点，引发运动的基本动机是所谓“彼有我无之物，于我为必要”。

倪海曙在《编年史》“宋恕的《六斋卑议》成稿”中，将宋恕规定为创始者，花了很大篇幅介绍宋恕的生平。宋恕是“清末大学者俞樾的学生，章太炎的同学，妻子孙氏是瑞安名学者孙诒让的从妹”，“了解人民生活的疾苦”，“思想往往趋于革新政治”。总之，将其介绍为既有传统学术的深厚素养，又同情民众，期待社会变革的人物。[15]

而卢戆章则是在新加坡学会了英语，在厦门教授中国古典和英语。日后有“失节”的经历，受聘于台湾总督府，在日本殖民地统治下的台湾，供职于总督府学务课。[16]

如果将这一运动看作与生活在根据条约而开放的港口的，通晓欧美语言的知识分子的创见有关，就等于强调了这一点：彼有，固于我为必要。而如果是与具有更加深厚的传统教养的士大夫的创见有关，则等于强调了这一点：我无，固于我为必要。

倪海曙采用编年史的叙述方法，过分重视被置于开头的记事所具有的意义，但也可以看到这样的意图，即他想尽力强调基于外来契机的运动是在本民族文明的基础上进行实践的。

现在，宋恕创始者说，在《宋恕集》的编者胡珠生的实证性批判之下，显然已经无法成立。[17]但是，在此之前，不要说在逻辑上，即便是在常识上，宋恕创始者说也有着致命的难点，难以自圆其说，倪海曙却一直坚持，这一点本身很值得注意。[18]

在倪海曙的议论中，宋恕与运动的关联，仅仅是在1891年首次使用“切音文字”一语，但宋恕没有就“切音文字”具体而言是怎样的展开详细论述。的确，从“切开声音的文字”这一字面意义来看，也并非不可以认为宋恕已经构思了基于反切法的文字。[19]然而，宋恕提案不但没有涉及“切音文字”的具体内容，而且在1897年刊行之前也未公开发表。而在宋恕有此设想后的第二年，卢戆章就创制了名为“切音新字”的文字。

宋恕创始者说所带有的难点，以及对《宋平子新字》的过低评价，表明《编年史》在有关宋恕的议论上陷入了混乱。这些都可以从《编年史》的成书过程中找到其原因。

倪海曙在杂志《拼音》1956年11月号上发表了题为《宋恕的〈六斋卑议〉》的文章。实际上，《编年史》开头关于宋恕的记事，即宋恕创始者说，就是以这篇文章为基础的。

值得注意的是，在当时，宋恕创制切音字的资料，只是确认了其存在，尚未被发掘出来。

在《拼音》所刊登的《宋恕的〈六斋卑议〉》中，有如下记述：

> 但据马叙伦先生的书后所说，宋恕却“曾造切音文字，惜未见”。[20]

马叙伦（1885—1970）生前与宋恕有直接的交流，从他那里得到的消息，可信性应该是有保障的吧。[21]

当时，使人们注意到其存在的所谓切音字，是指宋恕在1891年前后所做的切音字资料。[22]的确，在当时那个时间点上，倪海曙对其发掘所抱期待，自然有其相应的意义。这是因为，如果其切音字被发现，并且能够找到其曾通行于世的痕迹，则与《六斋卑议》的刊行年无关，可以成为宋恕创始者说的有力论据。也就是说，当初构想的宋恕创始者说，尚有待预期中的切音字资料的发现来作为支撑。

但是，在《编年史》接近完成之际被发现的《宋平子新字》所显示的内容，完全背离了倪海曙的期待。[23]既然是在1909年开始执笔的，就无法成为加强宋恕创始者说的证明材料，不仅如此，虽然执笔于运动的末期，却似乎对之前的诸多切音字的试行方案全不在意，采用了“与假名相同的半音节文字”。《编年史》中对《宋平子新字》的评价，其实是对其资料价值的否定和拒绝对其进行评价，这一点似乎已毋须多说。[24]

对宋恕创始者说的采纳和对《宋平子新字》的过低评价，实际上反映了期待中的切音字和实际采用的与假名相同的半音节文字相背离的事态。

但是，倪海曙排除“与假名相同的半音节文字”的把握切音字的方法，与前文提到的卢戆章那种把假名涵盖在内的切音字的把握方法，即其所谓“把四十七个简易的笔画作为切音字的字母”，两者之间未必一致。

那么，下面将另起一节，尝试讨论清末的切音字观的问题。

2 切音字和清末汉语表音式表记运动

在概观清末汉语表音式表记运动时，最先被注意到的，大概就是提出的表音文字体系的字形所具有的多样性吧。那些大体上都是自制的文字体系，从模仿罗马字的，到模仿速记符号的，省略汉字笔画的，模仿中国古代文字的，以及阿拉伯数字等，提出了各种各样的方案。

倪海曙等在 20 世纪 50 年代的研究发现，多种多样的创制文字在音节表示形式上具有一致性，也就是说，都是具备“声母＋韵母”这种形式的文字体系。方便起见，本文将把具备这种形式的切音字称为狭义切音字。[25]不揣冒昧的话，可以说倪海曙等发现，清末的切音字全部都是狭义切音字。[26]

以这个发现为基础，就可以主张继承清末以来的文字改革的传统，并带来新的进步。这一主张对于实现确立和普及《汉语拼音方案》的目标，是非常有利的。既然提出的试行方案都是狭义切音字，采用肯定狭义切音字的价值的分析视角，就能够得到实证性的资料依据。

这样看问题的话，大概可以说，倪海曙的宋恕创始者说，意味着宋恕是狭义切音字的首倡者。再引用一下《六斋卑议》的《变通篇开化章第四》中成为宋恕创始者说的论据的部分。

> 按：今日本小学教法：先授和文，后授汉文。若师其意，江淮以南须创造切音文字多种，以便幼学。此事体大，未敢议及。

这里的“和文”和“汉文”，虽然难以确定是指文字还是指文章，至少，当说“和文”的时候，应该包含假名，这一点大概是可以确定的。

那么，把这里所叙述的“切音文字”和假名的关系，与前面提到的卢戆章“把四十七个简易的笔画作为切音字的字母”的见解，相互对比一下，会怎么样呢？卢戆章把假名看作切音字，而宋恕在此至少没有说假名是切音文字。也就是说，倪海曙之所以注目于宋恕，大概是因为可以认为宋恕主张狭义切音字观。

然而，《宋平子新字》揭示了一个事实，宋恕所准备的是使用“与假名相同的半音节文字”的试行方案。狭义切音字的首倡者，在运动的最后阶段所准备的试行方案，却并非狭义切音字，这样一来，对于运动史的分析视角本身，就有必要重新加以检讨。于是，《编年史》优先考虑自己的见解，回避了对事实的评价，大概就是这么回事。

最后，在倪海曙的议论中，说《宋平子新字》是采用了“与假名相同的半音节文字”的唯一的例外，甚至拒绝迈出事实判定的第一步。结果导致《宋平子新字》给人留下的印象是，这是一份本体不明的资料。其根本原因在于宋恕创始者说，归根结底，可以说是在于狭义切音字观。

在此，关于清末的切音字，首先确认以下两点：

第一，清末的切音字这一用语，至少在当初卢戆章的用法中，未必排除了以假名为代表的音节文字。

第二，清末作为切音字提出来的试行方案几乎全部都不是音节文字，而是狭义切音字。

倪海曙认为上述事实二体现了清末的运动的本质，认为音素文字（包括狭义切音字）和音节文字处于排他性的关系之中。但是，事实一显示，清末的知识分子是用包括狭义切音字和音节文字在内的表音文字这一形式，来把握汉语表音式表记运动。

本来，宋恕自身在开始写《宋平子新字》大约十年之前，有把假名看作切音字的迹象。刘绍宽在日记中记录的宋恕的谈话，认为与西方语言“西文”相比，日本的语言“东文”更容易学习。

又云：西文难学，东文易学，凡通东文者必先通中文为根柢。缘东文实字皆中文，所易者为切音五十虚字耳。[27]

这里所说的“东文”是指日本同时使用汉字和假名的文体。他认为，带有具体含义的“实字”，是用“中文”即汉字或者说汉语来表记的，所以，只要替换一下“切音五十虚字”，经过非常轻松的操作，中国知识分子就可能理解日语。毋须赘言，这里的“切音五十虚字”是指假名。

明确表示认为假名是切音字的，不只是卢戆章和宋恕。

1896 年，梁启超等维新派聚集其间的《时务报》，介绍了沈学为表记吴方言而作的《盛世元音》（或称《天下公字》），使世人注意到运动的存在。沈学自负“可公天下，能切天下音”，作为“天下公字”，发表了自己的方案。沈学对俄罗斯和日本富强的原因说明如下：

二国之自强，其势由上，借本国切音字，翻译泰西富强书，令民诵读者也。[28]

在此可以看到的是把斯拉夫文字和假名都视为切音字的见解。

另外，沈学把汉字视为象形文字：

（中国）最拙这文字一学。泰西切音，中国象形故也。[29]

值得注意的是，这里的“象形”是和欧洲的“切音”相对而言的。虽然令人想起六书之一的含意，但是把汉字和古代埃及的神圣文字视为同列，形成了过低评价汉字表音功能的视角。

以上虽然是 19 世纪 90 年代即运动初期的见解，但也未必可以说这些只是误解的产物，比如，将假名视为音素文字，或者没有认识到音素文字和音节文字的区别。

其实，清末知识分子的常识是只把汉字看作是文字，由此常识出发，认为切音字的用处在于，使特别强调表音功能的表记体系成为可能，而对于音素文字和音节文字的区别并不怎么留心。进一步来说，日语中有假名，这一现象反而赋予清末知识分子以反省自己的表记体系的契机，在这一点上，不是可以说日语的假名有着决定性的说服力吗？

有关表音文字对汉字的功用的议论的原型，可以举出1887年黄遵宪《日本国志》卷33《学术志》中关于“字母”的论述。黄遵宪的说法如下：

> 惟日本所谓字母，实异于他国。各国字母，或合二三音、合四五音而成字，纵横变化，生生不穷，所谓母以生子也。而日本仅一字一音，又有音无义，必数字相待而后成义，并非数音相合而能成字也。所谓母者，假借之辞耳。[30]

所谓“各国字母”显然是指罗马字母等音素文字，这里所谓“字母”是指尚未成为“字”的构成要素。与此相对，假名虽已是“一字”，却是“一音”，加之“有音无义”，是“假借之辞”。当然，所谓“假借”是六书之一，意指与字义无关，借字音来表示语言。也就是说，黄遵宪在此立足于假名起源于汉字的历史，认为假名虽然是一个字形，并表示一个字音，但是由于缺乏字义，是所谓“字母”。

把音素文字和音节文字都看作是“字母”，这种观点在黄遵宪的议论中，与提示汉字改革必要性的先驱性的议论，结合在一起了。

按照黄遵宪的理解，英法学术兴隆来自于将拉丁语换成了各自的口语，基督教的兴隆来自于《圣经》被翻译成各国语言。“盖语言与文字离，则通文者少；语言与文字合，则通文者多，其势然也。”[31]

日本的假名与学制，尤其是初等教育的整备，共同带来了识字率的提高，这意味着，与日本的口语相分离的汉字或汉文在日本社会的推广。于是，黄遵宪主张，消除清末中国的口语和汉字或文言文的乖离，创造出能够“令天下之农工商贾、妇女幼稚皆能通文字之用”的文字和文体。

虽然，黄遵宪自身在这个时候并非主张创造汉语中的字母[32]，但是，在黄遵宪的字母观背后存在着的看问题的视角，和创造了切音字的卢戆章和沈学等是共同的。这一点自不待言。也就是说，黄遵宪的字母观和后来的切音字观，都反映了清末中国知识分子对日本文化中假名的社会功能的关心。

使这一视角成为清末运动全体所共有的文章，出现于 1896 年。在《时务报》发表沈学的《盛世元音》时，梁启超写了《沈氏音学序》。

> 国恶乎强？民智斯国强矣。民恶乎智？尽天下人而读书而识字斯民智矣。德美二国，其民百人中识字者殆九十六七人。欧西诸国称是。日本百人中识字者亦八十余人。中国文明号于五洲，而百人中识字者不及二十人。虽曰学校未昌，何遽悬绝如是乎？吾乡黄君公度之言曰：“语言与文字离则通文者少，语言与文字合则通文者多。中国文字多，有一字而兼数音，则审音也难；有一音而具数字，则择字也难；有一字而数十撇画，则识字也又难。”呜呼！华民识字之希，毋亦以此乎？梁启超曰：天下之事理二：一曰质，二曰文。文者，美观而不适用；质者，适用而不美观。中国文字畸于形，宜于通人博士，笺注词章，文家言也。外国文字畸于声，宜于妇人孺子，日用饮食，质家言也。二端对待，不能相非，不能相胜，天之道也。[33]

此处分析问题的视角，依然在于能够消除口语和文字的分离的新文字。有鉴于此，应该认真对待切音字的提案，这一点再次得到确认。同时，《日本国志》也被重新进行评价。

进一步来说，梁启超在《沈氏音学序》中提出，把士与民的关系，作为“文”与“质”的相辅相成的关系来把握。可以认为，等到这一卓越的观点出现之后，运动的意义才开始为世人所周知。[34]“日用饮食，质家言也”，这句话使人想起士人在日常生活中意识不到的民众生活的具体情况，与此同时，通过与“文”相互对照，指出了在士人阶层的表层性的文化的深层中，所存在着的文化。不但如此，在指出这两者之间互补性的同时，也提示了将表层和深层合为一体，才得以成立的“中国”的价值。[35]

根据上述情况，妥当的判断是，宋恕《六斋卑议》1897 年刊本中的“切音文字”观，也和第二年的“切音五十虚字”同样，是将假名包含在内的。

另外，应该认为，宋恕对运动的参与至少是在甲午战争结束后，甚至是在梁启超《沈氏音学序》发表以后。宋恕在《六斋卑议》1892 年稿本之后，一贯持有以士与民这一社会结构为基轴的观察视角。在 1895 年的《六斋津谈》中，也是作为中国社会的问题所在，指出了识字率的低下和“官不读书，民不识字”的状况。[36]如同前文所提到的那样，这些论点和黄遵宪式的字母观，以及卢戆章式的切音字观，都是共通的。但是，在《六斋津谈》的议论中，无论是黄遵宪式的字母观，还是卢戆章式的切音字观，都没有出现。准确地说，宋恕对字音和字义关系的注意是第一位的，把字形的繁杂或者字形和字音的关连作为问题来考察的意识，还非常淡薄。[37]

由此可以认为，宋恕在 1897 年刊本中没有具体论述切音文字的构想，是因为他刚刚意识到其必要性，尚未做好具体论述的准备。[38]

所谓清末表音式表记运动，最终成为这样一种行为：针对只使用汉字的汉语表记法，把使用其他种类的文字的表记体系，放在与其相对而立的位置上。当此之际，清末的知识分子所意识到的，是与汉字相对的作为表音文字的切音字，是要使用这种专门用来表音的文字来表示汉语。[39]如此，则采用假名或者音节文字，在编制切音字试行方案时，可以说也是一个可能的选项。的确，现在所传的宋恕的议论，并没有明确地说是把《宋平子新字》看作切音字，但是，这并不妨碍上述看法的成立。

那么，为什么在运动的试行方案中只出现了狭义切音字呢？这个问题实际上和另外一个问题是表里一体的：为什么除了《宋平子新字》之外，没有出现音节文字的试行方案？回答这一问题，是把《宋平子新字》的例外性质，作为运动中的个性来进行把握的前提。在清末知识分子创制切音字的问题上，有两个基本的要素：其基础是基于汉语的反切法的对音韵结构的把握；其参考范式是各种外国语言的文字体系。下面将通过对这两个要素的思考，来尝试解释为什么只出现了狭义切音字。

第一，关于反切法，可以指出的是，以其为基础的切音字，虽然也有着采用音节文字形式的可能性，但在实际上，与狭义切音字的形式更容易结合在一起。

一般来说，在反切法中，“伍”的字音用“疑古切”的形式来表示。这样，对于同时具备字形、字音和字义的汉字“伍”，和字义的关系被暂时舍弃，只抽取其字形和字音的关系。

汉字是用一个字形来表示一个音节，所以在这种意义上来说，和音节文字是相同的。因此，反切法本来并非不可能适用于音节文字。也就是说，用反切法来表示的话，“伍”是怎样的呢？再一次提出这一点的话，就是说，“为伍、加入其中”等字义被舍弃了。毋须赘言，反切法的这一侧面，与黄遵宪式的字母观，即将其视为“一字一音”的“假借之辞”的字母观，紧密相连。因此，即使把切音字作为广义的表音文字来构想，也应该没有什么不妥。

这里传达了这样的信息：归字“伍”的字音是由上字“疑”的“声母”和下字“古”的“韵母”合成的。而归字“伍”和上字“疑”在字音上构成了“双声”的关系，即“声母”是共通的。而归字“伍”和下字“古”在字音上构成了“叠韵”的关系，即“韵母”是共通的。

众所周知，“双声”和“叠韵”本来是诗文中的修辞手法名称。不要说经书，甚至包括语言游戏在内，现实生活中到处都会表现出这种关系。在这种关系上重新把握反切法，与在现实的说话的维度上来重新理解反切法，两者之间是相通的。而且，“双声”和“叠韵”的用语，事实上经常被用于把“声母”和“韵母”作为指示对象的时候。

吴敬恒，曾经留学法国，搞过无政府主义活动，在国民党内担任要职。但在 1895 年，他科举落第，在江苏省当家庭教师，其间创制了作为狭义切音字的“豆芽文字”。他把相当于声母的文字组称为“双声”，把与韵母相当的文字组称为“叠韵”。[40]由此可知，吴敬恒所创制的狭义切音字是在把“双声”、“叠韵”的关系形象化的操作过程中，引发出来的。

也就是说，从豆芽文字的例子来看，也能够明白，即便是基于汉字使用者的日常感觉，如果要以反切法为前提创制表音文字，理所当然地就会成为所谓狭义切音字的形式。

清末知识分子本来就是通过传统学术而形成自身基础性的教养的，因此，在传统的知识框架中考虑与汉字或汉语的音声有关的问题时，反切法的知识是非常普遍地存在的，而且除此之外别无其他可能的依靠。反过来也可以说，位于与汉语的音声有关的传统的自我意识的深层之处的知识，正是反切法。[41]

其次，作为切音字范型的文字体系，基本上都是罗马字母表。更准确地说，以其为范型的 19 世纪 90 年代的先驱性的试行方案，为以后的方案提供了基础。而且，在区别子音字和母音字这一点上，与传统的反切法相近的音节把握方式由此而得以确保其可能性。

在以罗马字母表为范型这一点上，卢戆章的方案自不必说，在此想考察一下 1896 年蔡锡勇的方案《传音快字》。蔡锡勇是外交官，曾在东文学堂学习外语，在美国、日本和秘鲁作过公使随员。当时在美国流行皮特曼式速记法用于议会议事记录等。蔡锡勇从中受到启发，十几年后，创造了用于官话音表记的《传音快字》。蔡锡勇之所以关注速记法，是因为可以当场正确记录所说的内容，并且笔画简单。因此，他主张：如果把“传音快字”作为文字，则“自上至下，由男及女，无事不有学，无人不有学”[42]。

此后，前文提到的沈学《盛世元音》、力捷三所制用于表记福建方言的《闽腔快字》（1896），以及王炳耀所制主要用于表记广东方言的《拼音字谱》（1897），这些 19 世纪 90 年代的方案所采用的字体，都会让人联想起速记法之类的符号。当然，这些都是狭义切音字，这些方案的制作者，包括卢戆章在内，或者是精通英语，或者是憧憬英语圈的速记法，或者是参考了前人的方案，总之都是在个人有限的知识条件和信息中选择其范型。

清末中国在与欧美列强的关系中，出于外交和通商的必要，不得不培养通晓欧美各国语言的人才。这成为同治朝以后被提拔任用的汉族官僚主导的所谓洋务运动的主题之一。在这种潮流之下，外交官和根据条约开放的港口的知识分子登上了历史舞台。一般来说，清末的汉族知识分子未必会优先选择学习包括满洲文字、蒙古文字和假名甚至谚文（朝鲜字母）在内的各种周边语言所固有的文字。这是因为，周边各国、各民族至少在书面语言中，都会使用汉语来进行表记，所以可以保证最低限度的必要沟通。这样一来，至少在19世纪90年代，与周边各种语言的音节文字相比，自然是罗马字母表更有可能成为切音字的范型。这就是说，以反切法为基础，与其具有亲和性的音素文字体系成为范型，除此之外别无其他范型，所以，除了狭义切音字的试行方案之外，也就没有其他类型的方案出现。

进入20世纪以后，开始了表音式表记运动，既然先例只有狭义切音字，在个人创制试行方案的时候，除了也采用狭义切音字，很难想象此外还有其他选项。在清末运动的过程中，被倪海曙作为例外规定为唯一的音节制的方案是《数目代字诀》，但是，同一作者以后又重新制作了狭义切音字的试行方案。[43]这一事实表明，在运动的过程中，狭义切音字观在当时人们的意识中作为一种范型而被接受了。

《宋平子新字》是把假名或者说日语作为一种范型的唯一的尝试。本来，音节文字中，单纯地说，需要有和音节总数相同数量的字形（形态素），因此，对音节总数很多的汉语进行表音式表记时，这是个很大的难点。实际上，《宋平子新字》中列举的“新字”的总数，据宋恕说是“七百七十一字”，考虑到其他的“切音字”最多有50个左右的字形，这一数量实在是太多了。但是，如果假定这并不是显示了其对日本文化的过度热爱的轻举妄动，或者晚年认知混乱的产物，而是某种理性合理的判断和选择的结果的话，那么其所关心的到底是假名的什么样的侧面？

3 《宋平子新字》和清末江南知识分子对日本文化的接受

如前所述，宋恕加深对日本关注的契机，大概和其他很多清末知识分子一样，是在甲午战争之后。在此之前，他有着对欧美的关心。其实，从1866年这一比较早的时期开始，基督教（清教）就在温州传播。1876年，基于《中英烟土条约》，温州对外开港，形成了比较好的接受欧美信息和文化的条件。这是宋恕关心欧美的背景。特别是基督教会通过免费提供民众教育、建立女子学校和医院等，增加了信徒。[44]在平阳县度过了少年时代的宋恕，应该也了解这些情况，而且，大概可以认为这是其形成对外国事物关心的契机。

宋恕在1895年的时候提出了这样的认识：包括反切法在内的传统音韵学所育成的素养不是也可以适用于外国语吗？阐述了其重视字音超过字形的语言观的《六斋津谈》的《小学类第四》，记述了这样的内容，围绕着在某人所著的书《英文指南》中出现的“OU”这样的拼写方式，他批评作者“即知其不解反切”，并感慨：“中国殆未有深通欧洲‘文字’者。”然后夹杂着佛教用语说道：“然余于小学实有‘妙悟’，故极思通地球各国‘文字’，将来倘能如愿，于小学必更有‘大悟境’也。”[45]这里说的“文字”不是仅指书写语言，而是指包括音声在内的广义的语言。可以看出，宋恕不但对于包括反切法在内的自身的“小学”素养有着强烈的自负，并且认为有可能将其适用于外国语。

1903年游览日本之际，宋恕在表达其对“小学”的自负的同时，表明了这种确信。他在从日本写给妻子的书信中说：

> 至芃（指宋恕妻子的兄弟孙诒棫）所以难学日语之故，由于不解双声之理。此来曾与之再三谈，而彼终未能悟；犹之陈介石（指陈黻宸）学识虽高，而于此道则太不近性；然此间温州学生无一解双声者，北方及广东人则尤不近性；故皆以为日语甚难学。新会（指梁启超）在东五六年矣，而尚未能作日语，皆由双声不解之故也。[46]

宋恕认为孙诒棫、陈黻宸、梁启超等没有掌握日语，是因为不理解“双声”。这里所谓掌握日语的问题，不是指读或者写，而是指听和说。这一点不必多言。双声在反切法中的功能如前文所述，由此可以明白，宋恕平时就是以反切法为前提来把握音节的。但是，这里说的“双声之理”，并非指那种狭义的双声关系即不同音节之间在声音上的共通性，或由其转化而来的音节内的声母。比方说，即使能够理解“カキ”是双声，如果不能区别“アイ”和“ナニ”，也不能说是掌握了日语。反过来说，正因为是出于以听和说日语为目的的学习的需要而提到作为其手段的“双声之理”，所以这里说的应该是指以“双声”和“叠韵”这种对音节构造的把握为前提，来掌握音韵体系的问题。还特别值得注意的是，其适用对象是作为外国语言的日语。

宋恕把属于外国语的日语，作为音韵体系来把握，这一点在《宋平子新字》中也能够看出来。《宋恕集》中把《宋平子新字》分为三部分，在对其第二部分的总结中，宋恕写道：“计新造三百一十八字，合日本旧假名一百〇一字，为四百一十九字，每字各自一音，殆全备矣。”[47]

如前文所述，宋恕强烈倾向于把日语作为声音来把握，在《宋平子新字》中，显然也是在字音和字形之间，一对一地加以把握，即其所谓“每字各自一音”。这里所谓字音，应该是指宋恕从其称为“双声之理”的观点出发、体系性地把握的音节。[48]

“新造三百一十八字”指的是，把“一”、“十”、“I”等符号，添加在既存片假名的右上角而形成的字形，如果已经有浊音或半浊音的记号，就加在这些记号的右边。这里所谓“新造”，就是指进行了这样的操作。而所谓“日本旧假名”，就是指没有经过这种操作的本来的片假名。但是，这里用的“新造”一语，毕竟不能只在字形的层面上来理解，而应该是指在与被成体系地把握的音节之间，重新创造出了一一对应的关系。

不过，成问题的是宋恕说“日本旧假名”有“一百〇一字”。片假名和平假名合计的话，倒是和这个数字很接近，但是，很难认为宋恕想说的是这种字体的问题。因为《宋平子新字》中所设计的字形，本来就是以和字音一一对应为前提，以被成体系地把握的音节为对象的。考虑到这一点，应该认为宋恕说的是日语的音节总数。从他使用“新造”、“旧假名”的例子来看，“新造”之中包括浊音和半浊音，“旧假名”之中也包括浊音和半浊音。虽说如此，清音、浊音和半浊音加起来也不足“一百〇一字”。恐怕他是把清音、浊音和半浊音的拗音也包含在内了。[49]

宋恕对日语的关心，不是指向作为字形的假名，而是指向日语的音韵体系，所以很自然地带来了对五十音图的关心。

从1903年宋恕在日本和日本知识分子南条文雄（1849—1927）的笔谈记录中，也可以看到他当时已经以五十音图的知识为前提来理解日语的音韵体系了。

> 宋：恕新来贵邦，全未解语。只进取贵邦书独研究之，于汉音已洞明其理。金元以后，支那音大抵由清变浊，或由齶齿

变为舌喉之音，只须将今时敝邦之音由浊变清，或由喉部、舌部变为齶部、齿部，便合于贵邦存古之汉音。只贵邦原来之音，究与今时何种族之音相近，原得领教！

南：日本原来之音在存所谓畿内者。……弟未尝细密研究此种之事，故唯呈略答耳。

宋：今贵邦普通语音，于阿（ア）行、也（ヤ）行、和（ワ）行有多混淆。且东京之语言，于シ一字音每误作ヒ一字音，教语师亦且惑然矣。

恕且聆贵邦之原音，大抵高于汉音。此高字，指假名音之十行之次第［此处内容不明］。颇疑原音中亦有支那三代以上之音，但无从考证。今欲穷贵邦言语之原，有何等古书可用，求示！

南：《古事记》、《日本书记》、《古语拾遗》。

宋：今在贵邦之支那学生，无一可与谈音学者。枝枝节节而学之甚费力，而无关于高等之学科也。[50]

从此交流中可以看出，宋恕对日语原来的发音和汉语的音的关系，以及现有日语语音的组织，抱有极大的关心。这里值得注意的是宋恕在指出有关日本的“共通语”的“混乱”时，谈到了“ア行、ヤ行、ワ行”。如果没有关于五十音图的知识，不可能有这样的说法。

的确，要说《宋平子新字》就是采用了五十音图，还是有困难的。因为其中没有提到五十音图，或者是零星地提及，或者是在施加自己独特的处理时提及，所以很难推测宋恕的真正意图。这种情况导致难以断言其采用了五十音图。比如，在《编年史》的“宋恕草拟《宋平子新字》”中，作为“基本字形”介绍了“阝（ア）”、

“カ”、“セ”、“千（チ）”、“ヌ”、“ヒ”、“モ”、“ヤ”、“ロ”、“井”。[51]这是在《宋平子新字》中，宋恕在五十音图的从ア到ワ各行，每行各选一个字的结果，对此后文还将介绍。只是，很难据此解读宋恕的意图。

据前文的介绍可以确信，宋恕不但拥有关于五十音图的正确知识，而且掌握了日语的全部音节。立足于这样的判断，可以认为《宋平子新字》当然是以五十音图为基础而构想的切音字试行方案。

毕竟，《宋平子新字》的目的在于温州音的表音式表记，而不是介绍日本语音，而且，还只是处于备忘录的阶段，也完全可以认为正是因为其不言自明，所以宋恕省略了对作为日本语音的五十音图的说明。

另外，也可以认为，宋恕在《宋平子新字》中施之于片假名的操作，是为了标记温州音而对音节数少的日本语音加以扩展。

《宋恕集》中《宋平子新字》的第一部分的操作，可以看作是为了弥补韵母的不足，而把所谓母音记号添加在所谓“基本字形”上。的确，初见之下，宋恕选择“基本字形”的意图似乎很难理解，其实，所选的字形都是为了能够清楚地显示添加在其中央、左、右、上方的母音记号。

《宋平子新字》第二部分的操作，是把前面提到的“一”、“十”、“I”等符号附加于片假名而形成的“新造”，可以认为这些记号是为了扩展声母而设计的所谓子音记号。这里有两点值得注意。第一，在第二段本应添加母音记号来表记的音节（恐怕是作为不言自明的东西）被省略了。第二，尽管是所谓“新造”的形式，其实在此至少是作为字形显示了“五十音图”的存在，包括了从“ア行”到“ワ行”的清音和“ガ行”、“ダ行”、“パ行”的浊音、半浊音的直音。

在这个第二部分的“五十音图”中，值得注意的是，“ア行”的

“イ”、“エ”、“オ”被用新的字形来表示，“ヤ行”被表示为“ヤ”、“イ”、“ユ”、“エ”、“ヨ”，“ワ行”被表示为“ワ”、“井”、“ウ”、“ヱ”、“ヲ”。就此，本文想指出以下两点：

第一，变更五十音图的编成，可以认为是为了消除在前文引用中所提到的，宋恕在与南条文雄的笔谈中所指出的“ア行、ヤ行、ワ行”的“混乱”。恐怕宋恕是基于所谓“双声之理”，尝试把日本通行的五十音图，作为音韵体系，改造得更加完整统一。

第二，填补五十音图中的空位，可以认为其意图是想把五十音图改造成名副其实的有五十个音的图。与实际应用的发音不同，宋恕想要表示出根据“双声之理”应该存在的音节。

根据以上所述，可以认为宋恕在接受五十音图的时候，首先看到了其作为音韵体系的侧面，然后基于自身的“小学”素养，尝试将其改编得更加完整统一。反过来说，这大概也正是《宋平子新字》中没有提到日本通行的那种形式的五十音图的理由。因为现存的五十音图不够完整统一，不足以成为“新字”。

五十音图本来是在佛教悉昙学和汉语音韵学的影响下形成的日本语音的音韵组织图。但是，在日本直到明治时代之前也未被广泛普及。其实，考虑到实用性的话，不多不少地表示了四十七文字的伊吕波歌更为方便。但是，及于明治初期整备学制，或许是在国语成立的过程中，作为日本语音的音节总表而受到洋学派的关注，被日本小学国语教科书所采用。[52]

而在清末中国，五十音图广为知识分子所知的契机，可以说是黄遵宪《日本国志》和傅云龙《游历日本图经》这两部介绍日本的先驱性的著作在19世纪80年代末的出现。两书中关于五十音图的介绍，主要的依据都是村濑之熙《秇苑日涉》卷二。[53]村濑首先重新考察了五十音图的形成是受到了研究梵字的悉昙学的说法。悉昙学中提到的清音所构成的五十音图，被视作旧图，用汉字来表示每一个假名的发音，用反切法导出要确定的假名的音声。但是，旧图中对声母的分析视角，从中国音韵学的角度来看，调音点的把握方法是依据不完善的“五音”之说，所以应当改为更加严密的“七音”之说，于是又制定了包括浊音、半浊音在内的新图。

《游历日本图经》把村濑关于五十音图的议论原样照录，将其作为“音学”的问题提了出来。这意味着，五十音图是被作为在悉昙学的影响下，从中国音韵学的视角重新加以整理，而形成的日本语音的音韵图来介绍的。[54]

而黄遵宪《日本国志》不是作为图，而是作为字形的排列，来介绍五十音图的，停留于暗示日本语音和梵字之间的密切关系。

两书对于五十音图的处理方式的差别，起因于是否可以把日语作为中国音韵学的适用对象来理解，这一观察问题的视角的有无。傅云龙和宋恕同是浙江省出身，黄遵宪和梁启超同是广东省出身，如果把这一点考虑在内，可以说在对日语的接受方式上，有着地域性的差别。浙江省出身的人认为日本语音是可以用中国的音韵学来理解的，而广东省出身的人不承认这种可能性，或者是放弃了。这种态度上的不同，也表现为关于中国音韵学的普遍性见解的差异，而这一点应该是和包括浙江在内的江南地区是兴盛于乾嘉年间的清朝考据学的中心地有关。

前文也曾提到，在宋恕周围的人际关系中，有清末两位大学者，一是主要在上海、杭州活动的俞樾，一是温州的孙诒让，两人都强调在经书解释中音韵学的重要性，都以乾嘉之学的继承者自任。当然，宋恕也持相同的立场。

另外，《游历日本图经》以平假名表示伊吕波歌，以片假名表示五十音图，称为“日本文表”，还把各个假名字形所源自的汉字和所表示的汉语读音（官话音）相互对照进行介绍。傅云龙说这是在他去日本之前，其子范初所做的工作。[55]这表明在19世纪80年代已经存在对日语的高度关心。

宋恕的老师俞樾在上海于19世纪70年代接受岸田吟香的委托，编集《东瀛诗选》，此后和日本汉诗作者建立了密切的联系。而孙诒让及其作为藏书家知名的父亲孙衣言，都精通书志学，在日本的书志中发现中国散佚的书籍，经常会从日本购求。在清末温州，还有人编辑了日本留学指南以及和文汉读法等书籍，可以说对日本有着高度的关心。虽然如此，但孙家和日本的密切关系应该在很大程度上是因其身为温州乡绅的社会、政治地位才得以被反映出来的。

在宋恕对五十音图的采用中所表现出来的日本趣味，可以说正是以江南的学术文化以及清末中国与明治日本的交流等历史文化条件为背景而形成的。

代结语

《宋平子新字》完全是为了整体性地把握温州话的音韵体系而进行的尝试。换句话说，这是编制温州话音节总表的一次尝试。

因此，日语的音韵体系虽然被包含在其构想之中，却没有被作为“新字”而提出来。五十音图的结构虽然给宋恕提供了音节分析的基本框架，但也包含着某种“混乱”。

除了实际使用的音节之外，作为理论上可能的组合而被认识到的音节也被作为“新字”而表示出来，以至于提出了“七百七十一字”之多。因此，虽然可以说这提供了温州音的表示方法，却不能认为是提供了温州话的表记法。与此形成鲜明对比的是，其他的切音字方案几乎都是从实用的观点出发而制作的。但是，反过来说，也可以说是在1909年的时候，重视实用性的试行方案的意识还很淡薄。

在清末的试行方案中，和《宋平子新字》同样是以表示温州方言语音为目的的，还有陈虬在1903年提出的方案《新字瓯文七音铎》。1897年陈虬在《教经问答·语言》中，以一问一答的形式，总结了以传统音韵学和反切法为基础进行音节的分析与合成的视角。[56] 1903年的方案《新字瓯文七音铎》宣称是30年来基于音韵学观察温州方言的产物。其字形与蝌蚪相仿佛，头的部分是"フ"或"コ"形，表示声母和七音之一相当，然后是向下拖着一条长长的尾巴的部分，表示韵母和声调。[57]

陈虬科场失意，在故乡温州一面开医院，一面开私塾，是所谓"布衣之士"。他的试行案是私塾中的教科书，分三个阶段显示学习的课程，考虑得很周到。

这里值得注意的是，同在温州的"布衣"陈虬和"乡绅"孙诒让之间，时常形成对立。陈虬是变法论者，而孙诒让是致力于对温州民众进行启蒙的所谓开明乡绅。但是，在陈虬看来，孙家崇信佛教，是传播迷信之举，应该加以批判。因此，两人经常围绕着对温州子弟的教育问题而发生冲突。[58]

下面是孙诒让1907年的一段话。

> 近人厌楷书繁难，议以日本片假名之例，别制简字，只可用以教下等农民，若学校学生，则既习新文，又须学旧文，两费脑力，实为徒劳。[59]

值得注意的是，这未必可以说是传统主义或者文化保守主义的立场。正是这位孙诒让在温州专心经营新式学堂，不拘身份、阶层、性别，旨在普及教育。所谓"下等之农民"，指的是不愿努力，在初等教育刚刚入门的地方放弃学业，结果自甘于社会底层的人的批判。

同时，也可以看出其对陈虬的批判。

而对宋恕来说，在进一步构想切音字的时候，通过学习切音字而获得的附加价值也非常重要。

由此而言，采用五十音图使得从原理上探求温州话的音韵体系成为可能，因为其中自然而然地包含了与日本语音的音韵体系进行比较的视角，所以也有助于学习日语。宋恕正是基于这种认识才选择了五十音图。

虽说如此，但采用五十音图的这一尝试在大约 50 年后可以说是被倪海曙所否定了。之所以如此，是因为当时在倪海曙所构想的汉语拼音运动的历史中，可以发现告别五十音图的契机。1903 年，受清朝之命而赴日本考察学制的吴汝纶，将其考察成果写在了《东瀛丛录》中，记载了吴汝纶在日本的时候与日本教育界人士之间的意见交流。其中引人注目的是与阐述国语教育与爱国心密切关系的伊泽修二的谈话，以及论述在普通教育中五十音图效用的土屋弘的来信。特别是后者向吴汝纶建议在中国采用五十音图，主张在初等教育中使用“宇宙百般之事，无不可写者”的五十音图，中等以上使用象形文字（即汉字）。[60]对此，吴汝纶加以拒绝，理由是已经有了“弊国人王照”的“省笔字”。[61]

后来，王照（1859—1933）《官话合成字母》（1900）被十三省所采用，直到中华民国采用注音字母之前，成为切音字的主流。[62]

如今，自宋恕的尝试以来，已经过去了大约百年，自倪海曙的“重新评价”以来，大约过去了 50 年，汉语的罗马字母表记在中国国内不必说，在国际上也已经普及并固定下来。大概可以说对宋恕的尝试进行公正的评价条件，现在终于已经形成了吧。

对于以外国语的表音文字为线索，为实现汉语的表音式表记而努力的先哲们的辛劳，一面深深怀念，一面就此搁笔。

作为启蒙知识分子的赵正平
——面向南方的志趣和辛亥革命的精神

吉川次郎

前 言

20 世纪初的中国正处于从大清王朝终结到中国民国成立的过程之中，随着社会的近代化，尤其是报纸、杂志等新兴媒体的发展，各种各样的新思想流行于世。所谓“中等社会”论正是其中被大力提倡的主张之一。

作为“中等社会”论的首创者，杨毓麟发表于 1903 年的《新湖南》广为人知。这一著作在热切提倡民族主义的同时，对于推进革命的社会主体的构造，也进行了尝试性的分析。关于“中等社会”，杨氏写道：

> 诸君在于湖南之位置，实下等社会之所托命而上等社会之替人也。提挈下等社会以矫正上等社会者，惟诸君之责；破坏上等社会以卵翼下等社会者，亦为诸君之责。[1]

“中等社会”这一概念诞生于何时？如何形成？谁是其具体承担者？桑兵认为，以反对俄罗斯势力扩张的拒俄运动为契机，特别是旨在动员“下等社会”的知识分子，认识到了“中等社会”的必要性。在运动进入高潮的1903年，更是展开了广泛的讨论。与此相关，不久之后，在1905年的抵制美货运动中，知识分子与民众走向联合。[2]而且，“中等社会”的承担者，不是科举所造就的传统知识分子，而是学生这一真正的新阶层。对此，当时李书城的文章《学生之竞争》中已经明确指出。[3]

然而，在研究这一课题时，令人感兴趣的是，曾经风靡一世的“中等社会”的主人公们，在辛亥革命以后命运如何呢？就指导革命而言，他们也许可以从中得到充分的自我满足，但是，这一标准未必适用于衡量作为知识分子的发展和成熟。[4]特别是在不久之后，中华民国也形成了通过大学教育的整备而培养起来的知识分子集团。清末“中等社会”的知识分子，曾经希望自己将“上等社会”取而代之，现在却不得不再一次思考如何确定自身在社会中所处的位置。

罗志田立足于边缘知识分子的分析框架，在直至文学革命以后的长期演变过程中，如此把握“中等社会”知识分子的形象：

> 作为一个群体，边缘知识分子实继承了“学生”社群初起时的“中间”或“过渡”特征。由于他们不论身心都徘徊在城乡和精英与大众之间，其在一定程度上也就起到了联系和沟通城乡及精英与大众的功用。所谓边缘，本是双向的，即一脚踏在知识分子一边，一脚踏在不能读写的大众一边。这样一种两可的特性使其有时恰更容易被双方接受。知识分子可见其知识的一面，大众则见其通俗的一面。[5]

虽然“不能读写的大众”这一表达方式有些极端，这里所描述的以清末学生为主体的“中等社会”知识分子在民国以后的经历，非常有启发性。也就是说，虽然可能有的人很顺利地转变成为新的“上等社会”中的一员（精英），但也有人依然停留在与过去相同的位置上，不得不继续面对那些随着时代变迁而不断变化的新的知识精英和新的大众。

本文的研究对象赵正平正是如此。赵氏在清朝末期以广西省为舞台，通过在《南报》、《南风报》的言论活动，为辛亥革命的成功做出了贡献，但是，对其却至今并无值得注意的研究成果，其经历和思想将会在下一节介绍。[6]和极力强调学生作为“中等社会”承担者的意义的李书城一样，来到桂林的赵氏也正是典型的“中等社会”的知识分子。从清末直到民国后进入晚年，他在很大程度上发挥了罗志田所描述的作为媒介的功能。而且，这种功能不仅体现了其行动的特征，也深刻影响了其思想的内容。当人们考察近代中国知识分子的各种类型时，这一事实提示了饶有趣味的研究课题。

1 赵正平略历

赵正平 1884 年生于江苏省宝山（今属上海市）。[7]少年时曾就学于朱寿朋门下，后就读于上海方言馆。赵正平素有志于学习军事，1903 年初次东渡日本，但在当年日本政府确定了“禁止私费留学生进入军事学校学习”的方针，一度放弃留学，入浙江武备学堂学习。1905 年，赵正平与同窗黄郛一起以最优秀的成绩再度获得留学日本的资格。

本来，赵氏就读于军事学校，而且学习军事也是其本人的愿望，顺利成行的话，将会经由与军队有关的日本下级学校，然后进入陆军士官学校。但是，赵正平在途经北京时，因病未能参加公派留学。失意之中的他，得到了同窗黄郛、夏清馥的帮助，终于以接受这些友人们的援助的形式，留学成功，就读于早稻田大学。

这一连串的经历对他以后的人生有着不小的影响。第一，他自己虽然未能成为军人，却在以后也一直保持着对军人的憧憬。即便是身为言论人、文化人，在其精神构造中，或者说作为一种价值观念，他对军事总是念念不忘。第二，武备学堂时代的交友关系，以后也一直得以维系，并对其人生中的各个局面，带来重要的转机。第三，直到其晚年，日本这一存在，在现实和思想两个层面上，都投下了深刻的光影。

如果说以上所述乃是刻在赵正平的出发点上的一个印痕，那么1905年在东京参加中国同盟会，可以说是决定了其人生方向的一件大事。次年，22岁的赵正平回国，成为两江优级师范学校的教师，实际上是同盟会的联络员。[8]教育和同盟会的活动并行，这种生活方式日后也长期持续。

在1909年的文学结社即南社创立之际，赵正平和林之夏一起，成为最初参加的17人之一。之后，赵正平移居广西省的桂林。当时住在桂林有着一种特别的意味。如云南同盟会的重镇之一李根源所回忆的那样，“极一时人才之盛”[9]。桂林当时以陆军干部学堂为中心，是新军人才荟萃之地。赵正平在广西陆军小学做教员，同时担任广西同盟会支部的秘书长。这一时期值得大书特书的是杂志《南报》及其后继杂志《南风报》的发行。赵正平一面为杂志的发行尽力，一面作为主笔而写了很多评论。有研究认为，经他之手的社论占全体的比例可达65%。[10]

在辛亥革命前夜，虽然为时甚短，赵正平曾在浔州府担任中学的监督（校长）。10月，武昌起义爆发，他迅速回到桂林。在革命的混乱中，他受王芝祥之命担任参谋官的职务。在桂林，他和《南风报》的同人梁史一起招募学生组织学生军等。

1912年中华民国成立后，赵正平一度在南京政府担任与军队有关的职务，后在1913年赴北京，创刊《大陆国报》。但是，他很快便被卷入二次革命的激流，逃亡日本，在东京开始了每天跑图书馆和写文章的生活。

1914 年，赵正平眼前又出现了新的希望。他在年底离开日本，到荷属东印度爪哇岛的巴达维亚（今印度尼西亚雅加达），从事华侨教育。和辛亥革命前一样，一年有余的教育实践与发展党的势力的秘密活动同时并行。1916 年归国后，他一度寄身于肇庆的云南护国军政府，随后在上海停留了一段时间，之后到北京成为《民苏报》的记者。其后，他曾经花了大约半年的时间，旅行调查东三省产业情况，从此之后进入了真正积极从事政治活动的时期。张勋复辟导致时局混乱，赵正平历访上海、广东、广西各地，为各种政治势力之间的调整工作而奔走。

1918 年，赵正平接受黄炎培的邀请，就任以华侨教育为方针的上海国立暨南学校（后来的暨南大学）校长，此后直到 1925 年，两度担任校长一职，同时还积极参与各种活动，与黄炎培、韩希琦等设立上海中南协会等。从在巴达维亚的教育实践开始，即便是在北京活动的时期，华侨教育也可以说是赵正平的夙愿，因此，可以认为这几年对赵正平而言是最安稳而得意的时期。

之后，赵正平开始走上做地方官僚的道路，曾任北平市社会局局长、青岛市教育局局长等。但是，与此同时，他依然精力旺盛地从事文笔活动。从 1925 年到 1927 年，他在《太平导报》上发表了许多文章。1932 年以后，他参加新中国建设学会，负责《复兴》月刊的编辑。1937 年，他以平民的身份参加在庐山的所谓“谈话会”。然后，在 1939 年加入汪精卫集团，此事决定了其以后的命运。1940 年，以无党派的身份成为汪精卫政权的中央政治委员会委员，并就任教育部长。以后，在汪政权中主要是担任文化部门的各种官职，后又曾任东亚联盟中国总会的理事等，与日本关系密切。据说他最后在 1945 年自杀于浙江镇海。

以上是赵正平的略历。作为其表面上的特征，首先可以说有这样一个倾向，显示了他对教育的一贯的兴趣，而且在某种程度上投身于教育实践，但是却经常为现实政治所左右，不时中断。所谓“政治”，对他而言多是利用自己的人际关系进行幕后活动，并为此而就任某些官职，结果导致专心从事教育事业的机会屡屡中断，最终彻底失去。

一方面，赵正平既未能实现其作为教育家的人生，另一方面，作为政治家也没有能够成为隶属某一党派的精英。这一事实或许正好表明了他在教育和政治两个层面上，都停留在“中等社会”知识分子的位置上止步不前。在辛亥革命前后的动荡时期，社会对华侨教育有着充分的需求。在进入民国时期以后，华侨教育也还在教育界占据重要支流的地位。赵正平的那种社会立场虽然使其在华侨教育的领域内多有发挥，但是，随着时代的进步，社会体制逐步确立，他越来越难以坚持自己的立场。随着时代的发展，赵正平逐渐失去了其作为启蒙知识分子的话语权。

关于赵正平言论的内容，可以说也有着同样的情况。他一生持续积极的写作和出版活动。当他最初从事写作的时候，以所谓“政论”为中心的带有启蒙色彩的文章特别多，这一点也许可以说是受到了时代的影响。但是，这一倾向直到其晚年依然持续，可以认为这反映了其自身在教育和政治两个领域都有所追求的志向。在其一生中，社会立场和思想内容之间究竟有着怎样的关系？下文将会就此加以探讨。

2 辛亥革命前的思想

（1）《南报》及《南风报》。

赵正平在言论界成名，在于1910年以后《南报》及《南风报》在广西的出版发行。《南报》创刊于1910年9月，以后发行到第3号。《南风报》于次年2月以继承《南报》的形式创刊，由于辛亥革命的爆发，出版到第8期停刊。赵在此期间发表了大量的评论，其中最大关心之一在于如何把军国主义导入广西，如何实现社会的军事化。

赵正平早年的这些主张与当时广西的具体情况密切相关。第一，与他进入广西的契机有关系。在广西，1908年前后，时任广西巡抚的张鸣岐任用庄蕴宽和钮永建等人，支持新军建设，1909年又命令王孝缜在保定以曾经留学日本者为中心，大量发掘人才。1910年前后，很多出身于其他省份的青年军人云集桂林。由于广西这种积极从外省引入新军精英的方针，赵正平虽然不是职业军人，也作为军人中的一员而来到桂林。而且，虽然《南报》和《南风报》实际上是广西同盟会支部的机关报，但由于参与运营者大半是身为“官府”一翼的军人或者与军队关系密切的人，从而能够避免被人攻击，持续公开出版。

第二，是读者的问题。有研究者指出，在1937年之前的“初期现代化”的阶段，广西有这样一种倾向，即军人作为知识精英领导社会各个阶层。[11]如前文所述，军人们本来就是杂志的赞助商和写手，与此同时，他们也是稳定的读者，占据了广西社会性知识分子阶层的一角。在其影响之下，提倡军国主义的《南报》和《南风报》的主张，也得到桂林一般学校的学生们相当的支持。实际上，捐助《南报》和《南风报》的人，不仅有在桂林城内的原本的同志，还有当地军事学校的学生以及法政和师范各学堂的文科学生，咨议局的士绅，甚至还有来自桂林之外各地的人们。赵正平日后忆起此事，依然惊叹不已。[12]

（2）军国主义和“边省”。

《南报》第1号卷首刊出的《南报出世辞》主张，以军国主义为基础，以在广西建设“小军国”为目标，并进一步以民族主义和世界主义两大主义来巩固军国主义。赵正平基于这一方针，在《南风报》上连载了长篇论文《军国社会论》，此外还发表了大量评论。而且，对赵正平而言，军国社会的典型之一就是日本，他认为“近代日本国民之社会，在东洋各国中，亦唯一之军队社会也”，其根基在于三点：“国民之性质”、“制度之充实”和“以‘军国民’之养成为目标的教育”。[13]

当时，在广西、云南等远离中国中央的所谓“边省”地区，有种更加积极地提倡军国主义思想的倾向，其背景是“边省”地区在国境线上与越南、缅甸等地的英法殖民势力相对峙的紧张局面。与此同时，又有这样一种想法，中央政府的权力控制不够强大，“边省”能够有效地进行自治，所以比较有利于建设以军国主义为基础的新社会。[14]

将这种想法付诸实施的人物之一是蔡锷，他是梁启超的弟子，他在 1902 年《新民丛报》创刊第 1 号上发表《军国民篇》，以及蒋方震在此后发表的《军国民教育》，一起成为向清末言论界推广“军国民主义”这一概念的契机。[15]所谓“军国民主义”，就是强调军人精神在国民形成过程中的重要性，提倡军事教育的社会化。蔡锷从日本的陆军士官学校毕业回国后，正是在广西亲身实践了自己的“军国民主义”理念。[16]后来，围绕着削减陆军干部学堂学生人数的问题，形成广西和湖南之间的省籍对立，蔡锷因此不得不离开广西，前往云南。他在云南响应武昌起义，是昆明重九起义的中心人物，日后在民国时期他领导护国战争，更是驰名全国。

其实，广西的同盟会团体在排斥蔡锷的问题上参与极深，特别是赵正平作为其中一员，积极地展开了攻击蔡锷的运动。[17]但是，至少在理念上，赵正平是立足于蔡锷所留下的命题，认为把“边省”和“军国主义”结合在一起是适当的。不同之处大概在于，赵正平对于自身所应发挥的作用有着充分的自觉，完全是通过言论进行启蒙。《南风报》第3期刊登的《论国民军》是跟踪当时尚在组织过程中的国民军的发展动向而写作的时事评论。但是赵正平在文中花费大量篇幅，征之以世界历史，对国民军的一般概念加以解释。作为扩大义勇军的国民军的组织的手段，文中首先举出为唤起国民的义勇心而“实行游说”：“今使爱国志士举祖国之历史、外敌之侵凌、国民之责任，随处讲演，则婆心苦口之声必有大回响也。”[18]

赵正平在此评论中，回顾了过去的发展过程，如1903年在东京组织拒俄义勇队，随后设立军国民教育会，并在上海组织第二义勇队，等等。但是，当时的热情转瞬即逝，赵正平把这一点当作反面教材提了出来。同时，关于这一次组织国民军的动向，赵正平认为出现了新的积极因素，和以前在国境线上的紧迫程度不同，而且过去国家的观念和军国精神尚未刻在国民心中，等等。这里已经是一种对辛亥革命前十年的启蒙的历史作总结的笔致[19]。当此之际，赵正平深深铭记不曾稍忘的是，这一次建立国民军运动的出发点首先是云南、陕西和广西等地区的咨议局和在日中国留学生。

在希望通过启蒙领导新社会的建设这一点上，赵是典型的清末“中等社会”的知识分子。然而，一边是作为“先进”理念的源头的东京，一边是与其遥相呼应、连动的“边省”（云南、陕西、广西），在这样的视图中，赵显然带有一种作为“边省”的启蒙者，成为联系两者的媒介的自我意识。可以说这一点也暗示了，进入民国时期以后，“中等社会”知识分子的所寻求的社会功能。

（3）投向南方的视线。

远在成为“边省”的启蒙者之前，赵正平在东京的留学生杂志《江苏》第1期上发表了题为《哀江南》的文章，投稿应该是他1903年第一次赴日时，这成为其言论活动的出发点。[20]这篇文章起笔先夸耀自己的出身地江南的历史和地理，“物产丰富，人民慧秀，为支那各省之冠者，非我江南耶”，毫不隐讳地表达了对江南的热爱和对其他“二十一行省”的优越感。然而，文章的真正脉络是立足于这一前提，在历史、地理、法政、军事、教育和实业等各个领域，对江南的现状进行相当严厉的批判，其口吻与梁启超的《中国积弱溯源论》（1901）和蔡锷的《军国民篇》（1902）相仿佛。

这篇短文无意中表明了赵正平日后奔赴广西的动机。他虽然强烈地意识到自己置身于作为“东南文明之域”的先进的江南，但是，先进地区江南的确有所欠缺。正因为在历史上是发达地区，所以反而缺乏“独立之精神”，文化和风俗衰退，而且在军事方面体质文弱，缺乏“尚武精神”。从这样的观点来看，可以说广西之行对赵正平而言，也是探索江南所不具备的建设新中国的可能性的过程。

1911 年 2 月发行的《南风报》第 1 期首篇文章，是作为“本社出世辞”的《南风观》，其中了无遗憾地传达了奔赴广西，成为“边省”之启蒙者的赵正平的自我意识。这一长篇文章分为上下篇，其内容如下。

首先，上篇以明治日本著名的地理学者志贺重昂的地理学理论为基础，论述中国北方（黄河流域）对南方（长江流域）的优越性。这里所谓优越性，是从历史上战争的胜败以及统治和被统治的关系而引发出来的，成为其要因的是地理环境所导致的人民的性质的差异。简单来说，生活在严酷的自然环境中的北方之民高迈强力，生活在温和的环境中的南方之民纤细柔弱。当时，基于地理环境决定论的志贺重昂的中国认识，梁启超也曾加以积极介绍，在中国的新知识界被广泛接受。[21]以此为前提，赵正平自认是汉族内部的“南人”，从而展开议论。在此，其特点是对“民风”概念的重视。所谓“民风”，是认为在某一地区居住的人们肯定有一种与其他地区不同的统一的风气或性格取向，从这样的观点出发，对其特质进行分析和评价，从而形成的一种认识范型。赵正平大多是以省为单位来考虑“民风”。[22]但是，如果说其思考和以国家为单位的“国民性”的内容相互矛盾，不如说两者在思考问题的方式上其实有着相当的亲和性。赵正平认为：“夫民风，国民精神之表现者也。”[23]正是因此，他也采用了隐喻的手法，将南方各省的“民风”分别比拟为欧洲列强各国。[24]另外，关于“国民性”的议论往往会损害“国民”内部所包含的多样性，同样，赵正平的“民风”论也带有舍弃各省内部多样性的作用。

赵正平所谓“民风”是个非常灵活的概念，如果适用于国家，就是“国风”，用于中国南方，就是“南风”。这种灵活性也是导致“民风”理论模型的建构有着过度随意性的重要原因。[25]尽管如此，赵正平以后一直保持着这种姿态，以“民风”为基准，从省到国家，对世界进行解读。

当从历史性的回顾返回到观察南方的现状的时候，赵正平认为南方正濒临危机。他写道，且不提在此之前与黄河流域的汉族展开的南北之间的竞争，先是被阴山以北的民族（指满族）所欺，复又被黑海以西的民族（指俄国），以及欧洲等自西而来的势力，日本和美国等自东而来的势力所败。如此，虽然谈到了北方、西方和东方，却只有南方没有被特别提到。表面看来，大概是因为威胁中国南方的国家其实正是法国这一来自西方的势力。但是，宛如论证北方对南方的优越性的志贺重昂的地理论的一条注脚，在赵正平眼中，解决时代危机的出路，在于中国南方的更南方。特别是关于越南，赵正平在《南报》第 1 号的《想定敌国论》中，将与北方的俄国和与南方的法国的战争，都视为黄色人种和白色人种决战的舞台，特别是“黄白（人种）交锋之第一弹，安南（越南）实最宜于爆发之地也”[26]，主张把长江以南的全部力量倾注于越南。赵的“民风”论也被充分运用于加强这种“对南作战”的主张。

> 广西云南僻处南徼，专制帝王之流毒未深，独立自尊之天真未泯，勇悍敢死之风直可以睥睨德日。昔洪杨率广西椎埋乌合之众，竟震撼十六省，蹂躏东南半，壁其势力之伟大而惊人，彼白人至引为黄祸论之资。二十年前，刘永福亦率一部黑旗军，奋斗法军。云南之所表现，虽逊广西，然地理民风，亦伯仲之间也。[27]

在与作为敌人的法国对峙的局面下，广西和云南的民风被灵活地解释为带有尚武精神的内容。可以看出，这种观点一面与地理学以及军国主义相结合，一面通往提倡对更南的地方（越南）采取行动的逻辑。[28]

话题依然回到《南风观》上，下篇叙述的是处于危机之中的南方今后应采取的方针。赵正平征引近代以来的历史事件，论述将来的南风完全可以与北风对抗。除了太平天国运动和中法战争之外，作为国民主义、民族主义的潮流的1900年自立军起义和孙中山领导下的南方各地的起义，甚至1910年汪精卫搞的摄政王暗杀未遂事件等南方出身者所搞的要人暗杀活动也被包括在内。所有这些事件，在赵正平看来都意味着向来以柔和为特质的南风发生了变化。

但是，决定了民风的是地理环境，这本应该是《南风观·上篇》所介绍的志贺重昂的地理论的前提，赵正平强调近代以后南方社会变得越来越有活力，他指出，“政治”和“教化”这两点是隐藏着超越地理环境决定论的可能性的积极要素。关于“政治”，赵正平认为南方发挥的作用是有限的，但是，他认为，最近十年间南方的“教化”的业绩，尤其是学术和思想言论的发展，具有重大意义。之所以这样说，是因为本来“政治上之势力，只足以转移中智以下，而不足以转移上智。若教化上之势力，则上智下愚之心理，莫不隐受其主宰焉”[29]。这里所谓“上智”、“中智”和“下愚”，分别对应于“中等社会论”所论述的各个社会阶层，这一点自不待言。

然后，赵正平列举了以谭嗣同的《仁学》为首的，大概其自身也曾经深受影响的各种著作，潜心追溯这些著作在教化方面发挥的作用（参考文末《附表》）。可以认为，赵正平有意想要在致力于使“民族主义”和“军国主义”在社会上扎根的“南方思想”的系谱中，对自己的《南风报》进行定位。而且，正是自己也曾参与形成的“南方思想”带来了社会变革，并终于造就了辛亥革命的成功，这种意识直到多年以后依然支配着赵正平的言论和行动。

这里也清楚地表明了赵正平寄托在教化即启蒙上的自我意识。赵正平说，“一省之中苟得三数有心人，耗尽心力，绞尽脑血，体察民风之优劣高下，运输新学术、新思想、新言论以饷馈之”[30]，完全可能补全各省“民风”之所缺。“体察”者才有启蒙者的资格，这种强烈的自负，对于从外地来到广西的赵而言，诚属自然。

前文曾经提到，在武昌起义爆发大约两个月之前，赵正平从桂林又南下到浔州的中学任监督（校长）。那是这样一所学校，校长频繁更迭，几乎谁都不曾赴任，很快就要被解散。某位学生曾如此回顾：“该校的学生五百余人，并不能通解国语，加以我的国语，也不准确，论理对于屡次大闹风潮对监督如同儿戏习惯已成的学生，整理岂是易事。”[31]就是这样一种情形。但是，行将崩溃的学校的顽劣的学生们，据说在赵正平就任之后，面貌一新，开始勤奋学习。关于这一经验，赵正平回顾道，即使在自己的教育生涯中也是不曾有过的：

> 这里边或者《南风报》是革新派一个消息，无形无声中，传布在青年脑海里，为一个最有力的因素，可见时代潮流的力量，正是可惊了。[32]

在《南风观》中论述的言论活动的启蒙效果，通过自身的教育实践得到了确认，这件事对于赵正平而言是如此重大，可以说决定了其以后的人生方向。

再次全面考察《南风观》的主张，可以发现赵正平所直接关注的启蒙对象虽然是广西，但是在其背景中展开的却是南方这一广大的地域。江苏出身的赵正平自认是“南人”，这一宏大的空间框架对于作为外来军人集团中的一员而到广西赴任的赵正平的立场而言，也是合适的。虽然赵正平所谓的南方多半是可以随意塑造的启蒙对象，但是他对南方的期待却是一以贯之的，这一点决定了进入民国时期以后赵正平的行动方向。

3 民国时期的思考

（1）中华民国的成立和逃亡日本。

1912年中华民国成立后，赵正平在南京任兵站总监部的参谋长，后任留守府的调查局长，再后又任江苏都督府参谋处的副参谋长一职（参谋长是黄郛）。这些职务均得自于他与旧友黄郛或桂林时期的同志李书城（南京留守府总参谋长）、耿毅（参谋处长）的关系，以后赵正平的人生转机也是由这些人际关系的积累而来。其后，当整理江苏省军队的工作告一段落后，赵正平赴北京从事其最擅长的媒体活动，从1913年3月开始出版《大陆国报》。关于其意图，赵正平回想道：“想把桂林《南风报》的功夫，再在北方下一番苦工。……希望能引起北方军队中人的注意，等风行以后，再把民国军人应有的

（作为共和国民的）根本觉悟，逐渐灌输开去。”[33]几乎所有的文章都是赵正平一人执笔，由此可见其在这份杂志上所贯注的豪情。

具体而言，确定《大陆国报》基本方针的《大陆国报宣言书》写道，尽管辛亥革命使“民族”和“民权”两主义得以成功，但是还有必要提出“新主义”以填补之后的空白，这正是《大陆国报》的任务。这一主义与“巩固民国”和“营造军国”两点相关，其终极目的分别在于增强国内和对外的军事力量。

贯穿了赵正平一生的课题，就像复调音乐的低音旋律一样，在这份宣言书中缭绕回荡。一个是与日本的关系。赵正平认为辛亥革命之后的对外和平是建立在岌岌可危的势力均衡之上，早晚会被打破：

> 如何而可促我疲懦孱弱之国家，日进于雄武强固之域，俾五色旌旗飞扬亚陆，与东邻日本相并而执亚洲牛耳。[34]

中华民国发展的结果是要与日本并肩前进，这种想法本身在孙中山的大亚洲主义中也能够看得到，但是，如前文所述，对赵正平而言，正实践着军国主义理想的日本这一印象占据了重要的地位。因此，赵正平在实行“新主义”之际，强调“对外进取思想”即对国外膨胀的路线，可以说亦自有其理由。与军国主义相关，代表着“先进性”的日本的存在，深刻地影响着赵正平，直至其晚年。

宣言书中还有一个重要的主题，即赵正平论述作为“民国与军国之中坚”的军人，在强烈警戒军人参与政治的同时，谋求其职业化。经过辛亥革命之后，进入了建设的时代，赵正平给人的感觉不是进入“上等社会”展开自己议论的阵势，而是像过去一样作为“中等社会”的知识分子，从事对军人的启蒙，把将军人培养为社会的“中坚”视为自己的任务。

基于这些主题，在《大陆国报》杂志上登载了很多不愧为赵正平之风的议论，如《民国与军国之两立》[35]，反对梁启超提倡的军备削减方针，在优先顺序上将军国主义置于共和主义之上；《军事集权论》[36]在批判中央政府军事政策的各种缺点的同时，主张因为处于新国家建设时期，应该发挥能够弥补那些缺点的“精神感应之势力”；等等。

然而，这份意气昂扬的杂志，却由于暗杀宋教仁事件这一外在原因，仅仅出版了一期就停刊了。在北京以与《南风报》同样的风格出版杂志，如果持续下去，是否真的能够唤起巨大反响，这已经无从判断了。不过，虽然是与以前相同的“军国论”的主张，但是广西时代的军国主义理念，正是在清末的“边省”这一时间和空间之中，作为先进性的理念才更有活力。这一点应该是确定无疑的吧。

二次革命爆发后，赵正平逃亡日本，在东京过着压抑的生活。这时，他在开始着手编辑、翻译《各国国民性的训练》这一著作的同时，通过写作《新国家和新教育》[37]这一论著，对教育的志向开始再度抬头，这成为一个转机，通往构成赵的人生基轴的另一主题：对南方的注视。

（2）南洋华侨的教育。

> 哪知［在新加坡和马六甲］一上了岸，张目四望，除了高耸云霄的热带树木外，竟然是同到了上海差不许多，所有金碧辉煌的汉字招牌，以及中西参半的朱门庭院，充满了中国人的气象，我当时就起了一个感觉，既然此地是中国人的商场，而又非中国政府政令所到，何不立一个愿，替中国人做一生促进文化的根本工作，自己不是住在世外桃源么？这样一想，我就自立了一个赵南的新名，赵暗指造，赵南就是造南，就是创造南方的含义，后来一年以上的南洋生活，就用这名字一直到护国军募捐时为止。[38]

这是赵正平回忆在1914年冬离开东京，赴巴达维亚从事华侨教育之际的心情的文章。“促进文化”这一用语表达了以启蒙为己任的多年志向，而“创造南方”这一理想，也吐露了一直在南方寻找启蒙对象的赵正平，再度发现自己期望中的空间时的充实感。

赵正平在由一年级中学课程和小学课程构成的，规模有600人的中华学校担任校长，从事教育活动。在南洋的教育实践顺次展开，第一阶段是禁止体罚，第二阶段是促进国语和鼓励爱国心，第三阶段是奖励自治、清洁。每天早上的朝礼，都会出现赵正平论说孔孟之教的身影，这不是革命党人的身份伪装。作为教育者立于讲坛之上，以身为中国文化的传播者而自负，这一倾向在后来可以说逐渐占据了赵正平的著作的中心。

由于得到了中华会馆理事陈金山的支持，赵正平在中华学校的生活非常顺利。然而，正当其对华侨教育产生确切的兴趣之际，赵正平又被拉回政治的世界。赵正平的南洋之行本来就是经由辛亥革命以前的同志陈陶遗的介绍，而且当时赵还是在自身被发布逮捕令的情形下来赴任的。因此，本职工作一旦安定下来，陈陶遗又开始秘密和同志取得联系。这时反对袁世凯的护国战争爆发，赵正平也不得不承担其向华侨募捐的任务。赵正平当时公开了自己真正的身份，从事募捐活动，最终选择了回归本国政治世界的道路。在巴达维亚生活时，还有这样一个插曲，当时富于爱国思想的青年黄昌怀聚集了40余名年轻人请赵正平教授国语。然而，通过教育实践从事启蒙，这一构成了赵正平的人生主轴的工作一度中断了。

（3）华侨教育和现实政治的交错。

赵正平归国后的行动，如前文所述，多是致力于在各种政治势力之间奔走，从事调整性的政治活动。尽管忙得团团转，他也没有完全忘记对作为启蒙的切实对象的南方，更具体地说就是对华侨教育的关心。比如，他从1916年到次年，花了半年时间在东三省（东北）做调查，其目的也是在于计划导入华侨资本，发展大规模的实业经营。因此，1918年开始担任暨南学校校长，对赵正平而言是意外的机会。暨南学校是在清末的1906年，经端方的上奏而决定设置的，1907年，作为暨南学堂在南京开校，进行华侨教育。后因辛亥革命的混乱而停办。1917年，北洋政府教育部派遣当时任江苏教育司司长的黄炎培等赴南洋调查华侨教育的情况，1918年9月作为国立暨南学校再度开办。1923年以后，大部分迁到上海的新校舍，中间曾卷入军阀之间的斗争，1927年又升格为国立暨南大学。[39]复兴暨南学校的打算其由头似乎在于，赵正平在与来到北京的巴达维亚时期的熟人陈金山，一起拜访当时的教育部次长袁希涛，谈到了华侨教育的情况。而这位袁希涛其实正是赵正平在上海方言馆时期的国文教师，是其恩师。屡屡改变赵正平人生轨道的人际关系网络，可以说对其到暨南任校长一事，的确起到了正面作用。

再度回到教育界后，赵正平在暨南时期的生活似乎非常充实。赵正平日后曾经回顾道，自己在任用人才和运营方面被授予了相当自由的裁量权，“予在暨南一校，犹在暨南一岛国，暨南一校之草创，犹一岛国之缔造”[40]。这一时期，赵正平与黄炎培一起创刊《中国与南洋》[41]，发表了大量文章。第1期登载的文章《中华民国之前途》[42]对中华民国以后的发展充满了积极乐观的期待，大概也反映了他当时的心情。另外，在《教育之价值与国运》[43]中，他认为“国家之命运，一系于内外大势，一系于国民精神”，然后，作为国家的进步和竞争力的原动力，列举出“政治”和“教育”两个要素，其中特别强调了教育的重要性。这是在辛亥革命以前的《南风观》中也能够看得到的议论，而且，赵正平在文中引用以前写的文章《德法英美国民性与教育》中的一部分，再次论述了国民教育导致近代德意志兴起的意义。从这一点上也能够看出赵正平信心十足展开议论的样子。

赵正平进一步在1921年的《新时代之模范国民》[44]这篇文章中写道："我国民品性，一方当为国家的，一方当为世界的。"他没有像以前那样仅仅强调国家和国民，而是建议在教育方针中将世界性也纳入视野。有趣的是，在这一时期，他一方面认为没有国家的犹太人"虽为世界的人民，然不能谓国家的公民"，另一方面又对在国家主义和军国主义方面曾经深为信服的德国和日本展开批判："如彼（第一次世界大）战前之德国人，与近年之某国人（日本人），持武力万能主义，横行无忌，虽为国家的公民，然不足为世界的公民。"其认识转变的背景，无疑在于第一次世界大战之后的思想潮流和经历过五四运动的时代影响，同时，似乎也反映了其自身所从事的华侨教育事业逐渐走上正轨所带来的自信。

的确，在暨南学校的教育实践，是赵正平启蒙经历中的一个转折点。如果说以前在南洋的华侨教育是试图在"边省"找到启蒙舞台的广西时代的延续，那么，暨南学校对赵正平而言就提供了这样一个条件，可以身处作为中心的南京、上海，对中国文化的周边出身的学生们进行教育，因此，赵正平呼吁的对象也以"中华民国国民"及"海外华侨"这种两者重合的形式出现。追求"国家的地位与世界的精神"，正是在这种新的环境中的理想解决方案。赵正平在学校中的训练和教育上的"根本主义"明确规定："为养成造福人类，为现世或后世尊敬之中华民国国民。"

作为支撑这一目标的伦理上的"根本律"，赵正平强烈主张采用贯通着"仁"的训练和教育方针。当然，赵正平关于"仁"的解释，并无特别新奇之处。其实，真正引人注意之处反而在于赵正平曾经强调的军国主义的色彩淡化了，他现在的态度是要通过"成己"、

“成人”（为了自己和他人而成就些什么）这种“仁”的特质，旨在追求“完成个人独立”、“巩固团体组织”和“博爱人类”。在赵正平所考虑的对“仁”的解释的延长线上，虽然可以看到“防御外来强暴”的条目，但那也不过是作为强化团体组织的最后的条件而列举出来的。至少可以说，经过在暨南学校的教育实践，赵正平在巴达维亚时候强调的“孔孟之道”转变为对更加抽象化和普遍化的“仁”的确信。以后，对“仁”的确信在赵正平的言论中的比重日渐提高。

（4）向精神论的倾斜和思想上的反复。

1925 年，赵辞去暨南学校校长的职务，离开了教育界，这对赵正平而言，大概意味着再度丧失了直接呼吁的启蒙对象。以这一时期为界，他显著地丧失了指向南方的志向。

但在赵正平以后的言论活动中，依然能够看到其积极参与时代思潮的姿态。比如，在 1926 年写了《文心革命论随笔》[45]，强调“内容”（文心）优越于“形式”（文相），批判始于 1917 年前后的“文学革命”的动向。按照他的说法，“文心革命”的口号是“培养国民真革命精神之一助也”，之所以不追随胡适或陈独秀，是因为“文学革命”过于重视表面上、形式上的革命，有些放弃了内容上的质量。他把文章比喻成演讲，认为与演讲的手势动作、声调和结构相比，思想和题材更加重要。在这样的比喻中，也流露出对其自辛亥时期的文章《评国民军》以来的启蒙实践的自负。

赵正平特别强调“文心”的一个侧面表现于他对学校国语教育的主流依然是“古文”的现状的不满，认为不符合人权、法治等共和政体的价值观的内容过多。但是，他虽然充分肯定陈独秀提倡“白话文”的功绩，却从其主张中嗅出了“武断”和“虚伪”的味道，毫不假借地批判道：“故就‘文相’论，陈独秀纵可许为文学革命之前驱者，然一就其‘文心’观察……犹是与［陈氏口中所称为十八妖魔辈之]旧文学家，同一范型中之古董而已。”赵正平这种态度的背后，应该说还有着其他的力量在起作用。

如果在清末的“中等社会”论之后的脉络中进行考察的话，可以说胡适等所代表的新知识分子正是以民国时期以后的大学为基础逐步造就的新的“上等社会”知识分子，对其存在本身，赵正平大概是不能表示赞同。然而，“文心革命论”并未发展成宏大的论，仅仅停留于随笔而已。赵正平所主张的，伴随着国民革命的成功而应有的促进“国民建设精神”的文学，最终也不过是表明了其要追求“国民建设精神”这一目标的态度而已。

赵正平一方面无法得到本来应该作为依靠的“上等社会”知识分子的赞同，另一方面又丧失了作为媒介传播知识和思想的具体的对象，他作为这样的中华民国“中等社会”知识分子，虽然渴望触动社会，却逐渐倾向于普及古典思想和强调精神论。其舞台是 30 年代的新中国建设学会，赵正平与旧友黄郛等一起在此展开活动。

就古典思想而言，赵正平以 1936 年的《半部论语与政治》为开端，在 20 世纪 40 年代陆续出版了《老子研究与政治》、《孟子新解》等著作。其形式上的特点是，交织着对近代以来的历史知识和当时的社会形势的批评，致力于对古典的通俗性解释。例如，《半部论语与政治》就是从宋代的赵普“以半部论语治天下”的说法中受到启发，试图将古典思想应用于现实政治。那么，其所谓的现实政治是怎样的呢？

1936 年赵正平写的长篇评论《仁学救国论》[46]，赋予被与政治的距离感所引导的思想具有两个特点。其一，以古典思想，特别是对“仁”的强调，将所支持的政治立场正当化。其二，与超越时代限制的普遍性的“仁”同样，对他而言，回归具有本源性价值的辛亥革命的精神的姿态，更加色彩浓厚。

赵正平认为，在国民革命以后的时代，某种主义或者社会运动，甚至直到孔子的学说，作为约束国家和民族的准则，都是不充分的。之所以如此，是因为主义完全不过是给予某种政治上的方法，更何况在政治被人事所左右的中国现状下，无法发挥有效作用。而作为社会运动的“新生活运动”，在通过形式上的锻炼来培养内心的习惯意义上来说，精神无论如何都会变成被动之物。至于“新生活运动”中提倡的礼、义、廉、耻，本来管子将衣食充足作为其前提，既然这一条件在当时的现状中根本无望达成，礼、义、廉、耻终无实现之术。另外，关于“孔子之学说”，赵正平视之为宗教，以所谓“孔教”的概念来进行论述，当然，这对同为中华民国之一员的回教徒、佛教徒和基督教徒等并无意义。

在此，赵正平作为所有这一切的基础，提出了“仁学”的必要性。“仁学”一语来自于戊戌变法时期的思想家谭嗣同的《仁学》。对赵正平而言，《仁学》可以说是辛亥革命精神本身的体现。但是，赵正平的议论的主题是在孔子、孟子、墨子、谭嗣同这一“仁”的思想系谱上，进一步确定三民主义的位置。赵正平的设想相当粗糙，其目的是在精神史中彰显《仁学》，此外看不出更多的东西。实际上，他不过是作为论述“自修自责”的重要性的一例，从《仁学》中引用了谭嗣同以自我批判的态度提及湖南人和清政府的部分。表面看起来似乎有堕落为将《仁学》视为工具的嫌疑，但是，应该说《仁学》对他而言已经融合于辛亥革命的精神，而且，如前节所述，赵正平对“仁”的把握方式已经非常抽象化，正是因此，“仁”才足以成为整合全国的“信仰”。而自称“仁斋”的赵正平，既然确信自己具备辛亥革命的精神，就形成了这样的认识模式，正是其半是自由发挥地论述的“仁”，指明了救国的道路。

因此，赵正平的文章整体内容几乎都是在谈论“仁”的同时，表达自己对现实政治中各种问题的看法。比如，在《国策》中，以立足于“仁”的立场，表示了重视民生的态度为理由，对墨索里尼和希特勒的政治体制予以积极评价。又如，在《国论》中，从“自我修养”的立场，要求全面服从和支持国民党的政策等，毫不掩饰地从政治立场提出自己的主张。在此可以看到，20世纪20年代前半期的那种乐观情绪已经消失得无影无踪，被迫去适应30年代的严酷世界现实。在开始于“九·一八”的对日问题上，赵正平也从对以安定为第一要义的“国策”的支持，和对“党治”（国民党的统治）的同情的观点出发，提倡坚持自我克制的态度。这种立场在当时也有一定的市场，而这无疑成了日后赵正平在汪精卫政权中与日本全面合作的理论基础。

姑且不论赵正平对“仁”的把握是否正确，这篇文章同时也传达了其一贯坚持的理念，即对精神的强调，特别是向辛亥革命时期的精神的回归。《仁学救国论》最后提倡的主题是，形成今后的“新国风”。赵正平认为：“国风曰者，一国国民乃至大多数人士，表现之一种风气，足以指示其动向者也。”这可以说是位于《南报》、《南风报》时期的“民风”论的延长线上的议论。

> 辛亥以前，十余年间，一部有志之士，怵于国亡之无日，忽然形成一种爱国之风，卒至酝酿为革命潮流，而有辛亥创建民国之伟举，于此之时，所谓国风，已渐具雏形，揭其特征，则为爱国，为急公好义而轻权利，为尊重秩序而谋进步，为崇尚自由而追求民主，凡诸美德，假使辛亥以后政治上教育上能顺机利导，则我新兴国之国风，必呈大观。[47]

如此，赵正平一面作为一种美好的回忆谈论辛亥革命前后的“国风”的形成，一面批判以后袁世凯的统治以及五四运动造成了错误的“国风”。他认为，在五四运动中，国民虽然的确看到了新的时代精神，但那不过是缺乏自我牺牲的群众运动而已，因此其价值远远不及辛亥革命。

赵正平认为创造今后“新国风”的“建设志士”，既不是辛亥革命时的革命志士，也不是五四以后的新人物和国民党员。但是，对于辛亥时期的人物，赵的描述是：“辛亥年前之革命志士，专以真实功夫向‘破坏’方面迈进也。”所以，只要把“破坏”这一要素改写成“建设”，就成了其所描述的今后的“新人格”：富于自我牺牲精神，参与各项事业，向着建设迈进。这其实还是辛亥革命时期的人物形象。在赵正平的脑海中，毕竟有着经常复归的辛亥革命的时代精神。1936年，多年的老友黄郛亡故，赵正平写了追悼文《支配黄膺白先生一生的基本信念》，回顾了在两人都有志于陆军的浙江武备学堂时期所开始的交往，如何影响了自己的精神，在末尾总结道：

> 此种精神［牺牲一己以成就国家、特立独行以成其志］与其谓［黄］先生之精神，毋宁谓为辛亥前革命精神之代表。我纪念先生，我尤不能不纪念辛亥年前之革命精神，且将进而祝祷此种精神之不死，则先生亦将与我民族国家永远并存乎。[48]

结　语

中西功的《在中国革命的暴风雨中》写道，1938年左右，日本的特务机关作为汪兆铭工作的一环，打出“全民主义”的口号，可能是来自于赵正平的提案。[49]其所谓“全民主义”是以和北京的临时政府打出的“新民主义”、南京维新政府的“大民主义”相对抗的形式诞生的，后来变成了“真正的三民主义”。追溯赵正平之前所走过的足迹，不难发现，“文心革命”也好，“仁学救国”也好，都是在与现实的紧密关系中，驱使着主义或思想的急就篇，这种风格的确是非常引人注目。因此，产生上述推测可以说并非无因。

对赵正平而言，所谓“主义”究竟是何物呢？20 世纪 20 年代后半期，赵曾简洁地写道：

> 夫主义本无绝对的美善，要在适应国情时势之所要求。国情时势，非固定性，而流动性，日日在演进之中。故主义亦当为流动性，而非固定性，日日在演进之中。[50]

重视随着国家所处的状况或者时代的趋势一起进化的主义，这种态度孕育了一种尖锐的批判，直指那种与对现实的批判相比，更多的是埋没于现实之中，却固步自封地依然高举着“主义”不放的做法。赵正平在上述文章中断言，俄国革命后初期的“共产主义”式的经济运营，中国的“三民主义”、“统一”、“省自治”和“平民政治”，甚至自己曾经如此梦寐以求的“国民军”的理想，对照现实来看，都不过是未能实行的单纯的“美名”而已。但是，赵正平并没有抛弃对“主义”本身的期待。“主义”成立的条件完全在于是否与“时代”步调一致，过早过迟都不好。

如前所述，一方面，赵正平随着其对失败接踵而至的民国历史的深入思考，转而向“时代”和“主义”最有机地结合在一起的辛亥革命时期回归。另一方面，因为相信“主义”应该是灵活的、可变的，故赵正平的“主义”本身缺乏内在的严肃性，随时可以取舍选择、修正改变，有时会导致对现实无限妥协的可能性。

而在 20 世纪 40 年代的上海，赵正平所面对的现实正是如何与日本达成妥协。就其结论而言，赵正平参加了汪精卫政权，最终被置于所谓“汉奸”的地位。只要列举出他在抗战期间担任的各种官职，就足以证明这一点。但是，在此打算完全根据其自身的记述来思考对其而言日本所蕴含的意味。

1942年，赵正平第四次赴日。那是以上海大学校长的身份进行的考察旅行，时间是从4月2日到25日，大约三周。其基本目的是考察阔别28年的日本的发展情况，并拜访“日方主张对华亲善之哲人志士”。他历访东京、京都、奈良、大阪、长崎等地，与包括兴亚院和文部省的官僚以及大学教授等在内的很多人进行了面谈。归国后，赵将其感想写成了一本小册子，叫《东游志感》。[51]这本小册子整体的论调是对日本的礼赞和拥护，又将重点置于强调日本如何受到了中国文化的影响并且尊重中国文化。这次旅行本来就是日本安排的，其结果也如实地反映了赵正平当时所置身的立场。不过，小册子中对日本国民的具体论述方式，正是赵正平一直以来所坚持的著述风格的体现。赵以“准备计划之周密”、“待人礼意之亲切”、“忠孝一元化的爱国”、“责任观念之强烈”、“清洁俭约质朴之风”、“保守性与进取性的并存”等题目，论述日本人的国民性，特别是附在最后的，列举“日本国民优秀之原因”的部分，提到了地理环境的影响、重视体育和武术的教育的效果、征兵制实施带给社会的积极影响，等等，随处可见赵正平多年以来所坚持的论点。

然后，在论述日本人责任观念之强烈的部分，赵正平突然出人意料地提到了梁启超的《中国之武士道》（1904），认为宋和明末的忠臣义士的行动塑造了中国的民族性，其特性进一步传到日本，变得更加显著。他以这样的形式，描述了中国和日本在精神史上的联系与合作。在此，赵正平所回归的地点，乃是辛亥革命以前的文本，那正是其以军事为志留学日本的契机。这显示了赵正平在思考模式上的反复，同时也展示了作为知识和思想的传播媒介的“中等知识分子”，在将其所据之处归结于日本时，所到达的最终形态。

附表：见之于《南风观》的南方教化系谱

著者	作品（重要的发行年）	出身/发行地	作用
谭嗣同	《仁学》	湘人	扶植民族主义
陈天华	《猛回头》	湘人	
章炳麟	《訄书》	浙人	
邹　容	《革命军》	蜀人	
	《新民丛报》(1902)		民族主义的普及和扩大
	《民报》(1906)		
	《复报》(1906)		
	《湘学报》(1898)		介绍近代民权思想
	《清议报》(1901)		
	《新民丛报》(1902—1903)		和平的君主立宪论流行全国
	《游学译编》	湘人/日本	
	《浙江潮》	浙人/日本	
	《江苏》	苏人/日本	部分党派主张的激进的共和立宪论
	《湖北学生界》	鄂人/日本	
	《云南》(1906—1907)	滇人/日本	
	《粤西》	桂人/日本	
	《中国日报》	/香港	
	《苏报》	/上海	
	《国民日报》	/上海	
	《警钟报》	/上海	
	《神州日报》	/上海	
	《民呼日报》、《民吁日报》、《民立日报》	/上海	
（杨毓麟）	《新湖南》		
（欧榘甲）	《新广东》		
	《民约论》		
	法国革命		
	美国独立		
	日本维新		
	意大利统一		

续表

著者	作品（重要的发行年）	出身/发行地	作用
	俄国虚无党之历史		注入作为政治运动的暗杀主义
	提倡民权思想之种种丛报日报		军国民主义的普及

说明：本表系译者依据赵正平《南风观》的记述而制成。所谓“重要的发行年”，是赵自己特别限定的刊行年。另外，“（）”内为译者所补充的内容。

中国近代的知识编制和诸种权力
——以张君劢（1887—1969）和国立自治学院为例

原正人

前　言

关于知识分子的研究目前已经积累了大量成果，从各种角度进行了考察。这些研究的倾向大体上可以分为两种。一种研究倾向是像曼海姆那样，把知识分子视为由“教养”联系在一起的集团，考察其作为“启蒙者”的社会功能。在此，知识分子被理解为不受其他集团约束的，从事知识的综合和改变的社会集团，考察其综合与改变知识的情况。另外一种研究倾向是把知识分子视为在专业分化的近代社会中以知识为业的人，即制度化的职业知识分子。[1]这两种研究倾向其实反映了任何知识分子都具有的两个侧面，但是，无论从哪一种视角出发，研究知识分子与各种权力如何对峙，无疑都是一个很重要的问题。

不过，据笔者所见，知识分子论，特别是战争时期的知识分子论过多地通过与政治权力的关系来确定知识分子的社会地位。的确，在这样的时期，无论哪一个国家，都是“政治的季节”，所以这种定位也有应当首肯之处。但是，如果认为知识分子是指拥有某种文化资源借以发挥影响力的集团的话，在知识分子那里，政治与文化之间存在着更加复杂的关系，这一点就是不言自明的。

大部分的关于中国近代知识分子的研究，都与政治联系得极为紧密，而且是以居住在城市的知识分子为研究对象。[2]然而，毋庸赘言，中国近代的知识分子也都拥有自己的媒体或教育机关等文化资源，据以求得社会承认，实现某种政治理想。如果不能对这种依靠文化资源而展开的行动进行正确的定位，作为社会阶级的近代中国知识分子的整个形象就可能会被扭曲。

为了填补这种研究上的缺陷，已经发表了一些研究成果，注目于前面提到的第二种知识分子研究的方法，考察近代中国知识分子创立的学校、学会等组织，以此为基础确认他们的影响力和历史地位。[3]

这里说的组织是指个人或者集团的言论产生社会影响的场所，但是，分析学校等组织的时候，往往是把政治权力的操纵和介入看作前提。近代所有的组织都受到国家权力的压倒性的影响，这是一目了然的事情。尤其是在鲜明地存在着战争和“救亡”等要因的近代中国，情况更是如此。但是，如果轻易地认为政治权力完全地控制了所有的组织，这种结论就夸大其辞了。不仅仅是政治权力对组织的介入，组织反过来利用政治权力，争取发挥更大的社会影响力，这也完全是有可能的。因此，正确揭示这一典型政治过程中权力与组织的相互关系，将会有助于阐明组织自身以及推动它的集团所拥有的社会影响力，进一步理解其影响力与政治权力的关系。

带着上述问题意识，本文将作为对中国近代知识分子进行重新定位的工作的一环，把被称为研究系[4]的知识分子作为研究对象，以他们建立的学校的变迁为线索，论述他们所拥有的文化资源具有怎样的影响力，其影响力的界限何在。

在此，对在日本几乎没有人研究过的研究系的知识分子，先作一概述。[5]所谓研究系，是以梁启超为中心的知识分子集团，主要成员除了梁启超，还有林长民、汤化龙、张君劢、张东荪等。[6]他们大多是通过以梁启超为中心于1907年在东京创立的政闻社等清末立宪派的活动[7]而结识的，在民国初期与梁启超一起参与了民主党、进步党的政治活动。由于国会被关闭，进步党解散，在1916年以旧进步党成员为中心结成了宪法研究会，即研究系。他们在民国初期的政党政治中作为在野党保持了一定的势力，曾经成功地使三人进入1917年的段祺瑞内阁。但是，段内阁总辞职之后，在与安福俱乐部的权力斗争中败北，1918年8月以后，逐渐和政治不再有直接的关联。因此，他们改变了行动方针，就像前面说过的那样，凭借文化资源全力宣传自己的主张和新思想。可以说，他们以1918年为界，从政治家集团转变为仅仅依靠文化资源的集团。从这种经历来看，他们基本上是和梁启超有着共同政治主张的知识分子集团。而且，他们中间的大部分人都专门研究社会科学，可以推测他们之间也存在着学术上的纽带。

然而，虽说同是研究系的知识分子，其成员年龄和学术背景等却多种多样，本文毕竟不能对此全部加以论述，因此，选取张君劢及其创立的学校国立自治学院进行考察。张君劢[8]（又名张嘉森，1887—1969）是政治家、宪法学者。1910年在早稻田大学学习政治学后归国，辛亥革命之后不久，因为批判袁世凯的统治，生命受到威胁，逃到了德国，在柏林开始真正学习国际法和宪法等，回国后曾任北京大学教授，1918年末与梁启超一起再度赴欧洲考察，之后醉心于英国政治思想和德国哲学，对其大力进行介绍，并热心进行政治评论。但是随着北伐的展开，受到蒋介石的迫害，1930年后再度逃往德国，接受了黑格尔哲学。在抗战时期组建中国国家社会党进行政治活动。1949 年以后经过中国香港、台湾等，最后移居美国。

在此先简单总结一下与本文有关的现有研究情况。第一，关于研究系的研究大部分限于讨论其政治活动，尤其是与军阀的亲和性[9]，以包括教育在内的学术方面为焦点的研究尚不过是极少数[10]。第二，除了宪政，从思想的侧面出发讨论其言论的研究极少，进一步由此出发确认他们在思想史整体中地位的研究则完全没有[11]。

接着介绍一下关于张君劢的研究情况。在日本学界，对于张君劢的了解主要是，他作为 1923 年的科学与人生观论战中的玄学派的成员而驰名于言论界，在抗战时期作为所谓第三势力而进行政治活动。但是，比较忽视张君劢在 20 年代作为研究系知识分子的代表人物之一，不仅从事言论活动，在教育界也非常活跃。在中国学界研究多是和对研究系的政治评价一样，认为张君劢是“军阀的手下”[12]。而在台湾，由于张君劢是现行宪法的起草者之一[13]，以他的政治思想或者宪法学为中心的研究很多，反过来说，现有研究偏重于此，故对于抗战时期以前，尤其是 20 年代张君劢的思想的研究，不得不说全都非常落后。进而言之，对于张君劢等人兴办的学院等教育机关的分析，由于受史料所限等原因，可以说还没有着手。[14]本文通过对学校的分析，论述他们在言论社会以及政治社会中处于怎样的地位，也可补充目前关于张君劢的研究的不足。

后面还会谈到，国立自治学院是在民国初期流行的联邦制思潮的巨大影响之下成立的。关于联邦制的研究，及其作为政治运动而表现出来的联省自治运动的情况，已经研究得很清楚，但是，对于联邦制思想的分析，进一步的，有关立足于联邦制的知识分子的动向的研究，基本上还没有什么成果。[15]因此，本文所论述的知识分子和思想以及组织的联动，在某种程度上也有助于解明这一方面的问题。

本文要研究的国立自治学院，是张君劢在1923年建立于上海的社会科学系统的高等教育机关，在北伐时期的1927年被国民党强迫关闭。张君劢和其他研究系知识分子创办了若干所学校，选择国立自治学院的理由在于这所学校的规模较小[16]，而张君劢个人的影响极强，比较容易探讨与其思想关联。

本文从分析国立自治学院以及张君劢等作为教师的知识分子的角度出发，聚焦于学院的教学计划。[17]由于教学计划是伴随近代国民国家的成立，为了有效地培养国民而发展起来的，故教学计划可以说“是以学校和社会全体中的各种价值观和权力为媒介的装置，是把通过对知识的‘管理’（management）而行使的社会统制，施加于学校成员的一种社会机制”[18]。在“管理”的过程中，教师根据自己的学术见解创设学科，设定科目。如同迈克尔·阿普尔所指出的，在制订过程中，教学计划“无论何时，总是某些人的选择的结果，构成基于某个集团的观点的正统知识即选择性的传统的核心部分”，与此同时，也是“文化的、政治的、经济的斗争，紧张以及妥协的产物”[19]。毋庸赘言，教学计划并不等于现实的教学内容，但是通过考察教学计划，可以了解支配学校的集团在选择知识的时候所持的价值观。[20]

因此，本文首先对以张君劢为首的教员所制定的教学计划在两个方向上分别进行分析，一个是反映了他们办学理念和设想的部分，等于理念的方面，另一个是因为对政治权力等各种势力的妥协和迎合而变化的部分，等于现实的方面。在此基础上，分析他们如何应对各种各样的状况，如果进行妥协，又会导致教学计划发生怎样的变化，由此来考察自治学院这一文化资源的性质和局限，以及与其思想之间的关系，并进而尝试对作为知识分子的他们进行历史定位。

1 国立自治学院的理念

（1）国立自治学院的人脉和思想源泉。

前文提及，国立自治学院是个比较小的教育机关，创建者张君劢个人的人脉对于具体运营和教育方针有很大影响。在正式开始议论之前，先梳理一下围绕着自治学院的人物关系。

在20世纪20年代前半期，张君劢有很多朋友，其中对本文比较重要的是梁启超、黄炎培、蒋百里、马寅初、袁希涛、张东荪、史量才、徐志摩等人。[21]对这些人物虽然无法逐一详述，但是大体上可以分为江苏地方教育界和实业界的实力人物（黄、袁、史）、研究系知识分子（梁、蒋、张）以及与研究系关系密切的知识分子（马、徐）。这些人在江苏地方的文化界、经济界有着巨大的影响力，下面将会论述。国立自治学院的经营和理念在他们的影响下不断改变。首先应该记住国立自治学院是以这些人脉为基础建立起来的。

还有一点必须事先指出的是，当时张君劢以组织政党、参加政治活动为目标而建立学院，并为此建立人脉。据说张在选择和招聘自治学院的教师时，经常会考虑到这一点。[22]如后面所将要论述的，这一点也在他们的教学计划中如实地得到了反映。

下面作为思考教学计划中理念方面的前提，对学院教师阵容的知识背景，以张君劢为中心加以说明。

张君劢一贯追随梁启超，两人有很多共通的思想特征，其中之一是“精英主义”[23]。他们都认为作为先觉者的精英应该指导其他国民，成为改革的原动力。

例如，清末时期，张君劢曾如此论述国民与政治的关系：“一国政治，无论其改革前改革后，无不赖之少数先觉之士，主持而提倡之，故其为政治之运动者数人耳。”[24]显然，张不认为“少数先觉之士”以外的国民可以通过接受教育来掌握政治知识，实现参政，只是追随“先觉之士”的指导而已。在另外的文章中，更加明确地记述了他对国民的不信任：“嘉森（张君劢）自来东后，屡与社友商量，吾国今日政治之基础，万不能置之国民身上。以大多数之愚民，虽日日哭诉于其旁，犹之无益。”[25]

这里说的“精英主义”，在清末社会中成为“先觉之士”的知识分子中间，经常能够看到。但是，在辛亥革命以后，再到五四运动时期，这种主张就变少了。根据现有研究成果，张君劢的老师梁启超也摆脱了“士人意识”，开始提倡国民运动。[26]但是，张君劢在辛亥革命以后依然保持着清末以来的“精英主义”。比如，在《联邦十不可论》一文中，作为反对导入联邦制的理由之一而列出的是，省民没有掌握省的权限的能力，所以坚决反对直接选举省长。[27]可见，即使在这篇文章发表的 1916 年，张君劢对于国民的统治能力也基本未抱期待。

但是，张君劢以从 1918 年末开始的欧洲考察为契机，在思想上发生了若干变化。1921 年，张从欧洲回国后，在忧虑民国以来中国政治的混乱状况的文章中论道：“世界之良政治，未有不以国民为基础者也。盖判断得失，决多少数，其最终之一步，不能舍国民而他求。欲求有此种能力之国民，方法甚多，而根本上不外教育普及，人人自觉，人人有知识，夫而后可以语夫政治。”[28]由此可见，张君劢通过考察欧洲，开始认识到，为了实行民主政治，不仅是单纯的精英主导的改革，国民的坚强后盾也是必不可少的。他认为民众是决定舆论的主体，首先让民众拥有政治知识是改革的第一步，并提出了具体建议：“小学、中学应注重团体生活，高等学校以上应仿各国大学联合会拟国会之制。……此则培养国会及地方自治人才。”[29]

这种考虑和关于教育制度的提案，显然不同于以前对国民不抱期待，仅仅依赖精英指导的想法。

但即便是在 20 年代，张君劢也没有完全摆脱“精英主义”的思考方式。比如，张君劢论道：“吾以为以政党训练国民之政治纪律，发达国民之政治知识，实为第一义矣。”[30] 他认为政党不仅是以在国会等取得政权为目标的集团，也应使之发挥作为政治知识的教育和训练机关的功能。虽然在同一个地方，他也主张“政党之最后根据在于国民”，但是依然存在着政党训练国民的思维前提。不仅如此，如前所述，张君劢还认为培养能够推动政党的人才（即“国会及地方自治人才”）的是高等教育机关，而且实际上他所参与的学校全都是高等教育机关。既然如此，从张君劢的教育观来看，他自身就是参与教育机关的活动，负责培养能够推动训练国民的政治操守和知识的机关的人才。如前所述，他开始认识到需要对精英以外的国民进行教育，但是从他的实际行动来看，合理的推论是，至少他更重视对精英的教育。

如前所述，研究系已经从政治舞台的表面消失，从当时的政治、经济状况来看，张君劢所谓的政党没有现实运营的余地。因此，他自然会把视线集中于教育国民的学校，尤其是高等教育机关。这样的教育观成为国立自治学院创设的基础，对此有必要加以留意。

看一下学院的教员（见附表 1），张君劢自己召集的教师阵营的履历等的共通之处在于其中大多曾经留学欧美，尤其是欧洲，专修法学、政治学等社会科学，在政治主张上提倡反对军阀、民主主义、多党政治等。由此，学院成为社会科学系统的学校就是理所当然的了。那么，作为知识分子他们共同拥有怎样的思想呢？他们当时的言论行动虽然多姿多彩，但是与本文关系特别紧密的是以下几点。

作为他们几乎全员共通的思想特征，必须指出其对联邦制的关注。如前所述，他们，特别是属于研究系的教员，大多积极参与了从20世纪初到20年代初的关于联邦制的论战，其中部分人甚至将其发展为政治运动。[31]他们一贯主张联邦制以及制定联邦式宪法。[32]不仅如此，张君劢还出席了1922年在上海召开的国是会议，讨论具体政策甚至起草了联邦式宪法。[33]

他们的政治主张中还有一点非常重要，即“社会主义”。张君劢从1913年开始留学德国时初次接触社会民主主义，还会见过考茨基、伯恩斯坦等，逐渐加深了对社会民主主义的理解。张君劢的盟友之一、自治学院教员张东荪认为基尔特社会主义才是最完善的社会主义，在中国也应该利用行业公会加以实行。[34]众所周知，在20世纪20年代初，马克思主义者和社会改良主义者（基尔特社会主义等）展开了论战。张东荪和张君劢是后者的代表性人物，还有一位教员叫郭梦良，也是以基尔特社会主义的热心介绍者而为人所知[35]。由此可见，在他们的国家构想中，“社会主义”占有一定的位置。虽然在教学计划中没有明确的体现，但是“社会主义”成为联系教员们的纽带之一，这一点应予注意。

为了反映他们的社会地位，再稍微谈一下他们的文化资源，尤其是他们通过报纸和杂志所进行的一系列启蒙活动。他们发行的《时事新报》、《晨报》等大型报纸及其副刊《学灯》、《晨报副刊》等，作为当时新文化运动的舞台，发挥了巨大影响。[36]虽然很难说他们直接参与了新文化运动，但他们有心向国民传播以西洋为中心的文化，并以其所拥有的文化资源为新文化运动的展开提供了舞台。

上述一系列行动成为国立自治学院思想源泉的重大构成要素，特别是在创设初期，对教学计划也产生了巨大的影响。下面，通过分析学院的创办过程及其创办初期的教学计划，来阐述研究系知识分子们的思想对学校有着怎样的影响。

（2）从教学计划看国立自治学院的“理念”。

创办学院的契机是1921年从德国回国的张君劢，与他邀请的杜里舒等外国学者关于政治教育的对谈。[37]前面提到的张君劢培养精英的想法，受到了外国学者的高度评价，于是他决定建立学校，并将计划告诉了黄炎培等人。由此可见，学院从创办开始就带有浓厚的个人色彩。

因此，国立自治学院的办学理念自然也反映了张君劢个人的主张：“本学院以发达人民之政治品格及自治行政之智识为宗旨。”[38]“本院之为政治教育机关之性质，于是乎在非徒曰讲求学理已焉，实在养成人才，探讨法制，以改造吾国家而已。”[39]可以认为，此理念完全是立足于前述其教育观的，而且此理念如实地得到了制度化。

那么，“作为理念的学院”的这一方面，在教学计划中如何体现出来的呢？附表2的（A）是学院建立之初的教学计划（1923年秋的构想），可以看出其中有几个明显的特征。第一，就像是要表明教师的知识架构偏向似的，总体上以西方近代社会科学为中心的科目占了大部分。这一点虽然类似于附表3所示北京政府的教学计划，但是附表2中的省政科、市政科、乡政科和社会科，这种学科编成具有在其他学校看不到的独特性。可以说这明确地反映了在前述关于联邦制的讨论中，以张君劢为首的知识分子的共识。

第二，他们在科目上的设定也有独特之处。本科开设了“宪法原理及比较宪法”、“比较联邦宪法”，研究科开设了“单一国和联邦国”、“中央地方权限问题”、“美德瑞加四国之邦宪比较”、“省宪问题”等科目，可以看出，这些科目和他们在政治上、思想上的立场有着密切的关联，同时也是在其他教育机关所看不到的极具独创性的科目，这一点下面将会再次提到。[40]

第三，在此教学计划中特别引人注目的是“议员法和议会实习”、“社会实测”以及“西洋社会事业（研究和实习）”等直接教授政治实践的学科。进而，不仅在于教学计划，作为在政治实践，从建立之初开始，国立自治学院就设立了以议会方式运营的自治会和辩论会，据说张君劢也经常参加辩论会[41]。这也是对前述“像国会那样的制度”的具体实现，如实地反映了张君劢对实践性政治活动的关心。

那么，在学院成立之初的这一教学计划中，以张君劢为中心的学院的教师们想要培养怎样的人才呢？他们所期望的人才是能够直接领导政治行动，或者是具有能够监视政治行动的相应的实际的、实践的政治知识的人。他们未必要成为执政者，但至少是要具有能够推行西洋式民主政治资格的被统治者。这种人才和张君劢的教育观及未来展望是一致的，因此，有人指出，这与他在留学中所学的，重视西洋民主主义中的“个人”概念是相通的，此观点应予肯定。[42]

这一“理想”的教学计划，在当时的教育机关中处于怎样的位置呢？如后文所述，学院的教学计划多次发生变化，但是，在当时那一阶段，可以说是最接近于张君劢的理想的，下面将此与北京政府的教学计划做一简单比较。

当时执掌政权的北京政府通过1922年的《学校系统改革案》进行了学制改革，向所谓壬戌学制转变。[43]但是，高等教育的教学计划依然基本沿袭1913年公布的《教育部公布大学规程》[44]的规定，学制改革仅限采用选择科目制，扩大各大学的裁量权。因此，各大学的教学计划的内容有很大不同。在此对1913年的官方教学计划和学院的教学计划做一比较。

如附表3所示，“官定”教学计划中列举了一般抽象的科目名称，与国立自治学院的教学计划相比，强烈倾向于学习比较一般的知识，看不到那种“省宪问题”之类的基于特定思想潮流的科目名。

1922年政府公布的《学校系统改革案》，作为教育目标提出了“谋求个性发展”等，也能够看到与学院的共通点。[45]但是，从教学计划出发来看，如前所述，学院传授政治实践的教育目标非常明确。学院的教学计划虽然看起来似乎存在于北京政府的教育方针的延长线上，实际上比“官定”教学计划更加具有强烈的作为实践的、具体的政治学校的意义。在此，张君劢以及其他教师的教育观得到了如实的反映。

通过对北京政府的正式教学计划和国立自治学院的教学计划的简单比较，可以显示出张君劢等教员在国立自治学院初期制定的教学计划，与当时的政治权力所设想的教学计划性质不同，非常独特。这两个教学计划的差异，象征性地表明这一时期的学院多少能够对政治权力保持某种程度的独立。

2　国立自治学院的“现实”

下面考察学院的“现实的方面”，计划通过分析学院作为张君劢等人所拥有的文化资源，如何应对当时政府等各种势力的介入，又如何在结果上使教学计划变质的问题，来考察张君劢等自治学院的教员们和各种势力之间的关系。

本来应该首先概述一下国家权力机关即北京政府的教育政策，但是，政府在这一时期没有进行与本文直接相关的大的改革，所以姑且指出一点，即负责教育行政的教育部是大总统的直属机关，因此很容易被国家权力所左右。[46]

如前所述，学院的创立发端于张君劢和杜里舒等的对话，但实际上把创办学校的建议付诸实施的，不是张君劢。听到张君劢的谈话之后，姚文称（江苏省出身的国会议员）、袁希涛（江苏省教育会会长）和黄炎培（中华职业教育社董事）等江苏地方的实力人物们，在1923年6月向江苏省省长韩国钧陈述了创办学院的必要性，其意见在省议会上被通过。同年12月28日召开了第一次董事会，出席这次会议的是黄炎培、史量才等董事们，张君劢不在其中，但是在这次会议上被推举为校长。也就是说，创办学校的意愿和学校的构想，来自张君劢，但是学校设立本身是由国会议员和地方势力，更准确地说是被称为“学阀”的一系列人物所主导的。

这里所谓“学阀”，是对以1917年在上海成立的中华职业教育社为母体的教育家、实业家和政治家等的总称。其中心人物除前面提到的袁、黄之外，还有史量才、陶行知、张謇等，另外，作为中华职业教育社的发起人，梁启超也署名了。他们以江苏地方为基础，拥有《申报》、《中华教育界》等报纸杂志，东南大学等学校，平民教育促进会等教育团体，商务印书馆等企业，还有银行和商会，特别是在教育界拥有很大的影响力。[47]虽然他们也尽量与政治保持距离，但是为了名声，黎元洪等军阀也名列社员之中。中国共产党痛批其为“学阀”，此名称也为一部分人所接受。[48]在思想上可以说黄炎培是其指导者。黄炎培以1915年对美国的考察为发端，开始提倡职业教育的重要性，在1917年5月设立中华职业教育社。同年7月的《中华职业教育宣言书》强调，职业教育的目的在于为个人生计的确立做准备，为服务社会做准备，为增进世界和国家的生产能力做准备，为此而谋求职业教育的普及和改善，进而改善普通教育。[49]在五四运动时期以后，于1926年打出了“大职业主义”的口号，呼吁通过职业教育使教育界和实业界联为一体，参加社会运动。[50]

黄炎培的这种教育观与研究系的教育理念略有不同。但是研究系的知识分子们经常苦于经济困难，因此，为了展开一定的活动，他们的文化资源不得不与比自己拥有更大影响力，拥有银行等企业，资金充裕，而且根据地同为江苏地方的“学阀”们进行各种妥协。

最明白地反映了这一点的是预算问题。张君劢在创办学院之际，最大的悬案就是确保预算。张君劢利用自己的人脉，为确保学院创办和运营所需要的资金而四处奔走。[51]张最后成功地从江苏省财政厅那里得到了7.92万元的创办资金，又在“学阀”中的大人物张謇的斡旋下，得到了中国公学的土地，还从张謇那里得到了5000元的捐助。[52]经过这些折冲之后，1924年2月17日，国立自治学院在上海的爱文义路开学，并于十日后举办了开学仪式。[53]

预算困难的问题依然继续。1924年7月召开了江苏省财政整理委员会，通过了以“财政困难”为由取消给国立自治学院的经费，合并入东南大学的决议。[54]对于这一突然的决议，张君劢等教员以及有关人士自不必说，章炳麟等知识分子也陆续发表反对意见，学院存续问题成为当时教育界的一个热门话题。[55]最后，临时董事会上决定由董事去会见省长[56]，在省议会上决定保留学院。但在这个时候也是通过国会议员等人与省长交涉[57]，而且是省长亲自决定支持保留学院[58]，不难想象这些事情的影响。

此外，张君劢因为学校创立时并不是正式的大学，而是所谓的专科学校，一直努力要把学院升格为大学。作为其中的一环，学院的教学计划根据政府制定的大学规程作了变更[59]，即附表2的B。

那么，教学计划从A向B的改变意味着什么呢？因为B是四年制的，大体上A的预科科目的部分相当于B的预科及本科一年级，这一部分可以说没有多大差别。但是，A里面的“议员法和议会实习”被降格为选择科目，“西洋社会事业（研究和实习）”等实践性的科目被删除，或者被降格为选择科目。

教学计划最显著的变化是研究科，“单一国和联邦国”、“中央地方权限问题”、“美德瑞加四国之邦宪比较”、“省宪问题”、“总统制与内阁制”、“政党政治之利害”、“各国市政之比较”、“吾国市制草案”等，能够明确反映教员们的政治立场的研究科科目全部被废止，变成了“得教务长与主任教授之许可而专门研究”。值得注意的是，这一文句和北京政府关于“大学院”的规定完全相同。[60]

从为了被政权接受而导致的教学计划的变更中，可以看出国立自治学院的理念逐渐游离于教学内容和前述教员的政治主张及思想关心之外。

作为修改教学计划以及其他努力和交涉的结果，学院从1925年度开始升格为正式的大学，改称“国立政治大学”，同时校舍迁到上海郊外的吴淞。[61]但是，这种行动也不仅仅是为了维持张君劢所主张的学术和教学的高水准，其意图也在于通过改称大学而从国库争取运营资金。[62]

同年12月，张君劢进一步改组学院，学科编制从以前的省政科、市政科、乡政科和社会科，改为政治科、生计科、社会科和外交科，相应地教学计划也做了若干变更。[63]这就形成了附表2C的内容。

从B到C的变化，更加明白地显示了向北京政府的教学计划的接近。首先，如前所述，学科从省政科、市政科、乡政科和社会科，改组为政治科、生计科、社会科、外交科，从以前以“自治”为支柱的编制，变得和北京政府的教学计划几乎没有不同。虽然规定了内容不变，但这种学科编制上的变化对于学院的定位有着象征性的意义。这意味着，反映当初的理念中的“包括实践在内的政治教育”的科目完全取消了，学院的教学计划所曾有的独立性完全丧失了。

不难看出，随着教学计划从 A 到 C 的变化，学院也变成了与北京政府的教学计划相似的单纯教授社会科学的大学。

1927 年，北伐军到达上海，国民党在同年 3 月末成立上海临时市政府。国民党认为张君劢也是“学阀”之一[64]，所以在 3 月 27 日，学院被国民党上海市党部委任的刘大白和陈望道所接收，学生和教师被强制性解散。[65]

闭校时的教学计划，象征性地表现了学院与国民党这一新兴政治势力之间的冲突。在此想把学院的教学计划和创设于 1927 年的最鲜明地传达了国民党立场的中央党务学校的教学计划（附表 4），进行一个简单的比较。

学院的教学计划当然没有中央党务学校那种研究三民主义等党义的科目，此外，中央党务学校的教学计划的重点在于“组织”、“统帅术”等与纪律或集团有关的科目，而学院的教学计划如前所述，重视的是与个人的政治活动有关的科目，与组织有关的科目非常少。在此虽然无法对国民党的教学计划与其意识形态之间的思想关联进行探究，但是单纯地比较一下两校的教学计划就可以发现其不同之处一目了然，由此可知国民党关闭学院的理由。

在此总结一下关于学院的现实层面的问题。首先，如前所述，教学以外的学院运营掌握在江苏省的实力派手中。尽管张君劢作为校长，为了确保预算而四处奔走，但其自身在经济上力量很小，而且基本上没有支持者，最后只能是依赖江苏省的实力人物。因此，不得不说张君劢的理想很少能够得到如实反映。

而且，为了满足法律、资格等手续上的要求，顺利地经营学校，不仅仅是“学阀”所代表的江苏省的实力人物，江苏省政府的意向也不得不充分尊重。因此，如前文所述，国立自治学院的经营深受政治势力的影响，既便它的教学计划不得不做出改变，最后也难逃被国民党强迫关闭的下场。[66]

顺便说一下，学院的学风虽然说是自由主义的，没有政治限制或者意识形态[67]，但实际上在学院成立了“国立政治大学学生留沪委员会”这一同情国民党的团体，向国民政府要求把张君劢等教员作为“反革命分子”加以惩罚。可见，学生被国民党等政党势力所吸收，与张君劢等人的理想无法相容的“党化”在不断发展。[68]学院并不是仅仅培养张君劢理想中的人才的场所，还成了政党间争夺主导权的战场。在这种意义上来说，国立自治学院有着很大的局限性。

3 考察

（1）教学计划变更的理由和矛盾。

那么，在被夹在理想与现实之间的学院中，教师们作为知识分子想要提出怎样的主张？又在多大程度上成功实现了其主张呢？

对于学院的教学计划为什么会如此变化，大体上从思想要因和政治要因两个方面来进行一个简单的考察。

就思想要因而言，教员们共通的议会民主主义、社会主义、反对军阀等主张，前后并无多少变化。有着明显变化的是前文曾强调过的关于联邦制思想的问题。围绕着联邦制的论战在 1924 年初停息了，学院的教师们不再公开发表明确支持联邦制的文章。张君劢等人对联邦制的兴趣，至少在表面上看来是淡化了。但是，他们对社会科学或者宪法的兴趣却是一以贯之的。[69]在学院关闭之后不久，他们开始猛烈批判国民党的一党独裁[70]，主张多党政治，由此可见，他们正是从多党政治的理论雏形出发而建立教育机关的。从这一点上来看，他们的思想和教学计划可以说是一致的。

但是，考虑到当时的政治状况，还有一个政治要因有着更大的影响。这一点很好地显示了张君劢等教员关于政治实践的思考。他们至少在学院时期完全没有丧失对政治实践即政治活动的兴趣。比如，张一贯支持精英参与政治，不仅是自己和教师，对于教育对象的学生也积极地期待他们成为“监视民主政治的被统治者”[71]。在学院关闭后的1932年，张君劢等人进一步结成了中国国家社会党，亲自展开实际的政治活动，其行动背后也有着这种政治关心的支撑。

但是，他们扼杀这种在实践层面的关心，修改了教学计划。可以说这主要是政治要因所致，因为他们不得不对江苏省政府及“学阀”等实力人物的压力表示屈服或者妥协。就这一点而言，学院理想的教育观与现实的教育活动，有着相当的隔阂和矛盾，理想被现实裹挟而去。

（2）从教学计划看“作为知识分子的教员们”。

本文以上考察了学院教学计划的变迁。下面讨论一下教学计划的这种变迁意味着什么？对于作为知识分子的学院教师集团应该如何定位？

如同上面的分析所表明的，从教学计划或者张君劢等人对政党的态度来看，他们也想要掌握政治权力，为此而对学生进行政治教育，而且是精英教育，教师们自己也考虑过组织政党。从教学计划来看，也能够明白，没有政治权力的他们，想要通过创办学校等，设法保证自己的活动空间，并以这一空间为据点，在政治上发挥自己的影响力。

但是，一方面，教学计划的变化可以说是被省政府等各种权力集团所扭曲的结果。他们所拥有的资源几乎不能自由地行使，只能说是非常无力的。在这种意义上来说，学院从创办到变质，然后仅仅三年左右就关闭，这一过程如实地反映了他们的文化资源败给政治权力的过程。不仅如此，学校关闭之后，在国民政府时期，张君劢等人掌握的媒体遭到了严格检查，禁止发行，教育机关遭到了勒令关闭等处分。他们本来所拥有的资源本身也受到了威胁。他们的活动及其影响力无论如何都只能被卷入政治之中，作为不得不仅以文化资源为根据的知识分子集团，他们在压倒性的政治力量面前，只有苦恼挣扎。换句话说，他们的活动空间一贯地处在以政治为首的各种压力之下，即使在文化资源所拥有的空间中甚至也不能独立展开活动。

即便如此，如果说他们的行动全都处在政治权力的前提之下，没有任何社会性的影响力，笔者认为也是不对的。虽然是在极其短暂的一段时间里，他们毕竟使自己理想中的政治情景结晶为国立自治学院这一现实中的学校，并且在结果上来说，多少也使他们的理想获得共鸣，并培养了日后从事政治活动的追随者，这是不可否认的事实。[72]虽然影响力很小，但在这一点上来说，学校也体现了研究系知识分子的影响力。

结　语

本文通过国立自治学院的教学计划，考察了作为其教师的张君劢等人的理念及其局限，讨论了仅有文化资源作为依靠的知识分子所陷入的困境。从教学计划这一有限的角度来观察，也可以看到，其与研究系知识分子的处境本身极富象征性地重合在了一起。他们所创办的学院的变迁过程，就是在省政府这一政治权力，还有“学阀”等各种势力的作用下被迫不断变质的过程，最后终于被国民党这一新兴的政治势力强迫关闭学校。

但是，如先前所示，教师阵营产生了新的价值观念，有时甚至导致与政府的教学计划彼此冲突。虽然仅仅是一段时间，但这种新的价值观念也在教学计划之中得到了反映。这意味着，他们这种新的价值观念，不仅仅停留在理念上，在制度上也付诸实践了，并努力培养与他们同样的阶层。这可以说正是不依赖政治，凭借文化资源而进行的启蒙行动。如前所述，他们虽然不得不与各种势力进行妥协，但是也不能因此就像以前的研究者那样，简单地称他们为“御用文人”了事。

前面也曾提到，学院关闭后，在1932年，以张君劢为中心的教师们成立了中国国家社会党。也就是说，当初被视为前提的政治活动，现在开始付诸实践。其党纲主张多党政治和议会制民主主义等，这些思想几乎都曾被纳入到学院的科目之中。[73]因此，可以说，学院正是张君劢所拥有的影响力的基础，从文化资源移向政治权力的转折点，在这种意义上来说，其对张君劢的思想发展以及政治行动有着非常重大的意义。

本文的研究对象仅仅限于国民政府即将成立之前的大约三年间，这对他们的思想形成而言是重要而又极其短暂的一段时期。如前所述，在中国正在走向抗战时期这一更加不折不扣的“政治的季节”的过程中，张君劢等人作为第三势力在政界也发挥了一定的影响力，变得多少也拥有一定的政治权力，同时也继续拥有文化资源，虽然不免有所局限。这意味着，与20世纪20年代不同，他们的影响力开始拥有两个基础。那么，这究竟是两个怎样的基础？对当时中国的政治与社会有着怎样的影响？更进一步，他们作为知识分子应该如何定位？这些问题都是笔者今后想要解决的课题。

附表 1 国立自治学院教员一览

氏名	学历、经历	担当教科	赴任时期
杨津生	美国欧柏林大学学士	社会学、英文	1925 年春学期
曾友豪	美国约翰·霍布金斯大学文学博士、美国哥伦比亚大学哲学博士	法制概要	1925 年春学期
张君劢	日本早稻田大学学士	政治学、伦理学、宪法	1924 年春学期
张尔田	前清史馆纂修，北京大学、北京师范大学教授	国文、本国近代史	1924 年春学期
张东荪	（空栏）	西洋哲学史	1925 年春学期
郭梦良	北京大学	社会主义及社会运动	1925 年春学期
黄贤铭	北京师范大学体育科	体操、课外运动	1924 年秋学期
陈伯庄	美国哥伦比亚大学学士	经济学、高等数学	1924 年春学期
陆鼎揆	美国密切根大学法学博士	法律通论、宪法	1924 年春学期
Miss Leary	（不明）	英文	1924 年春学期
Ungern-Sternberg	德国海德堡大学哲学博士	近代史（外国历史）	1924 年春学期
孙孝宽	（不明）	生物学	1925 年春学期
金其眉	德国基尔大学政治学博士	经济学	1924 年秋学期
范锜	日本东京高等师范学校专攻科教育学士	论理学	1924 年秋学期
吴经熊	美国密切根大学法学博士	哲学概论、外国文学	1924 年秋学期
吴莹	美国伊利诺大学学士/美国哥伦比亚大学硕士	政治地理	1925 年春学期
王振瑄	（不明）	人生哲学	1924 年秋学期

续表

氏名	学历、经历	担当教科	赴任时期
朱恩德	北京师范大学体育科	体操、课外运动	仅1924年春学期
瞿菊农	燕京大学硕士	哲学	仅1924年春学期

《国立自治学院教员一览表》，中国第二历史档案馆藏《中央大学档案》，档号648—271。

注：

其他（职员、转入等）

潘光旦（教务长）：美国哥伦比亚大学硕士

闻一多（训导长）：美国芝加哥美术学院：1926年秋后

讲演会招聘

朱经农、马寅初、蒋百里等

附表 2　国立自治学院的教学计划

在 1923 年 10 月创设当初，如 A 所示，学制包括预科、本科和研究科，其中本科三年，分为省政科、市政科、乡政科、社会科。1924 年 7 月改定教学计划，如 B 所示，本科延长为四年。1926 年之后，如 C 所示，本科依然为四年，但内容进一步详细划分如下：

一）政治科　甲）理论经济学系　乙）政治制度系　丙）公法系

二）生计科　甲）理论生计学系　乙）生计政策系　丙）财政系

三）社会科　甲）社会学系　乙）社会事业系　丙）教育系

四）外交科

※关于 C，此表仅列举了与本文关系密切的政治科。

	A 创设之初（1923 年 10 月）	B 改定教学计划（学制无变化，1924 年 7 月）	C 改称后的教学计划（节录，1926 年）
预科科目	论理学、哲学概论、法律通论、政治学、经济学、近代史、外国语、国语	本国史、世界史、政治地理、人生哲学、高等数学、科学概论、生物学原理、法政概要、英文、国文、经济概要	（略）
本科一年	a. 社会科以外必修：伦理学、心理学、社会学、宪法原理及比较宪法、宪法史、近百年史、财政学、会计学、辩论学、公文程式及公牍 b. 社会科必修：伦理学、西洋哲学、心理学、社会学、国文、外国文学、近百年史、财政学、货币银行、辩论学、社会实测（在 B 属于本科二、三年）	伦理学、心理学、政治学、法律学、经济学、西洋近代史、英文、国文	a. 全学科共通：伦理学、哲学、政治学、法律概论、生计学、本国史、西洋史、国文、英文

续表

	A 创设当初（1923 年 10 月）	B 改定教学计划（学制无变化，1924 年 7 月）	C 改称后的教学计划（节录，1926 年）
本科二年	a. 共同必修科目：政治思想史、行政法、中国财政、货币银行、统计学、市政论、选举法、议员法和议会实习（在 B 是本科三年） b. 社会科必修：社会思想史（政治思想史）、社会伦理学、优生学、卫生及公众卫生学、统计学、社会实测（在 B 是本科二至四年） c. 省政科必修：比较联邦宪法 d. 市政科必修：土木行政、都市设计、卫生行政、住宅问题 e. 乡政科必修：农业概论	a. 省政科、市政科：宪法、宪法史、社会学、财政学、哲学、伦理学、近代本国史、西洋近百年史、英文、国文 b. 乡政科、社会科：社会学、社会心理学、哲学、伦理学、近代本国史、西洋近百年史、教育原理、教育制度、教育史、进化论、社会实测（在 C 废止）、英文、国文	a. 全学科共通：宪法、行政法、社会学、社会心理、生计政策通论、财政学、统计学、近代本国史、近代西洋史、国文
本科三年	a. 共同必修科目：社会运动史、教育原理及教育制度、预算学、户籍法、政党论、中国行政组织、现代历史、警察学、民团制度论 b. 社会科必修：社会运动史、西洋社会事业（研究和实习，在 B 废止）、犯罪学、贫困问题、名著选读、社会实	a. 省政科、市政科：行政法、政治史、统计学、工业政策及社会政策、市政论、中国现时行政组织、中国财政、选举法、议院法、第二外国文、国文 b. 乡政科、社会科：社会思想史、西洋哲学史、统计学、工业政策及社会政策、农业政策、优生学、教育学	a. 全学科共通：政治理论大要、宪法史、国际法、政党论、选举制度、中国财政、中国行政组织、市政概论

续表

	A 创设当初（1923 年 10 月）	B 改定教学计划（学制无变化，1924 年 7 月）	C 改称后的教学计划（节录，1926 年）
本科三年	测（在 B 本科二、三年） c. 省政科必修：比较地方财政 d. 市政科必修：公营事业、比较各国市政现况 e. 乡政科必修：农村经济学、水利土木行政	史、教育哲学、外国文学史、市政论、社会实测（在 C 废止）、第二外国文、国文	
本科四年		**必修科目** a. 省政科、市政科：国际法、中国外交史、政党论、户籍法、民团制度论、各国政治现况、交通政策、农业政策、议会练习（在 C 废止）、财务行政、第二外国文、国文 b. 乡政科、社会科：政治思想史、经济思想史、西洋社会事业、社会主义及社会运动、财政学、民团制度、户籍法、犯罪学、社会实测（在 C 废止）、第二外国文、国文 **其他必修科目** a. 省政科：比较联邦宪法、比较地方财政 b. 市政科：水利土木行政、警察学、欧美市政发展史、比较各国市	a. 理论经济学系：现代政治理论、政治学史、中国政治思想、法理学、中国法律史、名著选读 b. 政治制度系：西洋最近政治史、财政制度、各国军制、司法制度、立法论、教育行政、比较邦宪、地方政府、各国政治现况、名著选读 c. 公法系：公法原理、国际公法、刑法、民法大意、法律哲学、立法论、司法制度、各国宪法解释、名著选读

续表

	A 创设当初（1923 年 10 月）	B 改定教学计划（学制无变化、1924 年 7 月）	C 改称后的教学计划（节录、1926 年）
本科四年		政状况、都市设计、卫生行政、家宅问题 c. 社会科：社会学名著选读、文化哲学、历史哲学 d. 乡政科：农林经济、农村改良问题、水利土木行政、警察学、农业概论、乡村教育 **其他选择科目** 理论经济学、货币及银行、贫乏问题、法理学、租税、公债论、会计学、公文程式及公牍、公营事业、民法概要、协作社、卫生及公众卫生学、商业政策	
研究科科目（节选）	a. 政治：单一国与联邦国、中央地方权限问题、美德瑞加四国之邦宪比较、省宪问题、总统制与内阁制、政党政治之利害、各国市政之比较、吾国市制草案、乡村改良运动、政治学最近之趋势、中国政治思想之发展、中国政治之变迁…… b. 经济：中央地方财政之划分、地方税问题、预算编成、中国人口问题、经济学最近之趋势……	经教务长及主任教授之许可而专门研究	经教务长及主任教授之许可而专门研究

续表

	A 创设当初（1923 年 10 月）	B 改定教学计划（学制无变化、1924 年 7 月）	C 改称后的教学计划（节录、1926 年）
研究科科目（节选）	c. 社会：社会改良、劳动组合、工业自治、各国社会运动近况、俄国革命之因果、德国革命之因果、社会主义之趋势、个人主义与社会主义、物质文明之利害、乡村教育、义务教育……		

《国立自治学院章程》，《申报》1923 年 11 月 9、10 日，转引自中国第二历史档案馆编：《中华民国史档案资料汇编》第 3 辑《教育》，江苏古籍出版社 1991 年版，第 237—245 页。

《谨遵专门以上同等学校待遇法开列事项缮呈》（1924 年 8 月），中国第二历史档案馆藏《中央大学档案》《自治学院成立经过及教员学生一览表》，档号 648—269。

《国立自治学院二周年纪念及改名国立政治大学的组织大纲有关文书》，中国第二历史档案馆所藏《中央大学档案》，档号 648—274。

附表3 北洋政府的“官定”教学计划

计划规定大学成立文科、理科、法科、商科、医科、农科、工科；法科和医科（医学门）4年，其他3年。

预科分为3部，第一部适用于文科、法科、商科志愿者，第二部适用于理科、工科、农科、医科（药学）志愿者，第三部适用于医科（医学门）志愿者。

在此仅列举了与本文密切相关的“法科”的科目。

预科	第一部	外国语、国语、历史、伦理、伦理及心理、法学通论、第二外国语
		任意：拉丁语
本科（四年）	1）法律学门	宪法、行政法、刑法、民法、商法、破产法、刑事诉讼法、民事诉讼法、国际公法、国际私法、罗马法、法制史、法理学、经济学，从英国法、德国法、法国法中选择一个科目
		选择科目：比较法制史、刑事政策、国法学、财政学
	2）政治学门	宪法、行政法、国家学、国法学、政治学、政治学史、政治史、政治地理、国际公法、外交史、刑法总论、民法、商法、经济学、财政学、统计学、社会学、法理学
		选择科目：农业政策、工业政策、商业政策、社会政策、交通政策、殖民政策、国际公法（各论）、政党史、国际私法
	3）经济学门	经济学、经济学史、经济史、经济地理、财政学、财政史、货币论、银行论、农政学、林政学、工业经济、商业经济、社会政策、交通政策、殖民政策、保险学、统计学、宪法、民法、商法、经济行政法
		选择科目：政治学、行政法、刑法总论、国际公法、国际私法

《教育部公布大学规程》（1913年1月），见舒新城：《中国近代教育史资料》（中），人民教育出版社1985年版，第644—659页。

附表 4 中央党务学校课程及教学内容（1927）

第一类 论理	1）三民主义、五权宪法、建国方略、建国大纲的讲义 2）孙文学说、军人精神教育及总理的言行 3）总理的革命方略的理论及其应用 4）本党政纲及重要决议案的研究 5）经济学大要 6）各派社会主义的研究、批评及现代社会问题的实际状况 7）土地问题，特别是第一次世界大战后各国土地问题的解决方法 8）现代主要哲学思想的概说 9）社会心理、集团心理大要 10）论理学大要及会议通则
第二类 历史	1）社会进化史大要 2）近代欧洲民族的世界侵略史、征服拉美和非洲大陆的经过以及现在遗留的各种问题 3）产业革命史 4）法国大革命以后的欧洲革命运动史 5）东方民族史 6）非洲问题及中南美问题 7）现代三大大战史（巴尔干战争、日俄战争、第一次世界大战）及其相互关系 8）俄国革命史以及欧洲社会主义国际运动的变迁 9）土耳其革命史 10）中国近世革命史
第三类 地理	1）世界地理概要 2）本国地理

续表

第四类　组织	1）关于本党章程、规则的理论与实行的研究 2）苏联的政治组织、行政组织、军队组织、经济组织 3）土耳其的政治组织、行政组织、军队组织、经济组织 4）国民政府及国民革命军的组织的研究 5）统计学大要 6）军队的编成法、内务组织及统帅术的研究 7）民众指导者的德性问题和党员的德性问题

崔明忠：《中国国民党中央政治学校研究》（民国十六至三十六年），“国立”政治大学历史研究所硕士论文，1998年。

注　释

《对美学而言，“中国”是什么——朱光潜的中国现代主义》注释：

［1］参见朱光潜：《作者自传》，见《朱光潜全集》第1卷，安徽教育出版社1987年版。

［2］参见朱式蓉、许道明：《朱光潜——从迷途到通径》；钱念孙：《朱光潜与中西文化》；王攸欣：《朱光潜学术思想评传》；蒯大申：《朱光潜后期美学思想述论》。

［3］朱光潜最初的论文是关于弗洛伊德无意识论的《弗洛伊德的无意识说和心理分析》，《东方杂志》1921年7月第18卷第14期；其次发表的是行为主义心理学论《行为派（behaviorism）心理学概略及其批评》，《改造》1921年11月第4卷第3期，两文皆为《朱光潜全集》第8卷所收。参见钱念孙：《朱光潜与中西文化》，安徽教育出版社1995年版，第51—55页。

［4］朱光潜：《作者自传》，见《朱光潜全集》第1卷，第2页。

［5］同上。

［6］关于白话文和古文的理想的一致性，参见中岛隆博：《打鬼——白话、古文及历史》（『鬼を打つ—白话、古文そして歴史』），见村田雄二郎，柯里思（Christine Lamarre）编：《汉字圈的近代语言和国家》（『汉字圏の近代 ことばと国家』），东京大学出版会2005年版。

［7］张东荪，1905年留学日本，在东京帝国大学学习哲学，后来在燕京大学、北京大学讲授哲学，曾谈及胡塞尔现象学。他作为政治家也很活跃，为国共合作也曾尽力。在“文化大革命”的时候被逮捕，病逝。

［8］夏丏尊，著名作家、文学家、教育家和出版家，与张东荪同期留学日本。在开明书店任总编十数年，著有《夏丏尊文集》。

［9］朱自清，诗人、作家、文学批评家，论文《诗言志辨》尤其重要，曾

参与《闻一多全集》的编集。《朱自清文集》由开明书店1953年出版。朱光潜经常征求朱自清的意见，在《文艺心理学》、《谈美》、《诗论》的执笔过程中，曾请朱自清通读。前二著还附有朱自清的序文。

[10] 当时，德拉克罗瓦已经出版了同名的《艺术心理学》（Henri Delacroix，*Psychologie de l'art：essai sur l'activité artistique*，Paris：F. Alcan，1927）一书。

[11] 在德拉克罗瓦的直接影响下，朱光潜作为基于心理学的美学研究论文，开始写作《文艺心理学》，1932年完成初稿，其后反复修改，1936年搁笔于北平。另外，关于心理学，在爱丁堡大学读书时，他曾经聆听在1931年成为苏格兰第一位心理学教授的詹姆士·德雷弗（James Drever，1873—1950）的教诲。

[12] 勃龙太尔是反弗洛伊德主义的心理学者，伊曼纽尔·列维纳斯也曾师事之。关于勃龙太尔和列维纳斯，参见合田正人：《列维纳斯的思想——希望的摇篮》（『レヴィナスの思想——希望の揺籃』），弘文堂1988年版，第38—50页。

[13]《悲剧心理学》在1933年由斯特拉斯堡大学出版。Chu Kwang-Tsien，*The Psychology of Tragedy：a critical study of various theories of tragic pleasure*：Strasbourg，Librairie Universitaire d'Alsace，1933. 汉语译本于1983年由人民文学出版社出版。

[14] 关于《诗论》，留待第5节详述。

[15] 关于《文学杂志》，参见王攸欣《朱光潜学术思想评传》，北京图书馆出版社1999年版，第62—67页；商金林：《朱光潜与中国现代文学》第10章和第11章，安徽教育出版社1995年版。

[16] 参见朱光潜：《朱光潜全集》第9卷。

[17] 参见朱光潜：《最近学习中几点检讨》（1951年11月），见《朱光潜全集》第10卷。

[18] 朱光潜一级教授资格的恢复，是在1957年。蒯大申：《朱光潜后期美学思想论述》，上海社会科学出版社2001年版，第20—21页。

[19] 关于这次美学论争的主要论文，参见四川省社会科学院文学研究所编：《中国当代美学论文选》第1集、第2集、第3集，重庆出版社1984—1985

年版。

另外，关于这次论争的意义，出版了很多研究成果。参见王攸欣：《朱光潜学术思想评传》；叶朗：《朱光潜和李泽厚的美学论争》（1997），见大山洁译：《美学艺术学研究》16，1998 年；叶朗：《从朱光潜"接着讲"——纪念朱光潜、宗白华诞辰一百周年》，《北京大学学报（哲学社会科学版）》1997 年第 5 期；彭锋：《朱光潜、李泽厚和当代美学基本理论建设》，《学术月刊》1998 年第 6 期；薛富兴：《"美学大讨论"时期朱光潜美学略论》，《思想战线——云南大学人文社会科学学报》2001 年第 5 期第 27 卷；劳承万：《上世纪五六十年代的美学"大辩论"与朱光潜美学》，《探索与争鸣》2005 年第 9 期。

其中叶朗论道："总之，在 50 年代的美学讨论出现的各种各样的美学（包括李泽厚的美学），都没有超越朱光潜的美学，因为没有真正克服朱光潜的美学。"他在高度评价朱光潜的同时，也指出批判朱光潜的美学者们其实缺乏真正的理解。

[20] 蒯大申：《朱光潜后期美学思想述论》，第 36—40 页。

[21] 参见朱光潜：《朱光潜全集》第 5 卷。

[22] 其间经过，参见钱念孙：《朱光潜与中西文化》，第 421 页以下。

[23] 参见朱光潜：《朱光潜教授谈美学》，《朱光潜全集》第 10 卷，第 534 页。

[24] 第 2 卷和第 3 卷也是在 1973 年翻译完毕的，但是出版比较晚。

[25] 1960 年翻译发表了一部分，1965 年翻译完毕，但是因为"文化大革命"，出版于 1977 年。

[26] 译稿初稿完成于 1981 年，其后费时推敲，在其去世后出版。

[27] 对于这些翻译的意义的出色总结，参见阎国忠：《朱光潜美学思想及其理论体系》第 13 章，安徽教育出版社 1994 年版。

[28] 钱念孙：《朱光潜与中西文化》，第 453 页。

[29] 朱光潜：《最近学习中几点检讨》，见《朱光潜全集》第 10 卷，第 20 页。

[30] 李泽厚：《论美感、美和艺术——兼论朱光潜的唯心主义美学思想》，见《美学论集》，上海文艺出版社 1980 年版，第 4 页。

[31] 同上书，第 6 页。

[32] 同上书，第 11 页。

［33］但是，克罗齐也和康德一样，驳斥"知性的直觉"是"神秘的美学"。那是因为，直觉的认识与知性的认识被决定性地区别开来，成为不同的领域，而且其前提是一切"神秘"都不存在。参见〔意〕克罗齐：《作为表现科学和一般语言学的美学的理论》（Benedetto Croce，*Estetica come scienza dell'espressione e linguistica generale：teoria e storia*，pp. 72－73；朱光潜译：《美学原理》，见《朱光潜全集》第 11 卷，第 203 页）。另外，关于《作为表现科学和一般语言学的美学的理论》的书志和翻译的历史，参见注 67。

［34］李泽厚：《论美感、美和艺术——兼论朱光潜的唯心主义美学思想》，见《美学论集》，第 11 页。

［35］同上书，第 25 页。

［36］同上书，第 25 页。

［37］同上书，第 21—22 页。

［38］对于李泽厚的美学思想的批判，参见彭锋：《朱光潜、李泽厚和当代美学基本理论建设》，《学术月刊》1998 年第 6 期。这篇论文认为，李泽厚讨论美学，提出了美的本质这一维度，但那对于美学而言是个伪问题。

［39］〔德〕伊曼纽尔・康德：《判断力批判》上，见牧野英二译：《康德全集》（『カント全集』）第 8 卷，岩波书店 1999 年版，第 67 页。

［40］同上，第 56 页。

［41］同上，第 58 页。

［42］Jacques Derrida，Parergon，in *La vérité en peinture*，Flammarion，1978，p. 52.

［43］〔德〕伊曼纽尔・康德：《判断力批判》上，第 80 页。

［44］朱光潜：《我的文艺思想的反动性》，见《朱光潜全集》第 5 卷，第 20 页。

［45］钱念孙认为，朱光潜最迟在 1933 年以后，开始重视艺术和道德以及社会的关系。参见钱念孙：《"没有道德目的而有道德影响"——评朱光潜早期文艺功利观》，《文学评论》1996 年 3 月。另外，有作者认为朱光潜把艺术和道德结合起来的观点在逻辑上不完善，未能成功，参见薛雯：《朱光潜的文艺与道德关系论》，《安徽大学学报（哲学社会科学版）》2004 年第 28 卷第 5 期。

［46］朱光潜：《悲剧心理学》，见《朱光潜全集》第 2 卷，第 215 页。

[47] 朱光潜:《文艺心理学》，见《朱光潜全集》第1卷，第346—347页。

[48] 李泽厚:《论美感、美和艺术——兼论朱光潜的唯心主义美学思想》，见《美学论集》，第21页。

[49] 当然，即便如此，李泽厚还是进一步加以区别，无论如何也要找出和朱光潜的不同。比如，李泽厚认为，朱光潜虽然理解“美感的社会性”，却不理解“美的社会性”。参见李泽厚:《美的客观性和社会性——评朱光潜和蔡仪的美学观》(1957)，见《美学论集》，第55页。但是，前面所引用的文句，正是作为“美的社会性”而被理解的。关于“美感的社会性”，见次节。

[50] 朱光潜:《美必然是意识形态性的——答李泽厚洪毅然两同志》，见《朱光潜全集》第5卷，第118—119页。

[51] 关于朱光潜在接受克罗齐的过程中的变化，参见薛雯:《影响与选择的内在统一——论朱光潜对克罗齐的接受》，《海南师范学院学报(社会科学版)》2004年第3期第17卷。

[52] 朱光潜:《欧洲近代三大批评学者(3)——克罗齐》，见《朱光潜全集》第8卷，第231—236页。

[53] 关于从克罗齐的“艺术是直觉”这一定义所推导出的意义，参见〔意〕贝奈戴托·克罗齐:《美学入门》(『美学纲要』)，见山田忠彰编译:《美学——意大利的美学 克罗齐和帕莱松》(『エステティカ—イタリアの美学 クローチェ&パレイゾン』)，14页以下。

[54] 朱光潜:《欧洲近代三大批评学者(3)——克罗齐》，见《朱光潜全集》第8卷，第234页。

[55] 朱光潜:《文艺心理学》，见《朱光潜全集》第1卷，第197—198页。

[56] 同上书，第362页。

[57] 同上书，第364页。

[58] 但是，对于克罗齐而言，“传达”是由意志实现的“外化”，所以是实践的问题，与作为认识的问题的“表现”应该加以明确区别。参见小穴晶子:《克罗齐》(『クローチェ』)，见今道友信编:《西方美学的精髓》(『西洋美学のエッセンス』)，ぺりかん社1987年版，第252—253页。

[59] 就艺术与道德的关系，讨论朱光潜和克罗齐的不同的，参见陈元贵:《从文艺与道德的关系看朱光潜对克罗齐的批判》，《安庆师范学院学报(社会科

学版)》1999年第18卷第3期。

[60] 朱光潜:《文艺心理学》，见《朱光潜全集》第1卷，第319页。

[61] 同上书，第320页。

[62] 同上书，第320—321页。

[63] 同上书，第323—324页。

[64] 同上书，第324—325页。

[65] 同上书，第325页。

[66] 这一点在其后对克罗齐的批判中也是一贯的。比如，在翻译出版克罗齐的《美学原理》的1947年，他写作的《克罗齐哲学述评》，还有在美学论争的漩涡中，于1958年写的论文《克罗齐美学的批判》，论点和结论都是一样的。

[67] 原题为，*Estetica come scienza dell'espressione e linguistica generale*: *teoria e storia*，执笔于1901年，在1902年由米兰的R. 桑德伦(R. Sandron)刊行(本文参考的是由Gius. Laterza & Figli在1909年出版的第4版)。朱光潜依据英语版第2版，*Aesthetic*: *as science of expression and general linguistic*, translated by Douglas Ainslie, Macmillan & Co. Ltd., London, 1922，参见1922年意大利语版第5版，翻译了其前半部分，作为《美学原理》，于1947年出版。

另外，关于日语译本，克罗齐《美的哲学》(『美の哲学』，鹈沼直译，中央出版社1921年版)只翻译了前半部分，但这是最早的译本。其所据底本难以判定，但是从时间来看，应该是意大利语版第4版(1912)或者是英语版初版(1909)。然后，有贝奈戴托·克罗齐《美学原论》(『美学原论』，马场睦夫译，大村书店1927年版)，这也是只翻译了前半部分。其底本是意大利语版第4版，参考了英语版初版和第2版，以及德语译本(*Ästhetik als Wissenschaft des Ausdrucks und allgemeine Linguistik*; *Theorie und Geschichte*, übersetzt von Karl Federn, Leipzig, E. A. Seemann, 1905)。完整的翻译是贝奈戴托·克罗齐《美学和美学史》(『美学及び美学史』，长谷川诚也、大槻宪二译，见《世界大思想全集》46，春秋社1930年版)。但是，这是从英语版第2版和德语版转译的。

顺便提及，在1931年出版了与马场睦夫的译本，无论是在用语上还是在注释上都非常相似的中国语译本，是傅东华译的克罗齐《美学原论》(商务印书馆1931年版)。笔者参看的是1967年台湾商务印书馆的版本。其中使用了只有在马场睦夫的译本中出现过的特殊用语(比如“再生表象”、“心象”、“专门”)，

应该是参照了马场的翻译。关于这一点，参见谷口勇：《〈付录〉日本的克罗齐研究》（『「付录」日本におけるクローチェ研究』），见〔意〕贝奈戴托·克罗齐著，谷口勇译：《贝奈戴托·克罗齐的美学》（『ベネデット・クローチェの美学』），关西图书出版 1978 年版，第 314 页。

朱光潜是否曾经参照过这些日语和中文的译本，目前难以判明，但是从翻译的质量来看，朱光潜译本远为杰出。在本文中，注明的是意大利语版第 4 版的页码和朱光潜译本的页码，并在充分参考朱光潜译文的基础上，翻译成日语。

［68］ Benedetto Croce，*Filosofia della pratica*：*economica ed etica*，Bari，Gius. Laterza & Figli，1909.

［69］ 参见上村忠男：《关于克罗齐的政治哲学或哲学政治》（『クローチェにおける政治の哲学あるいは哲学の政治について』），见〔意〕贝奈戴托·克罗齐著，上村忠男编译、解说：《政治哲学论集》，第 144—146 页。

另，关于克罗齐的传记及其作为“市民的哲学家”的情况，从二战时期开始，直到战后，羽仁五郎早就反复论及。参见羽仁五郎：《克罗齐》（『クロォチェ』），河出书房 1939 年版；《克罗齐：市民哲学家》（『クロォチェ・市民的哲学者』），河出书房 1946 年版；《抵抗的哲学——克罗齐》（『抵抗の哲学—クロォチェ』），现代评论社 1972 年版。

［70］ 拉布里奥拉是意大利最早引入马克思主义的人物之一，后来影响克罗齐转向马克思主义。

［71］ 参见上村忠男：《关于克罗齐的政治哲学或哲学政治》（『クローチェにおける政治の哲学あるいは哲学の政治について』），第 138—143 页。

［72］ 同上书，第 138—139 页。

［73］ Benedetto Croce，*Estetica come scienza dell'espressione e linguistica generale*：*teoria e storia*，p. 61；〔意〕克罗齐著，朱光潜译：《美学原理》，见《朱光潜全集》第 11 卷，第 191 页。

［74］ Ibid.，p. 68；同上书，第 198 页。

［75］ Ibid.，p. 133；同上书，第 260 页。

［76］〔意〕贝奈戴托·克罗齐：《美学入门》（『美学纲要』），见山田忠彰编译：《美学——意大利的美学 克罗齐和帕莱松》（『エステティカ—イタリアの美学 クローチェ&パレイゾン』），第 86 页。

［77］〔意〕克罗齐著，朱光潜译：《美学原理》，见《朱光潜全集》第11卷，第187页，译注①。

［78］同上书，第234页，译注①。

［79］朱光潜：《诗论》，见《朱光潜全集》第3卷，第331页。

［80］根据朱光潜的说法，《诗论》是从1931年左右开始写的，研究者中间有人推测应该是在1932年或者1933年。1943年出版了其初版，其后也屡次修改。1948年出版了增订版，1984年又进一步增补，出版了第3版。1987年的全集版中，作为附录增加了初稿中本来有的两篇。论述《诗论》这种复杂的变迁过程以及其各章之间的关系的研究，参见肖学周、程玉竹：《从体例角度看朱光潜〈诗论〉的未完成性》，《湖南文理学院学报（社会科学版）》2005年第30卷第1期。

［81］朱光潜：《诗论》，见《朱光潜全集》第3卷，第91—93页。

［82］同上书，第94页。

［83］同上书，第96页。

［84］朱光潜把“韵”作为诗的基础，是明知其在西方自亚里士多德以来一直遭到排斥，却仍然如此主张。参见〔意〕克罗齐著，朱光潜译：《美学原理》，见《朱光潜全集》第11卷，第158页，译注①。

［85］朱光潜：《诗论》，见《朱光潜全集》第3卷，第235页。

［86］同上书，第238页。

［87］关于朱光潜对“韵”及“声”的议论，参见钱念孙：《朱光潜论中国诗的声律及诗体衍变》，《文学遗产》1999年第3期。

［88］朱光潜：《诗论》，见《朱光潜全集》第3卷，第221页。

［89］关于朱光潜和胡适对诗的理解的不同，参见梁刚：《朱光潜与胡适的新诗理论之争》《北京邮电大学学报（社会科学版）》2004年第6卷第4期。

［90］朱光潜：《诗论》，见《朱光潜全集》第3卷，第221—223页。

但是，胡适在白话运动中也并非像朱光潜所理解的那样。主张那种单纯的言文一致。胡适也把古文作为书写语言重新导入，设定了作为文化的中国。参见中岛隆博：《打鬼——白话、古文及历史》（『鬼を打つ——白话、古文そして歴史』）。

［91］朱光潜：《诗论》，见《朱光潜全集》第3卷，第235页。

[92] 朱光潜:《诗论》,见《朱光潜全集》第3卷,第103页。

[93] 同上书,第272页。

[94] 朱光潜:《我和文学及其他》,见《朱光潜全集》第3卷,第384—385页。

[95] 朱光潜:《诗论》,见《朱光潜全集》第3卷,第104页。

[96] 日语译本有《但丁俗语诗论》(岩仓具忠译注,东海大学出版会社1984年版)。

[97] 朱光潜:《但丁的〈论俗语〉》,见《朱光潜全集》第10卷,第325页。

[98] 但丁关于"都市的俗语"、"高贵的俗语"有如下论述:

> 先如此做一定义,意大利有着高贵的(illustre)、基本的、官廷的、法庭的俗语,这在意大利任何一个城市都有,但是不被认为属于任何城市,以此为基础,意大利人所有的城市的俗语,被估计,被称量,被比较(《但丁俗语诗论》,第61页)。

> 因为其主张,高贵的俗语不是所有的诗人都可以用的,只有杰出的诗人才可以使用,所以有必要斟酌是否所有的题目都应该用高贵的俗语来处理(同上书,第77页)。

由此可见,朱光潜正确地复述了但丁用拉丁语写的《论俗语》,将其适用于中国。而且应该指出的是,但丁关于韵律也有论述,朱光潜从中学到很多。

[99] 朱光潜:《从我怎样学国文说起》,见《朱光潜全集》第3卷,第445—446页。

[100] 朱光潜:《给写新诗的年青朋友的信》,见《朱光潜全集》第3卷,第274页。

[101] 朱光潜:《〈文学杂志〉复刊卷头语》,见《朱光潜全集》第9卷,第242页。

[102] 朱光潜:《我对本杂志的希望》,见《朱光潜全集》第3卷,第432页。另外,这篇文章后来被收入《我和文学及其他》(1943)之际,标题改为"理想的文艺刊物"。

[103] 马利奥·沙巴蒂尼(Mario Sabatini)评论说,朱光潜"把西方文化之花嫁接到中国文化传统之木,其传统之木是道家"。对此,朱光潜回答说:

“的确如此，但也未必如此。”参见朱光潜：《关于我的〈美学文集〉的几点说明》，见《朱光潜全集》第10卷，第568页。毕竟，应该考虑的是没有“土性”的“土壤”所具有的意义及其局限。笔者打算将此作为今后的研究课题。另，关于朱光潜和沙巴蒂尼的“移花接木”的议论，参见钱念孙：《朱光潜与中西文化》，第302—317页。

《东与西的回响——辜鸿铭的〈中庸〉英译》注释：

[1] 关于辜鸿铭的经历，依据的是《辜鸿铭著译年表》，参见黄兴涛编：《辜鸿铭文集》下卷，海南出版社1996年版。但依然有很多不明之处。进入民国时期以后，辜鸿铭从1915年开始成为北京大学的教授，教英语文学。1924年和1925年（这次一直在日本停留到1927年），他两次接受大东文化协会的邀请，赴日在各地作演讲，使用的语言是英语。

辜鸿铭原籍福建，父亲在槟榔屿经营橡胶园。根据黄兴涛的《文化怪杰辜鸿铭》（中华书局1995年版），其年幼时期没有接受过中国的传统教育，决定回国之后才开始学习官话和阅读汉籍，同时也阅读西方研究中国学的著作，努力提高中国传统文化的修养。其著作也多是用英语写的。

[2] 这本书被用中文翻译成《当今，皇上们，请深思！日俄战争的道德原因》。

[3] 页数系据初版。

[4] 以下按照原文、日语翻译（自然，原来的日语译文全部译成了中文——译者注）、英语翻译的顺序引用《中庸》。原文所据为朱熹《四书章句集注》（中华书局1983年版），日语译文所据为金谷治译注《大学·中庸》（岩波文库1998年版），但也有省略或者改变标点的地方。英文翻译中有时会在括号内插入汉语，这是原本的印刷方式（因为是面向一般读者的译书，所以没有载出中文原文）。辜鸿铭基本上是依据朱子《章句》将全书分为33章，所以本文也采用这种体例。另外，英译或者英语引文中的下画线，是本文作者广濑玲子为了强调关键词句而添加的。

[5]“教”译作religion的例子，仅此一处（第10章译作teach、第21章译作education）。“天”译作God的情况见于第14章、第16章（辜鸿铭改变了顺序，本来通常是第20章）中的“Truth（诚）is the law of God”（诚者天之道

也）、第 17 章、第 26 章、第 29 章、第 31 章、第 33 章，还有第 19 章是作为“上帝”译语。

[6] 不仅是卷首词，第 27 章的注释也引用了这一段。

[7] 日语译文参见有福孝岳、坂部惠等编：《康德事典》（『カント事典』），弘文堂 1997 年版，“璀璨星空”条（“星辉く空”）。

[8] 阿诺德、爱默生、歌德、卡莱尔、拉斯金在《尊王篇》中也经常被引用，据说是当时英语圈读者的基本文献。

[9] 如同辜鸿铭的《中庸》英译本的副标题中也曾出现的那样，之前的代表性《中庸》英译本是理雅各（James Legge）的译本，其标题译为 *The Doctrine of the Mean*。关于“中庸”一语，辜鸿铭在“序”中如此论道：

> The Chinese word Chung means central，—hence right，true，fair and square；and Yung means common，ordinary，—hence universal. The two Chinese words therefore mean the true，fair and square universal standard of right；in short，the common sense of right.
>
> 中国语中的“中”是正中，所以意味着正确的、真正的、公明正大的；“庸”是经常存在的、普通的，所以意味着普遍的。因此，中文的这两个字意味着真正的、公明正大的，而且是普遍正确的标准，简单说来，就是关于正义的共通感觉。

[10] 所谓纽曼是指约翰·亨利·纽曼（John Henry Newman，1801—1890），是被称为牛津运动的英国国教会改革的主导者之一。辜鸿铭有部著作叫《中国牛津运动故事》（*The Story of a Chinese Oxford Movement*，1910），模仿阿诺德评价牛津运动是反自由主义，把翰林院的“清流党”对李鸿章和自由主义的反对，称为中国的牛津运动。

[11] 此外，第 13 章的注释中也有。

[12] 如前注所示，“中庸”一词也用“Preface”加以解释。

[13]〔美〕爱默生著，酒本雅之译：《爱默生论文集》（『エマソン论文集』）上，岩波文库 1972 年版，第 73 页。

[14] 同上书，第 72 页。原文是：All things are moral；and in their boundless changes have an unceasing reference to spiritual nature.

[15] 同上书，第 312 页。

[16] 日语译文参见金谷治译注：《论语》，岩波文库 1999 年改译本。

[17] 根据爱默生的《超越论者》（The Transcendentalist，1842 见《论自然》，1849），所谓超越主义（transcendentalism）是唯心论（idealism）。

Transcendentalism among us，is Idealism；Idealism as it appears in 1842. As thinkers，mankind have ever divided into two sects，Materialists and Idealists；the first class founding on experience，the second on consciousness；the first class beginning to think from the data of the senses，the second class perceive that the senses are not final，and say，the senses give us representations of things，but what are the things themselves，they cannot tell. The materialist insists on facts，on history，on the force of circumstances，and the animal wants of man；the idealist on the power of Thought and of Will，on inspiration，on miracle，on individual culture.

[18] 所谓 Sartor Resartus，意指“裁缝改旧成新”，在日本被翻译为“衣裳哲学”或者“衣服哲学”。参见岩波文库版第 261 页，但其（稍有省略），本文没有采用其译文。

[19] 参见岩波文库版第 101、103 页，但是中间有大幅的省略，没有采用其译文。

[20] 辜鸿铭：《托尔斯泰与辜鸿铭书》，见黄兴涛等译：《辜鸿铭文集》下卷，海南出版社 1996 年版，第 603—607 页。根据其注释以及黄兴涛的《文化怪杰辜鸿铭》叙述可知，该文先是发表在德语和法语的报纸上，后来英语报纸也转载了。第二年即 1907 年，刘师培将其翻译成中文刊登在《天义报》上，1911 年又登载于《东方杂志》。

[21] 黄兴涛：《文化怪杰辜鸿铭》，中华书局 1995 年版，第 237 页。辜鸿铭译《大学》的出版没有得到确认，关于其详细情况尚不明了。关于托尔斯泰对中国的关心，参见 Derk Bodde，*Tolstoy and China*，Princeton：Princeton University Press，1950。与辜鸿铭有关的部分，特别是第 49—58 页值得参考。

[22] 辜鸿铭将“诚”译为 truth，“至诚”译为 absolute truth。

[23]〔俄〕托尔斯泰著，原卓也译：《人生论》（『人生論』），第 31 章“死去的人们的生命在此世并未终结”，新潮文库 1975 年版，第 174 页。根据原卓也的《解说》，该书由于 1888 年的审查而在俄罗斯被禁止出版，同一年在纽约

出版的英文版是最早的译本，后来又陆续被翻译成其他语种。另外，在日本人们比较熟悉《人生论》这一标题，因此沿袭了这一翻译，实际上如果译为《关于生命》（『生命について』）的话，能够更加准确地传达其内容。

［24］参见广濑玲子：《王国维的历史性——连续的历史/断裂的历史》（『王国维における歴史性——连続としての歴史/断绝としての歴史』），《专修大学人文科学年报》2004年第34期。

［25］辜鸿铭曾任其幕僚的张之洞的《劝学篇》（1898）内篇《正权第五》中写道："至外国今有自由党，西语实曰'里勃而特'，犹言事事公道、于众有益，译为'公论党'，可也，译为'自由'，非也。"严复恐怕是考虑到这一部分，在《〈群己权界篇〉译凡例》（1903）中写道："或谓旧翻自繇之西文Liberty里勃而特，当翻公道，犹云事事公道而已，此其说误也。"并列举例文加以说明。

［26］但是，与基督教传教士不同的是，辜鸿铭是置身于被不断侵略的中国，面对用武力来支配中国的"西方"，提倡"道德"、"秩序"以及"平和"。

［27］在辜鸿铭把《论语》、《中庸》翻译成英文的时候，在日本，内村鉴三（1861—1931）、新渡户稻造（1862—1933）、冈仓天心（1862—1913）、铃木大拙（1870—1966）等用英语写的关于日本的著作，也陆续出现。

内村鉴三：

Japan and the Japanese: Essays, Tokyo: Minyusha, 1894.

How I Became a Christian: Out of My Diary, Tokyo: Keiseisha, 1895.

Representative Men of Japan: Essays, Tokyo: Keiseisha, 1908.（1894年改版）

新渡户稻造：

Bushido, the Soul of Japan: an Exposition of Japanese Thought, Philadelphia: Leeds and Biddle, 1900.

冈仓天心：

The Ideals of the East: with Special Reference to the Art of Japan, London: John Murray, 1903.

The Awakening of Japan, New York: Century, 1904.

The Book of Tea, New York: Fox Duffield & Company, 1906.

铃木大拙：

Outlines of Mahayana Buddhism, London：Luzac，1907.

这大概不仅是“东”对自己的“翻译”充满热情，也是因为“西”有着相应的需要。而且，非常有趣的是，上面提到的这些人也曾论及爱默生和/或卡莱尔。顺便提及，爱默生有本书叫《代表人物》（*Representative Men*，1850），和出版冈仓天心《东洋的理想》（*The Ideals of the East*）的，以及出版辜鸿铭译《中庸》伦敦版的是同一家出版社。

《异物感和历史——和辻哲郎与胡适的佛教研究》注释：

[1] 村田雄二郎《“文白”的彼岸——近代中国的国语问题》（『“文白”の彼方に——近代中国における国语问题』）是以胡适为中心考察近代中国的国语问题的论文，其中开头提到了和辻哲郎关于表意文字的解说。虽然如此，这篇文章并不是要对两人加以比较。

[2] 和辻哲郎主要是运用文献学的方法尝试超越传统的解读，比如他在《日本古代文化》中重新评价了《古事记》的艺术价值，在本文也将会提到的《沙门道元》中建立了对道元的思想进行近代性解读的基础。而胡适则把自己的课题确定为推进所谓“整理国故运动”，用近代学术为中国古来的学术确定方向。

[3] 比如，在把和辻哲郎与西田几多郎（1870—1945），把胡适与章太炎（1869—1936）进行对比的时候，就会很清楚地看到，都是前者的文章远为明白易懂。

[4] 和辻哲郎在和河上肇（1879—1946）展开论争以后，终生和马克思主义保持着一定的距离。但是，对于马克思本人，他一直有着深深的理解和共鸣。胡适也曾经和李大钊（1889—1927）展开“问题与主义”的论争，与中国共产党保持着一定的距离。

[5] 和辻哲郎在第二次世界大战之后发出了拥护天皇制的议论，因此而受到批判。胡适在第二次世界大战中从中国逃往美国，新中国成立后投奔台湾地区的国民党政府，因此被激烈批判。

[6] 关于“门外汉”一语，参见和辻哲郎：《沙门道元》序言，见《和辻哲郎全集》第4卷，岩波书店1989—1992年版；关于“历史家”一语，参见胡

适：《与柳田圣山论禅宗史纲领的信》，见姜义华主编：《胡适学术文集·中国佛学史》，中华书局1997年版。

［7］关于和辻哲郎的研究成果参见赖柱光子：《和辻哲郎与佛教——空的辩证法》（『和辻哲郎と仏教——空の弁证法』），大正大学《比较思想研究》1987年第14期；堀美佐子：《和辻哲郎——和辻伦理学和佛教》（『和辻哲郎——和辻伦理学と仏教』），见峰岛旭雄编：《近代日本的思想与佛教》（『近代日本の思想と仏教』），东京书籍株式会社1982年版；伊东洋一：《和辻伦理学中对佛教的接受》（『和辻伦理学における仏教受容』），ペリカン社《季刊日本思想史》1984年第22期；田原谦三：《和辻哲郎与康德——关于空与自由的解释》（『和辻哲郎とカント——空と自由の解釈について』），比较思想学会《比较思想研究》1985年第11期；片山洋之介：《日常性和伦理学》（『日常性と伦理学』），见佐藤康邦等编：《复活的和辻哲郎》（『苏る和辻哲郎』），ナカニシヤ1999年版；上原雅文：《和辻哲郎与佛教》（『和辻哲郎と仏教』），理想社《理想》2006年第677期；等等。关于胡适的佛教研究的现有成果参见楼宇烈：《胡适禅宗史研究平议》，《北京大学学报（哲学社会科学版）》1978年第3期；江灿腾：《胡适禅学研究的开展与争辩——第一阶段（1925—1935）的分析》，《世界宗教研究》1995年第1期；江灿腾：《中国近代佛教思想的争辩与发展》，南天书局1998年版；柳田圣山：《胡适博士与中国初期禅宗史的研究》（『胡适博士と中国初期禅宗史の研究』），见柳田圣山编：《胡适禅学案》，中文出版社1975年版；小川隆：《胡适博士的禅宗史研究》（『胡适博士の禅宗史研究』），《驹泽大学禅研究所年报》（『驹泽大学禅研究所年报』）2001年第12号；竹元规人：《胡适的中国哲学史、思想史构想及其困难——“宗教”、“科学”、“文艺复兴”》（『胡适の中国哲学史·思想史构想とその困难——“宗教”、“科学”、“ルネサンス”』），《中国哲学研究》（『中国哲学研究』）2005年第21号；八木信佳：《胡适的禅宗史研究》（『胡适の禅宗史研究』），《禅文化研究所纪要》（『禅文化研究所纪要』）1974年第6期；宫川敬之：《胡适与铃木大拙“论争”要约及解说》（『胡适·铃木大拙“论争”要约および解说』），《中国哲学研究》（『中国哲学研究』）2002年第21期；等等。

［8］参见和辻哲郎：《和辻哲郎全集》第3卷。但需要注意的是，《日本古代文化》有初版、改订版、改稿版和新版四个版本，每次都有修改。《和辻哲郎

全集》收录的是新版。

[9] 参见和辻哲郎:《和辻哲郎全集》第4卷。

[10] 同上书,第5页。

[11] 同上。

[12] 胡适在《中国哲学史大纲》(上卷)“导言”中表示自己是模仿文德尔班来处理哲学史和哲学史料的,参见姜义华主编:《胡适学术文集·中国哲学史》上册,中华书局1991年版,第29页。顺便提一下,金子武藏也认为和辻哲郎的《伦理学》受到了文德尔班的影响,并进行了比较,参见和辻哲郎:《和辻哲郎全集》第11卷“解说”。

[13] 胡适:《禅宗史的一个新看法》,见姜义华主编:《胡适学术文集·中国佛学史》,第142页。

[14] 后收入《胡适文存》第3集,东亚图书馆1930年版。

[15] 参见和辻哲郎:《和辻哲郎全集》第2卷。

[16] 同上书,第177页。

[17] 参见《胡适文存》第1集,北京大学出版部1921年版。

[18] 参见姜义华主编:《胡适学术文集·中国佛学史》。

[19] 同上书,第1页。

[20] 姜义华主编:《胡适学术文集·中国哲学史》上册,第12—13页。

[21] 参见和辻哲郎:《日本精神史研究》(『続日本精神史研究』),见《和辻哲郎全集》第4卷。

[22] 同上书,第322页。

[23] 同上书,第323页。

[24] 同上。

[25] 同上。

[26] 同上。

[27] 同上。

[28] 参见胡适:《胡适全集》第36卷,安徽教育出版社2003年版。

[29] 同上书,第441页。

[30] 参见胡适:《胡适全集》第36卷。

[31] 同上书,第42—43页。

[32] 胡适：《胡适全集》第36卷，第441页。

[33] 同上书，第443—444页。

[34] Karl Lamprect，*Moderne Geschichtswissenchaft*，1904. 和辻哲郎译：《兰普勒希特 近代历史学》（『ラムプレヒト 近代歴史学』），岩波书店1919年版。

[35] 同上书，第3页。

[36] 同上书，第24—25页。

[37] 参见和辻哲郎：《和辻哲郎全集》第8卷。

[38] 参见和辻哲郎：《和辻哲郎全集》第11卷。

[39] 参见和辻哲郎：《和辻哲郎全集》第6卷。

[40] 关于和辻哲郎和赫尔德，参见登张正实、小栗浩：《赫尔德和歌德——德意志与人文主义的一个系谱》（『ヘルダーとゲーテ——ドイツ・フマニスムスの一系谱』），见《世界名著》（『世界の名著』），中公バックス1979年版；坂部惠：《和辻哲郎和赫尔德——从精神史的观点出发》（『和辻哲郎とヘルダー——精神史的観点から』），见《现代性与巴洛克——现代精神史序说》（『モデルニテ・バロック——现代精神史序说』），哲学书房2005年版；等等。

[41] Johann Gottfried Herder，*Ideen zur Philosophie der Geschichte der Menschheit*：1784 - 1791. 鼓常良译：《人间史论》（『人间史论』）4卷，白水社1948—1949年版。

[42] Immanuel Kant，*Recensionen von J. G. Herders Ideen zur Philosophie der Geschichte der Menschheit Theill*. 2，1785. 福田喜一郎译：《关于J. G. 赫尔德著〈人类史的哲学考察〉的评论》（『J. G. ヘルタ一著〈人类史の哲学考〉についての论评』），见《康德全集》（『カント全集』）14，岩波书店2000年版。

[43] 和辻哲郎：《和辻哲郎全集》第6卷，第399—400页。

[44] 同上书，第407—408页。

[45] 和辻哲郎：《和辻哲郎全集》第8卷，第222页。

[46] 同上书，第222页。

[47] 和辻哲郎：《和辻哲郎全集》第6卷，第402—405页；《和辻哲郎全集》第10卷，592页以下。另外，和辻哲郎与赫尔德的“历史”当然并不完全

相同。比如，和辻哲郎批判赫尔德变成了契约论。

[48] 参见酒井直树：《向西洋的回归/向东洋的回归——和辻哲郎的人学和天皇制》(『西洋への回帰/东洋への回帰——和辻哲郎の人间学と天皇制』)，见《日本思想这一问题——翻译和主体》(『日本思想という问题——翻訳と主体』)，岩波书店 1997 年版；高桥哲哉：《回归的法和共同体——在对存在的追问和伦理学之间》，(『回帰の法と共同体——存在への问いと伦理学のあいだ』)，见《逆光的理性——现代哲学的语境》(『逆光のロゴス——现代哲学のコンテクスト』)，岩波书店 1992 年版；等等。

[49] 和辻哲郎：《伦理学》下卷，见《和辻哲郎全集》第 11 卷，第 34 页。

[50] 和辻哲郎：《和辻哲郎全集》第 11 卷，第 41 页。

[51] 参见梁漱溟：《东西文化及其哲学》，商务印书馆 1921 年版。

[52] 参见胡适：《胡适文存》第 2 集；《胡适文集》第 3 卷，北京大学出版社 1998 年版。

[53] 胡适：《胡适文集》第 3 卷，第 193—194 页。

[54] “有限的可能说”(The principle of limited possibilities) 本来是生物学的用语，是文化人类学学者戈登卫塞（1880－1940）将其转用于文化人类学。参见 Alexander Alexandrovich Goldenweiser，The Principle of Limited Possibilities in Development of Culture，“*The Journal of American Folklore*”，vol. 26，no. 101，1913。另外，戈登卫塞从 1910 到 1919 年，在哥伦比亚大学教文化人类学，在哥伦比亚大学读书（1917—1919）的胡适，可能听过戈登卫塞的讲义。但是，在《胡适口述自传》中没有出现戈登卫塞的名字。参见胡适：《胡适文集》第 1 卷，北京大学出版社 1998 年版。

[55] “即使在同一民族内，随着时代不同，也可能出现同样的状况”的一个很好的例子是“文艺复兴”。胡适认为中国有四次“文艺复兴”。关于这一点，参见中岛隆博：《胡适和西田几多郎——哲学的中国、哲学的日本》(『胡适と西田几多郎——哲学の中国、哲学の日本』)，《中国——社会和文化》(『中国——社会と文化』) 2004 年第 19 期。关于在近代中国的“文艺复兴”这一用语所具有的问题性，参见广濑玲子：《革命、思潮、运动——梁启超和胡适》(『革命　思潮　运动——梁启超と胡适』)，《中国——社会和文化》(『中国——社会と文化』) 2004 年第 19 期。

［56］胡适：《胡适文集》第 3 卷，第 195 页。

［57］参见胡适：《胡适文存》第 3 集。

［58］胡适向杜威（1859—1952）学习了实用主义的历史学方法，但是，胡适将其简单化甚至曲解，使其指向与中国的“道统”相应的单线发展。关于这一点，参见中岛隆博：《“中国哲学史”的系谱学——约翰·杜威的发生学方法和胡适》（『“中国哲学史”の系谱学——ジョン・デューイの発生的方法と胡适』），《中国哲学研究》（『中国哲学研究』）2003 年第 19 期。

［59］和辻哲郎：《探索源泉》（『源泉を探る』），见《和辻哲郎全集》第 24 卷，第 276—279 页。

［60］《日本古代文化》不是单纯地研究古代日本，而是为了和希腊精神进行比较，去探索古代日本的原型。关于这一点，参见宫川敬之：《和辻哲郎和表现的问题》（『和辻哲郎と表现の问题』），讲谈社《RATIO》（『ラチオ』）2007 年第 3 期。

［61］参见和辻哲郎：《和辻哲郎全集》第 4 卷。

［62］同上书，第 190—191 页。

［63］同上书，第 172 页。

［64］同上书，第 160 页。

［65］《沙门道元》实际是由两组连载文章结合而成的，前半部是 1921 年以《入宋求法的沙门道元》（『入宋求法の沙门道元』）在《新小说》2 月、3 月、5 月、6 月、8 月发表的五次连载，但是，结集成书的时候删除了第五次的连载，后半部是收集了其 1923 年的系列文章，分别是：《礼拜得髓》（『礼拝得髓』），《思想》1923 年 1 月；《道元的“佛性”》（『道元の“佛性”』），《思想》1923 年 5 月；《道元的“道得”》（『道元の“道得”』），《思想》1923 年 5 月；《道元的“纠结”》（『道元の“葛藤”』），《思想》1923 年 6 月。出现“成为人类的道元”这一文句的序言，本来是在前半部分的连载过程中，发表在《新小说》7 月《在〈沙门道元〉之间》（『「沙门道元」の间に』）的，后来在收入《日本精神史研究》（『続日本精神史研究』）时改变了其顺序。因此，在序言中，和辻哲郎脑海中想到的是他在此之前写的《入宋求法的沙门道元》。其中所谓“新的解释”，无外乎是指此次连载的中心观点，即认为道元是真理王国的建设者。

［66］参见胡适：《胡适全集》第 36 卷。

[67] 同上书，第594—595页。

[68] 同上书，第600页。

[69] 关于胡适是如何发现神会的重要性的，参见江灿腾：《胡适禅学研究的开展与争辩——第一阶段（1925—1935）的分析》；竹元规人：《胡适的中国哲学史、思想史构想及其困难——“宗教”、“科学”、“文艺复兴”》（『胡适の中国哲学史・思想史构想とその困难——“宗教”、“科学”、“ルネサンス”』）。本文上溯到1924年的内容，参见胡适：《神会和尚遗集》“序言”，上海亚东图书馆1930年版，见姜义华主编：《胡适学术文集・中国佛学史》，第363页。

[70] 这一发现发表于1927年《海外读书杂记》，见胡适：《胡适文存》第3集。关于其情况，请参见柳田圣山：《胡适博士与中国初期禅宗史的研究》（『胡适博士と中国初期禅宗史の研究』）。

[71] 姜义华主编：《胡适学术文集・中国佛学史》，第358页。

[72] 同上书，第343页。

[73] 同上书，第143—144页。

[74] 让一吕克・南希著，西谷修译：《入侵者——现在“生命”在何处?》（『侵入者——いま“生命”はどこに?』），以文社2000年版，第43—44页。

[75] 同上书，第41—44页。

[76] 同上书，第63页。

[77] 同上书，第64页。

[78] 西谷修：《世界史的临界点》（『世界史の临界』），岩波书店2000年版，第51—56页。

《关于〈地球韵言〉——清末的地理认识及其表现》注释：

[1] 参见庄俞等编写，张元济校订：《国语教科书》，商务印书馆1917年版，上海科学技术文献出版社2005年影印。

[2] 瑞典皇家图书馆所藏，线装1册，表纸题为《绘图增注六千字文》M33。

[3] 参见梁廷枏：《海国四说》卷5，口英咭唎国一。

[4] 海野一隆：《明清利玛窦系统的世界地图》（『明・清におけるマテオ・リッツ系世界图』）第4图，见《东西地图文化交涉史研究》，青文堂2003年版，第52页。

［5］海野一隆：《东西地图文化交涉史研究》，第 148 页。

［6］〔英〕李约瑟著，海野一隆等日译：《中国科学与文明》（『中国の科学と文明』）第 6 卷，思索社 1991 年版，第 4 页。

［7］海野一隆：《关于汤若望及蒋友仁的世界地图》（『汤若望および蒋友仁の世界图について』），见《东西地图文化交涉史研究》，第 114 页。

［8］参见海野一隆：《关于汤若望及蒋友仁的世界地图》（『汤若望および蒋友仁の世界图について』）；海野一隆：《日本人眼中大地的形像——关于对西洋地球说的接受》（『日本人の大地像——西洋地球说の受容をめぐって』），大修馆书店 2006 年版。

［9］苏精：《马礼逊与中文出版印刷》，台北学生书局 2000 年版，第 165 页。

［10］邹振环：《晚清西方地理学在中国》，上海古籍出版社 2000 年版，第 66 页。

［11］参见内田庆市：《最近看到的有关〈西学东渐〉和语言文化接触的书籍》（『最近目にした「西学东渐」と言语文化接触に关する书物』），《或问》2004 年第 7 期；沈国威：《1819 年的两本西方地理书——〈西游地球闻见略传〉与〈地理便童略传〉》，《或问》2004 年第 8 期。

［12］参见吉田寅：《中国新教传道史》（『中国プロテスタント伝道史』）第 7 章，汲古书院 1997 年版；吉田寅编：《十九世纪中国、日本获取海外情报的各种资料——〈联邦志略〉〈地理全志〉〈大英国志〉的资料性考察》（『十九世纪中国・日本における海外事情摂取の诸资料——「联邦志略」「地理全志」「大英国志」の资料的考察』），立正大学东洋史研究室 1995 年版。

［13］关于这些清末洋学书的详细情况，参见吉田寅：《中国新教传道史》（『中国プロテスタント伝道史』）；荒川清秀：《近代中日学术用语的形成和传播》（『近代日中学术用语の形成と伝播』），白帝社 1997 年版；邹振环：《晚清西方地理学在中国》。

［14］刘鸿翱撰道光己酉（1849）序：

> 余读其书，地球环北冰海而生，披离下垂如肺叶，凹凸参差，不一其形。

［15］参见大谷敏夫：《清代政治思想与鸦片战争》（『清代政治思想と阿片

戦争』)，同朋舍 1995 年版；邹振环：《晚清西方地理学在中国》，第 318 页。

[16] 荒川清秀：《近代中日学术用语的形成和传播》(『近代日中学术用语の形成と伝播』)，白帝社 1997 年版，第 175 页。

[17] 参见大泽显浩：《关于瑞典皇家图书馆的汉籍》(『瑞典王立図书馆の汉籍について』)，见《言语・社会・文化》2004 年第 2 期；《华英通语》咸丰乙卯协德堂藏版本，东北大学图书馆狩野文库所藏。沈国威、内田庆市编著：《近代启蒙的足迹——东西文化交流和语言接触：对〈智环启蒙塾课初步〉的研究》(『近代启蒙の足迹——东西文化交流と言语接触：「智环启蒙塾课初步」の研究』)，关西大学出版部 2002 年版；矢放昭文：《关于〈华英通语〉的价值》(『「华英通语」の価値について』)，《东方》2004 年第 285 期。

[18] 关于《智环启蒙塾课初步》，参见沈国威、内田庆市编著：《近代启蒙的足迹——东西文化交流和语言接触：对〈智环启蒙塾课初步〉的研究》(『近代启蒙の足迹——东西文化交流と言语接触：「智环启蒙塾课初步」の研究』)。

[19] 朱有瓛主编：《中国近代学制史》第 1 辑上，华东师范大学出版社 1983 年版，第 71 页。

[20] 斌椿：《乘槎笔记》，岳麓书社 1985 年版，第 86 页。

> 地为球体，环日而行，与五星同，故五星皆地球也。日居其位不动，与三垣二十八宿诸恒星同，故恒星皆日日也。……吾人所处之地球，所有四大洲，大小数百岛，舟车所通，固不难往而游也。

[21] 郑观应：《郑观应集》上卷，上海人民出版社 1982 年版，第 67、175－177 页。

[22] 薛福成：《出使英法意比四国日记》，岳麓书社 1985 年版，第 77 页。

[23]《清代经世文编》，见“中央研究院”汉籍电子文献数据库。

[24] 参见徐梓：《历史类传统童蒙读物的体裁特征》，《史学史研究》1997 年第 1 期。列举了很多与历史有关的启蒙读物。

[25]《饮冰室合集》第 1 册，《变法通义・论幼学》。

> 其已成书者，若通行之《步甜歌》、《通鉴韵语》、《十七史弹词》。近同县陈庆笙之《直省府厅州县韵语》、粤人某君之《历代纪元歌》、仁和叶浩吾之《天文歌》、《地理歌》，皆有用可读。

［26］冯友兰：《三松堂自序》，生活·读书·新知三联书店 1984 年版。

［27］参见程允升编，邹圣脉增补：《幼学故事琼林》；萧良有著，杨诤臣增补：《龙文鞭影》。

［28］梁漱溟：《我的自学小史》，见《梁漱溟全集》第 2 卷四"经过两度家塾四个小学"，山东人民出版社 2005 年版。

> 我于六岁开始读书，是一位孟老师在家里教的。那时课儿童，入手多是《三字经》、《百家姓》，取其容易上口成诵。接着就要读四书五经了。我在《三字经》之后，即读《地球韵言》，而没有读四书。《地球韵言》一书，现在恐已无处可寻得。内容多是一些欧罗巴、亚细亚、太平洋、大西洋之类，作于何人，我亦记不得了。

［29］张巨龄：《看看清朝人说什么》，《光明日报》2003 年 8 月 28 日。

［30］老舍：《宗月大师》，《华西日报》1940 年 1 月 23 日，转引自张桂兴编：《老舍年谱（修订本）》上，上海文艺出版社 2005 年版，第 7 页。

［31］1897 年徐树兰创建的学堂，因蔡元培曾经担任过一段时间的校长而知名。徐树兰，字仲凡，浙江绍兴人。光绪二年（1876）成为举人，历任兵部郎中、知府等官之后，因为母亲生病而回归故里，以设立中西学堂和古越藏书楼而知名。

［32］郭沫若著，小野忍、丸山升译：《我的幼少年时期及其他——郭沫若自传》（『私の幼少年时代及び他——郭沫若自伝』），平凡社 1967 年版。

［33］钱穆：《八秩忆双亲》，岳麓书社 1987 年版。

> 为余兄弟学业，移家至荡口，访得一名师，亦华姓，住大场上克复堂东偏，余家因赁居克复堂西偏，俾便往返。时余年八岁，师为余讲《史概节要》及《地球韵言》两书。余对《地球韵言》所讲如瑞典挪威日夜长短等事更感兴趣。

［34］参见萧公权：《问学谏往录》，传记文学出版社 1972 年版；张允起：《宪政、理性与历史——萧公权的学术与思想》，见《政治与法律思想论丛》第 2 辑，北京大学出版社 2005 年版。记载如下：

> 萧公权在六岁时开始学习《史鉴节要》《地球韵言》《声律启蒙》《千家诗》。其后，在学习《论语》《孟子》《国语》等的同时，还学了一段英文和

日文。十二岁时他还偷偷读过在父亲遗物中发现的《民报》。

[35] 参见胡哲：《王家鸿博士传略》，见 http：//www. ltbtv. com. cn/renwuxiaozhuan4. htm。

王家鸿是湖北省罗田县人，其曾祖父的时候开始，代代行医。光绪二十二年（1896），王家鸿出生，四岁开始进入私塾学习方块字，以后没有像一般人那样开始学习《三字经》和《百家姓》，而是读《地球韵言》和《史鉴节要》。因为他是六岁的时候进入初级小学堂的，所以读《地球韵言》应该是在五六岁的时候。

[36] 张志公：《传统语文教育教材论》“二 识字教育与思想教育、知识教育相结合（四）各科常识”，上海教育出版社 1992 年版，第 73 页。

[37] 这里所说的《天文歌略》和《地理歌略》，应该是叶瀚、叶澜所编写的四字一句的《天文地学歌略》，邹振环提到有 1897 年周氏刊本，参见邹振环：《晚清西方地理学在中国》，第 284、407 页。

[38] 茅盾：《我走过的道路》上，人民文学出版社 1981 年版，第 27 页。

外祖父逝世后，母亲回家，我亦跟着回家了。两年后，曾祖父去世，老三房分家。又一年，我五岁，母亲以为我该上学了，想叫我进我们家的家塾。但是父亲不同意。他有些新的教材要我学习，但猜想起来，祖父是不肯教这些新东西的。他就干脆不让我进家塾，而要母亲在我们卧室里教我，这些新的教材是上海澄衷学堂的《字课图识》，以及《天文歌略》和《地理歌略》；后两者是父亲要母亲从《正蒙必读》中亲手抄下来的。母亲问父亲为什么不教历史，父亲说，没有浅近文言的历史读本。他要母亲试编一本。于是母亲就按她初嫁父亲时父亲要她读的《史鉴节要》，用浅近文言，从三皇五帝开始，编一节，教一节。

[39] 徐维则辑，顾燮光补辑：《增版东西学书录》“附下之下，中国人辑书下，幼学”，清光绪二十八年（1902）本，第 381 页。所谓二卷本，是二册之误，还是其他系统的书籍，目前不详。

[40] 上海图书馆古籍书目查询，http：//www. digilib. sh. cn/guji 。

(a) 清光绪二十三年（1897），线普长 31203—04。

(b) 武昌务急书馆，清光绪二十四年（1898），线普长 024266，线普长

260583—84，线普长 619194—95。

(c) 上海自强斋石印本，清光绪二十四年（1898），线普 501691—92。

(d) 长毋相忘室，清光绪二十四年（1898），线普长 260579—82。

(e) 杞庐杭州，清光绪二十七年（1901），线普长 000477。

(f) 柏经正堂，清光绪二十九年（1903）《西京清麓丛书》本，线普 86619—7179。

[41] 周振鹤：《晚清营业书目》，上海书店出版社 2005 年版，第 419、431、446 页。

《瀛寰志略》每部洋七角。

《瀛寰志略》洋八角。

《瀛寰志略》四本洋八角。

[42]《地球韵言》2 卷 2 册，光绪三十一年（1905）山西刊本；姜寻编：《中国古旧书刊拍卖目录》，北京图书馆出版社 2002 年版，第 324 页。根据中国书店的海王村拍卖有限责任公司的记录，2000 年 8 月出品的（NO. 320），以人民币 110 元售出。

[43] 参见孔夫子旧书网，http：//www. kongfz. com/bookstore/650/book _ 6732711. htm 。

[44] 2007 年 6 月，在二流堂的博客“书之归去来，未知买得君书去（1）2006 年 8 月 4 日”中记载：“《地球韵言》一册，张士瀛著，光绪戊戌成都善成堂校刊，尺寸 25×15 厘米，夹页世界地图一张。”

[45] 张士瀛的四言体的内容是：“拥立总统，四年一易。贤则留之，继任四年。岁支禄额，五万金钱。”夹注中写道：“推一总统领，称伯里尔天德，专主会盟、战伐之事。”

[46] 瑞挪第十三　瑞典、挪威。

[47] 奥斯马加第十五　奥地利亚（奥地利）、马加（马札尔，即匈牙利）。

[48] 罗布塞第二十　罗马尼亚、布加利亚（保加利亚）、塞尔斐亚（塞尔维亚）。

[49] 歪阿那第四十七　圭亚那。

[50] 光绪二十三年（1897）11 月，贵州学政严修为了登用通达时务、熟悉西学的人才，上奏朝廷，一度于第二年正月设立了“经济特科及岁举之法”，

参见《清史稿》卷 24，光绪二十四年正月庚寅。但是，这要比序文所附的日期（光绪二十三年 4 月）晚半年以上。可以认为，在严修上奏之前，为了适应新时代的需要而创设“时务科”的动向，就已经引起了社会舆论的关注。参见丁文江、赵丰田编，岛田虔次编译：《梁启超年谱长编》第 1 卷“1898 年注 27”，岩波书店 2004 年版，第 381 页。达成馆，是盛宣怀在 1896 年 11 月提出请求，1897 年在上海设立的南洋公学。

[51] 张士瀛序的原文中“其工械器，其农物土，艳之虢之”，有墨笔订正为“其工械器，其（具）农物土（产），艳之虢之”。

[52] 此处文意略有不明。原文是：“或谓地形如球，万物之者，于地者存不坠耶。曰气以举之，地不坠而万物附以行，又何坠焉。”其实，朱熹有个说法，由于气的回旋，大地被支撑在气的中央。参见山田庆儿：《朱子的自然学》（『朱子の自然学』），岩波书店 1978 年版，第 172 页；海野一隆：《日本人的大地观——以对西方地球说的接受为中心》（『日本人の大地像——西洋地球说の受容をめぐって』），大修馆书店 1978 年版，第 172 页；等等。

[53] 卷 1，地球第一（1b）（双行注）。

[54] 卷 1，中国第三（省略了双行小注）。

[55] 卷 1，日本第七（省略了双行小注）。

> 日本传国，百廿二世，睦仁嗣统，纪元明治。汪洋四岛，普陀正东，三韩斜对，向如两弓。东京新建，门户横浜，海湾之口，浦贺要津。论其中权，大坂神户，明石三峡，旧京险阻。西面长崎，屏立五岛，南曰鹿儿，闽粤要道。扼据下关，饷援绝隔，南北津梁，东西喉嗌。其外樊篱，壹岐对马，隔峡釜山，道由此假。北海潜师，夺其箱馆，拊背而南，亦为要算。三十年前，国步苍黄，疆敌迫约，指口通商。库页割俄，易科尔立，唐太更名，茫无踪迹。创巨痛深，殊悔失计，改号维新，后患惩毖。尽削藩封，郡区重建，三府一厅，四十一县。螺城环固，江户东迁，平萨摩乱，夺德川权。领事治民，引为深耻，援据公法，有司审理。出轻入重，税约重申，榷船巡市，屏退西人。

[56] 1894 年，在甲午战争将要爆发之前，第二次伊藤博文内阁的外相陆奥宗光与对俄罗斯的南下感到危机的英国，签订了《日英通商航海条约》，废除了治外法权制度。

[57] 卷1，日本第七。

内地产业，购买预杜，无滋他族，更进一步。创伊吕波（[小字注] 最简明，妇孺易识），四十六母，兼习汉英，文字言语。后集华族（[小字注] 明治九年集华族百人），女师学校，授以证书（[小字注] 即执照），亲临宠耀。法医文理（[小字注] 法谓律例，文谓翻译，理谓格致），师范分科。工商制造，出货益多，茶叶丝瓷，利夺而去。土货行销，朘我可惧，镫台林立，铁道飙驰，银行邮政，利便公私，纸币通行，支持不匮。交涉款多，改用金币。海陆军政，西法是程，常予后备，定令征兵。横须贺口，最大船坞，次小缓野，长崎三处。铁身钢箍，克厂学技，攻堡凭城，田鸡最利。枪纳尖弹，包以紫铜，发六十响，仅一分钟。结俄英美，外交甚浃，德好近联，刺绣赠答。

[58] 卷1，日本第七。

平壶失律，专攻其西，误于驽将，不晓兵机。中山不祀，夷为冲绳，台澎改隶，前车曷惩。支那协谋，立兴亚会，屹然东藩，资吾指臂。吾民化居，各口领事，近采新章，责归星位。（[双行小注] 光绪二十二年，星使裕庚，访察彼国维新之法，计分六端：一、铁路，二、邮政，三、陆军，四、海军，五、纸币，六、公债。）

[59] 卷2，俄罗斯第十二。

旧京僻远，在墨斯科，疆国令主，自彼德罗。隐投荷兰，服役贱卒，受学舟师，尽得其术。尼瓦河口，新都营造，窗阔洞开，欧洲远眺。邮政矿学，改习笔算，新历颁行，援书判案。短衣新式，悬诸国门，髯不速薙，以犯法论。

[60] 卷2，德意志第十六。

初残于法，几无立锥，威廉第一，任人得宜。（[双行小注] 嘉庆十一年，拿破仑第一，以兵残普，尽取其地。盟日耳曼诸小邦、于来因河上。……至威廉第一，以毕士马克为宰相，兼掌外部，毛奇为将军，遂成霸业。）

[61] 卷4，美利坚第三十九。

[62] 卷4，美利坚第三十九。

华民七万，为唐人街，领事保卫，乐土孔怀。会馆公所，公讌笙歌，正副董事，闽少粤多。设立义塾，中西兼课，傥建黉宫，圣泽远播。搀夺生业，党人仇忌，逐客令行，须筹善计。

[63] 卷2，土耳其第十八。

鲁丹昏唐，呼为病夫。（[双行小注] 突厥称君曰苏鲁丹，前俄君目突厥为病夫。今欧人目亚洲之波斯、中国、非洲摩洛哥，其四国为病夫。）

[64] 卷2，南洋。

受彼禁制，多隶荷籍，设领事官，当务是急。（[双行小注] 华人二十余万，每迫令入籍。光绪十七年经出使大臣，奏请设领事，以保卫之。）

[65] 卷3，非洲第二十八。

欧洲之南，阿非利加，地当热带，未启菁华。迄北回部，近邻欧亚，风气先开，夙沾教化。迄南土番，黑丑而愚，西国贩之，蓄以为奴。近五十年，草薙瓜分，柏林盟后，守字息纷。三倍欧洲，半多沙漠，约分五土，述其崖略。

[66] 邹振环：《晚清西方地理学在中国》“序”，第6页。

[67]《瀛寰志略》卷7，英吉利国。

其地古时为塞尔达土番部落，后为北狄峨特族所据。汉宣帝五凤三年、罗马大将恺撒略定西北诸番，渡海平英伦，建为别部，属意大里者数百年，至今犹有罗马城阙传址。

[68]《瀛寰志略》卷9，北亚墨利加米利坚合众国。

乾隆四十年，绅耆聚公局，欲与居守大酋酌议。酋逐议者，督征愈急。众皆怒，投船中茶叶于海，谋举兵拒英。有华盛顿者，米利坚别部人，生于雍正九年，十岁丧父，母教成之，少有大志，兼资文武，雄烈过人。尝为英吉利武职，时方与佛郎西构兵，土蛮寇抄南境，顿率兵御之，所向克捷。英师没其功不录，乡人欲推顿为酋长。顿谢病归，杜门不出。……佛郎西举倾国之师渡海，与顿夹攻英军。西班牙荷兰亦勒兵劝和，英不能支，乃与顿盟，画界址为邻国。其北境荒寒之土仍属英人，南界膏腴之土悉以归顿，时乾隆四十七年也。顿既定国，谢兵柄，欲归田。众不肯舍，坚推立为国主。顿乃与众议曰：“得国而传子孙，是私也。牧民之任，宜择有德者为之。”仍各部之旧，分建为国，每国正统领一，副统领佐之。以四年为任满，集部众议之，众皆曰贤，则再留四年。否则推其副者为正，副或不协人望，则别行推择乡邑之长。各以所推书姓名投匭中，毕则启匭，视所推独多者立之。或官吏，或庶民，不拘资格。退位之统领依然与齐民齿，无所异也。各国正统领之中，又推一总统领专主会盟战伐之事，各国皆听命。其推择之法，与推择各国统领同，亦以四年为任满，再任则八年。

[69] 参见盐谷宕阴：《地理全志》“序”。

[70] 丁文江、赵丰田编，岛田虔次编译：《梁启超年谱长编》第 1 卷，第 105 页。

[71] 倪文君：《近代学科形成过程中的晚清地理教科书述论》“注 22”，《华东师范大学学报（哲学社会科学版）》，2006 年第 5 期。

[72]《京都大学人文科学研究所汉籍目录》丛书部第一杂丛类第 955 页，以及《增版东西学书录》第 381 页，也都是和《地球韵言》同时列举的。

[73] 似乎另外还存在 1897 年周氏刊本，参见邹振环：《晚清西方地理学在中国》，第 284、408 页。另外，所记书名虽然稍异，沈国威根据《中国近代出版史料初编》认为，叶澜在赴日前后的 1901 年，作为新式小学的教科书，编著了《天地地理歌略》卷 1。参见沈国威：《〈新尔雅〉及其语汇》，白帝社 1995 年版，第 7 页。《天文歌、地理歌》，《天文地理歌略》，《天地地理歌略》及《天文地学歌略》，究竟哪一个记载是正确的，又或者是不同的书籍，目前无法判明。

[74] 村尾进：《万木森森》（『万木森々』），见狭间直树编：《共同研究：梁启超对西洋近代思想之接受与明治日本》（『共同研究　梁启超——西洋近代思想受容と明治日本』），瑞穗书房 1999 年版，第 49 页。另外，叶瀚是 1896 年 12 月梁启超为了劝说章太炎加入时务报馆而派往杭州的人物，可见叶瀚与梁启超在上海也有交往。参见丁文江、赵丰田编，岛田虔次编译：《梁启超年谱长编》，第 125 页。

[75] 麦仲华编《皇朝经世文新编》卷 21，是光绪二十四年（1898）大同书局石印本，是梁启超从 1895 年前后开始企划编辑的，参见丁文江、赵丰田

编，岛田虔次编译：《梁启超年谱长编》，第 100 页。附有戊戌正月梁启超的叙，参见丁文江、赵丰田编，岛田虔次编译：《梁启超年谱长编》，“1897 年注 23”，第 361 页。

[76] 丁文江、赵丰田编，岛田虔次编译：《梁启超年谱长编》，“1897 年注 93”，第 370 页；徐维则辑，顾变光补辑：《增版东西学书录》，第 380 页，见王韬、顾燮光等编：《近代译书目》，北京图书馆出版社 2003 年版。又，易邵白《清末乡土志探略》中写道：“光绪二十三年（1897）元月，曾广铨、汪康年、叶瀚、汪促霖等在上海创立蒙学公会。”

[77] 邹振环：《晚清西方地理学在中国》，第 408 页。又，《近代译书目》所收《增版东西学书录》第 373 页，作为蒙学报本记为《亚西亚洲全图简明说略》、《亚洲山势简明说略》、《亚西亚洲水流说略》。

[78] 叶瀚曾经五次，叶澜一次，在格致书院的课艺中取得优胜。参见沈国威：《〈新尔雅〉及其语汇》（『「新尔雅」とその语彙』），第 5 页，注 4。

[79] 参见大泽显浩：《关于〈时务三字经〉》（『「时务三字经」について』），《言语・文化・社会》2006 年第 4 期。另外，值得注意的是，熊秉真《童年忆往》中也提到了光绪三十年（1904）私塾改良社辑、上海越社刻的《小学时务三字经》。

[80] 倪文君《近代学科形成过程中的晚清地理教科书述论》，作为上海彪蒙书室出版的白话蒙学教科书，列举了《绘图中国白话地理》、《绘图中国白话史》、《绘图外国白话史》、《绘图蒙学实在易》等。

[81] 邹振环：《晚清西方地理学在中国》，第 122、269 页。

[82] 参见邹振环：《晚清西方地理学在中国》，第 122 页；《地理须知》，东京都立中央图书馆实藤文库所藏，实 619。

[83] 坂出祥伸：《增补改定中国近代的思想和科学》（『增补改定中国近代の思想と科学』），朋友书店 2001 年版，第 471 页。

[84] 康有为：《日本书目志》卷 4《图史门》，见《康有为全集》第 3 集，上海古籍出版社 1992 年版，第 682 页。

若夫割野人山地于英也，吾使者不知，待询于英之外部，割滇界土司于法也，大臣不知中边，至割腹里土司于法人。至夫词馆之英不知中国省会郡邑之东西，疆土之吏不知全地外国之名号，其他更不足责已。

［85］邹振环：《晚清西方地理学在中国》，第284页。

［86］远东图书馆收藏了上海文明书局、商务印书馆、美华书馆等出版的清末时期的初等教育教科书大约20种。关于其寄存书，参见大泽显浩：《关于瑞典皇家图书馆的汉籍》（『瑞典王立図书馆の汉籍について』），《言语·社会·文化》2004年第2期。施白珩（C. G. Sparham）《地志入门问答》（M9）是线装一册，封面上有“光绪二十八年　1902　汉镇圣教书局印”，白口单鱼尾四周双边，9行20字断句标点，框高17.4cm。施白珩是伦敦会的传教士，1884年来中国在汉口传教，是杨格非（John Griffith）的女婿。参见中国社会科学院近代史所翻译室编：《近代来华外国人名辞典》，中国社会科学出版社1981年版。

［87］《近代来华外国人名辞典》中译为高伯兰，是美国美北长老会传教士，1901年来华。

［88］《绘图蒙学本国地理志》，上海美华书馆藏板，1906年版，M30。

（再版）《绘图蒙学本国地理志》　一角五分

（十四版）《新辑地理问答》上集　七角五分

（十四版）《新辑地理问答》下集　七角五分

（三版）《中国近世地理志》上集　六角

（三版）《中国近世地理志》下集　六角

（初版）《最新小学地理课本》　四角

［89］王亨统：《绘图蒙学捷径初编》上，上海美华书馆藏板，1905年版，封底。

［90］王亨统：《绘图蒙学本国地理志》“序”。

余前辑《中国近世地理志》一书，已提纲揭要反复推详，苟学者不厌考稽，自知中国之国家珍如拱璧。凡士夫黎庶，忠爱之怀，当莫不怦怦然而为之动。只因立词琢句，专为学问进步者设程，而于七八龄之蒙童，似属无补。爰是文从其浅近，句选其简捷，编辑成书，为初学之阶级。虽寥寥四十课，而于中国大势，已尽括无遗。更设为问，以便记诵。其理易明，愿教育者，勿以浅近忽之。是余所厚望也已。光绪三十年甲辰桂秋余姚莲溪王氏亨统序于淡然寄巢。

［91］参见范祎：《中等地理教本》“序”，广智书局1907年版，见邹振环：《晚清西方地理学在中国》，第171页。

以为地理学者，固在故纸堆中，于本国当前之现象，尚待深知，更何暇驰骛于域外乎。呜呼。历溯最近数十年中外交失败，以划界而割地于暗中，动辄数千里。内讧蜂起，仇此国而波及他国之人，赔款至不可胜计。而社会盲瞽之害，其足为隐忧者，犹不止此。然则地理学之关系于民智，诚一国兴衰强弱之本也。

关于广智书局，参见丁文江、赵丰田编，岛田虔次编译：《梁启超年谱长编》“1900年注28”，第379页。

［92］参见范祎：《中等地理教本》“序”，广智书局1907年版，见邹振环：《晚清西方地理学在中国》，第277页。

一当以世界观念，养成其知识；一当以国家思想，激励其精神。则地理一科，不可不视为学堂中重要之科目。

［93］张晓灵：《晚清西书的流行与西学的传播》，《档案与史学》2004年第1期。

［94］同上。

［95］同上。

［96］小林善文：《关于中国近代教育的普及和改革的研究》（『中国近代教育の普及と改革に关する研究』），汲古书院2002年版，第19页。

［97］张志公前引书，74页。

［98］小林善文：《关于中国近代教育的普及和改革的研究》（『中国近代教育の普及と改革に关する研究』），第19页。

［99］参见上原久：《高桥景保的研究》（『高桥景保の研究』）第2章，讲谈社1977年版；片桐一男：《俄罗斯沙皇书翰与翻译——雷扎诺夫来航与荷兰翻译2》（『ロシア国王书翰と通词——レザーノフ来航と阿兰陀通词2』），《洋学史研究》2007年第24期。当时的文书中有俄语和满语以及日语，但是据说日语是用假名记载的意义不明的东西。文化十年（1813）在函馆交换俘虏格罗乌宁和高田屋嘉兵卫的时候，伊尔库茨克的长官交给松前藩奉行的文书，由高桥景保进行翻译，即日本国立公文书馆所收藏的“俄罗斯国伊尔库茨克巡抚赠松前奉行满文书翰解”，在2005年4月日本国立公文书馆所藏资料特别展“将军的书库”上展出过。

这一历史事实令人不得不重新思考满语在清朝支配下的东亚的地位。仅仅从汉族的视角出发，仅仅依靠汉语来讨论清末的问题，很有可能会使人看不清清朝在当时的历史地位，对此必须有所警觉。

[100] 刘鸿翱：《瀛寰志略》“序”。

[101]《瀛寰志略》“凡例”。

[102]《瀛寰志略》卷1《皇清一统舆地全图》。

[103]《瀛寰志略》卷1《亚细亚》各条如下：

东洋二国：日本、琉球

南洋滨海各国：越南、暹罗（泰国）、缅甸、南掌（老挝）

南洋各岛：吕宋、西里百（西里伯斯）、苏禄、婆罗洲、噶罗巴（爪哇）、麻里（巴厘）、苏门答腊、摩鹿加、巴布亚、麻剌甲（马六甲）等

东南洋各岛：澳大利亚、新西兰

大洋海群岛（太平洋诸岛）

五印度：孟加拉、麻打拉萨（马德拉斯）、孟买、亚加拉（阿格拉）、锡兰（斯里兰卡）、廓尔喀等

印度以西回部四国：阿富汗、俾路芝（霍尔木兹）、波斯、阿剌伯（阿拉伯）

西域各回部：哈萨克、布哈罗（布哈拉）、浩罕等

[104] 参见黄遵宪：《日本国志》卷首《中东年表》；邹振环：《十九世纪中国“地理大发现”的影响与意义》，关西大学《或问》2004年第7期。

[105] 1897年的时候，台湾已经被日本占领，所以无增无减。

[106] 松本真澄：《中国民族政策研究——以清末到1945年的民族论为中心》（『中国民族政策の研究——清末から1945年までの民族论を中心に——』），多贺出版株式会社1999年版，第52页。

[107] 吉沢诚一郎：《创造爱国主义——从民族主义看近代中国》（『爱国主义の创成——ナショナリズムから近代中国を見る』），岩波书店2003年版，第33页。

[108] 松本真澄：《中国民族政策研究——以清末到1945年的民族论为中

心》（『中国民族政策の研究——清末から1945年までの民族论を中心に——』），第64、72页。

［109］同上书，第72页。

［110］同上书，第10页。

［111］同上书，第136、327页。

［112］这一注释的记述根据是《瀛寰志略》卷4关于瑞典的腊巴兰（拉普兰）的记载：“背负冰海，非人所居。稍南，夏日长九时，冬夜长九时。极北冬有夜无昼，不见日者七十五日；夏有昼无夜，不见月者七十五日。”

［113］《元史》卷48《天文志·西域仪象》。

> 苦来亦阿儿子，汉言地理志也。其制以木为圆毬，七分为水，其色绿，三分为土地，其色白。画江河湖海，脉络贯串于其中。画作小方井，以计幅员之广袤，道里之远近。

［114］魏源：《海国图志》卷2《经世大典地理图》。

［115］船越昭生：《在华耶稣会士的地图绘制及其影响》（『在华イエズス会士の地図作成とその影響について』），《东洋史研究》1969年27—4。

［116］参见海野一隆：《正保刊〈万国总图〉的成立和流传》（『正保刊「万国総図」の成立と流布』），河出书房新社1999年版，第46、101页。

《考古学在近现代中国的命运——围绕着“历史”的“传统”与“近代”》注释：

［1］首先概括介绍一下，对本文论述内容而言可以说是其前史的近代考古学在中国被接受和展开的经过。根据现有研究成果，20世纪初，经过日本传来的关于西方近代考古学的知识，在中国开始传播。章炳麟在《中国通史略例》谈到了根据地层中的证据以补足旧史中没有记载的事项。梁启超在1901年《中国史叙论》中，作为人类必然要经过的进化阶段，介绍了新旧石器时代、青铜器时代、铁器时代的区分，推定中国在黄帝时代应该已经进入铜器时代。而在西方近代的意义上最早介绍“考古学”一语的，是留日学生汪荣宝在参考坪井九马三、浮田和民、久米邦武等人著述的基础上写作的，1902年12月10日发表于《译书汇编》第9期的《史学概论》。上述这些虽然是对考古学的见解的介绍，但是与发掘活动本身没有联系起来，同一时期的甲骨文字的发现与考古学也没有关系。实际上，在这些介绍出现之前，西方或者日本的学者在中国就进

行了调查和发掘。但是，对围绕着中国的史前史和上古史的议论给予强烈冲击的是1921年瑞典的安特生对仰韶文化的发现。安特生倾向于中国人、中国文化西来说，因此对仰韶文化的解释也向其靠拢。以后，对其学说进行修正和反驳成为中国学者的重大课题。中国人主导的最早的考古发掘是1926年李济对西阴村遗址的发掘，正式的发掘活动则是在1928年中央研究院历史语言研究所成立之后。以上内容，参见俞旦初：《二十世纪初年西方近代考古学思想在中国的介绍和影响》，《考古与文物》1983年第4期；陈星灿：《中国史前考古学史研究(1895—1949)》“导言”、第1章和第2章，生活·读书·新知三联书店1997年版。

[2] 参见王国维：《古史新证》，见顾颉刚编著：《古史辨》第1册，朴社1926年版，第264—265页，见《民国丛书》第4编65，上海书店1990年影印本。

[3] 王国维：《古史新证》，见顾颉刚编著：《古史辨》第1册，第266—267页。

[4] 顾颉刚：《附跋》（1925年12月22日），见《古史辨》第1册，第267页。

[5] 1902年，汪荣宝在《史学概论》中如此介绍道：“一般所谓考古学者，常分为书契以前与书契以后之两部。自人类学者言之，则书契以前之一部为最重，而自史家之眼观之，则书契以前尚为无史之时代，以关系较少，无待探求，从而史学上所谓考古学者，其意味必为书契以后之考古学。”转引自俞旦初：《二十世纪初年西方近代考古学思想在中国的介绍和影响》，《考古与文物》1983年第4期。

[6] 李玄伯：《古史问题的唯一解决方法》（1924年12月27日），见顾颉刚编著：《古史辨》第1册，第268—269页。

[7] 顾颉刚：《答李玄伯先生》（1925年2月3日），见《古史辨》第1册，第270—271页。

[8] 以上关于王国维、顾颉刚、李玄伯的关系，按顺序阅读《古史辨》第1册自会明白。但如果有人怀疑编者顾颉刚本来就是为了让读者那样去理解，而对论文进行了巧妙排列，也并不奇怪。但正如本文论述的那样，恐怕没有人会围绕着对疑古的评价进而对文字史料的态度等问题及数十年来所经历的错综

复杂的过程，这样来阅读这一系列的文本。

［9］顾颉刚：《〈古史辨〉第1册自序》（1926年1月12日—4月20日），第64页。

［10］顾颉刚：《〈古史辨〉第2册自序》（1930年8月10日），见《古史辨》第2册，朴社1930年版，第5页，见《民国丛书》第4编65，上海书店1990年影印本。

［11］关于这一点，参见竹园规人：《历史是怎样造作出来的——初期顾颉刚的古史和民俗》（『歴史はいかに作られるか——初期顾颉刚における古史と民俗』），《中国哲学研究》2003年第19期。

［12］比如说，顾颉刚在《〈古史辨〉第2册自序》中写道：“古史的破坏和建设，事情何等多，哪里可由我一手包办？……中国的考古学已经有了深长的历史，近年从事此项工作的人着实不少，丰富的出土器物又足以鼓起学者们向建设的路上走的勇气，我不参加这个工作决不会使这个工作有所损失。……如果我不以此自任，则二千数百年来造作的伪史将永远阻碍了建设的成就。所以即使就时代需要上着想，我也不得不专向这方面做去。……我们先把书籍上的材料考明，徐待考古学上的发见，这不是应当有的事情呢？”

［13］参见张荫麟：《评近人对中国古史之讨论》（1925年4月），见顾颉刚编著：《古史辨》第2册，第271—272页。但是，必须注意的是，如果是不能说不存在，那么我们怎样看待禹呢？这一问题依然没有得到解决。说“不能说不存在”和说“不能说存在”，其实说的是同样一件事（即“是否存在，此事不明”）。即便批判默证法，我们也决不会因此就变得可以自由地谈论禹的存在了。在这种意义上来说，不管怎样批判默证法，只要一度丧失了对禹的存在的确信，就不能再得到恢复。其实，当这种议论能够成立的时候，传统的历史认识就已经无可奈何地暴露了其正在被破坏的情况。

［14］杜正胜：《傅斯年的史学革命（上）——从疑古到重建》，见《新史学之路》，台北三民书局2004年版，第114页；傅斯年：《中国古代文学史讲义》，见欧阳哲生编：《傅斯年全集》第2卷，湖南教育出版社2003年版。

［15］傅斯年：《致胡适》（1926年8月17、18日），见欧阳哲生编：《傅斯年全集》第7卷，第42页。

［16］伏园（孙伏园）：《忆鲁迅和孟真》，《中央副刊》1927年3月24日第

3号第5版。

［17］傅斯年：《致胡适》（1920年8月1日），见欧阳哲生编：《傅斯年全集》第7卷，第12、13页。

［18］杜正胜：《傅斯年的史学革命（下）——无中生有的志业》，见《新史学之路》，第131—132页。

［19］傅斯年：《历史语言研究所工作之旨趣》（1928年5月），见欧阳哲生编：《傅斯年全集》第3卷，第7、11、12页。

［20］本来，Philology在英语圈内指的是语言学，由此亦可看出，英语译名的问题非常复杂，近乎不可能做出决定性的论断。关于这一点笔者将会在其他文章中讨论。

［21］杜正胜：《傅斯年的史学革命（上）——从疑古到重建》，见《新史学之路》，第99—101页。

［22］傅斯年：《〈城子崖〉序》（1934年10月），见欧阳哲生编：《傅斯年全集》第3卷，第237、238页。

［23］傅斯年：《史学方法导论》（1930年?），见欧阳哲生编：《傅斯年全集》第2卷，第311—321页；《考古学的新方法》（1929年11月19日），见欧阳哲生编：《傅斯年全集》第3卷，第90页；《〈新获卜辞写本后记〉跋》（1930年12月），见欧阳哲生编：《傅斯年全集》第3卷，第113页。

［24］参见王汎森：《什么可以成为历史证据——近代中国新旧史料观的冲突》，见《中国近代思想与学术的系谱》，台北联经出版事业公司2003年版。

［25］王汎森：《一个新学术观点的形成——从王国维的〈殷周制度论〉到傅斯年的〈夷夏东西说〉》，见《中国近代思想与学术的系谱》，第316—317页。

［26］关于《夷夏东西说》，傅斯年说其为“九·一八”之前写的《民族与古代中国史》中的三章的分量，并附前言道：“这一篇中的中心思想，是我十余年前的见解，此数章写成亦在数年前。这几年中我没有在这一线上用工夫，所以除字句略加修正及末一节以外，几全是当年的原文。”参见傅斯年：《夷夏东西说》（1934年10月），见欧阳哲生编：《傅斯年全集》第3卷，第181页。

［27］“若想中国成一个近代国家，非以职工阶级代替士人阶级不可；若想中国教育现代化，非以动手动脚为训练，焚书坑儒为政纲不可。”傅斯年：《教育崩溃之原因》（1932年7月17日），见欧阳哲生编：《傅斯年全集》第5卷，

第7页。在此，批判的是通过读书考试成为官僚而飞黄腾达的思想，在这种意义上来说，傅斯年对读书的批判其实也意味着学问从政治中独立。

［28］屈万里：《傅孟真先生轶事琐记》，见聊城师范学院历史系编：《傅斯年》，山东人民出版社1991年版，第303页。

［29］那廉君：《追忆傅孟真先生的几件事》，见聊城师范学院历史系编：《傅斯年》，第340页。

［30］李济口述，章熊笔录：《考古学》（1926年1月14日），见李光谟编：《李济与清华》，清华大学出版社1994年版，第87—88页。这里所谓“有史”，不是指文献，而是意味着包含自然史在内的广义上的历史。

［31］戴家祥：《致李光谟》（1989年2月27日），见李光谟编：《李济与清华》，第169页。

［32］同上书，第171—172页。梁启超作报告《中国考古学之过去及将来》收于《饮冰室专集》卷110。瑞典皇太子访问中国是在1926年10月17日，参见丁文江、赵丰田编，岛田虔次编译：《梁启超年谱长编》第5卷，第395页。

［33］李济：《中国考古学之过去与将来》（1934），见张光直、李光谟编：《李济考古学论文选集》，文物出版社1990年版，第46页。

［34］李济：《〈考古年表〉序》（1952年8月28日），《“中央研究院”历史语言研究所专刊》1952年第35期。

［35］Chang Kwang－chih，“Obituary：Li Chi（1896－1979）”，*Joural of Asian Studies*，40-1，1980，p. 219.

［36］李济：《西阴村史前遗址的发掘》（1927年1月7日），见李光谟编：《李济与清华》，第30页。

［37］戴家祥：《致李光谟》（1989年2月27日），见李光谟编：《李济与清华》，第170页。

［38］同上书，第170—171页。

［39］同上书，第173页。

［40］李学勤：《〈李济与清华〉序》（1993年8月），见李光谟编：《李济与清华》，第VIII-IX页。

［41］作为继承了李济学统的史语所的学者的发言，杜正胜的《新史学与中国考古学——李济》是立足于从文献中独立出来的现代考古学的立场，对李济

的考古学所带有的时代性的条件进行考察的文章，非常重要。

[42] 郭沫若：《我与考古学》（1936 年 3 月 15 日），见《郭沫若全集·考古编》第 10 卷，科学出版社 2002 年版，第 9—10 页。

[43] 郭沫若：《〈卜辞中之古代社会〉序说》，见《中国古代社会研究》，上海联合书店 1930 年版，第 225 页。这篇文章批判了胡适和其他唯物史观派的论者。

[44] 郭沫若：《我与考古学》，见《中国古代社会研究》，第 6—7 页。

[45] 郭沫若：《〈卜辞通纂〉序》（1933 年 1 月 11 日），见《郭沫若全集·考古编》第 2 卷，第 17 页。

[46] 郭沫若：《〈卜辞中之古代社会〉序说》，见《中国古代社会研究》，第 219、222、220 页。

[47] 李济：《致蔡元培、杨铨》（1928 年 12 月 20 日），见李光谟：《从清华园到史语所——李济治学生涯琐记》，清华大学出版社 2004 年版，第 299 页。

[48] 郭沫若：《追论及补遗》"殷墟之发掘"，见《中国古代社会研究》，第 1—3 页。

[49] 郭沫若：《我与考古学》，见《中国古代社会研究》，第 12—13 页。

[50] 郭沫若：《〈中国古代社会研究〉自序》（1929 年 9 月 20 日），见《中国古代社会研究》，第 4 页。

[51] 傅斯年：《历史语言研究所工作之旨趣》，第 9 页。

[52] 郭沫若：《〈中国古代社会研究〉自序》（1929 年 9 月 20 日），见《中国古代社会研究》，第 6 页。

[53] 参见许冠三：《新史学九十年　一九零零》上下册，香港中文大学出版社 1986、1988 年版。

[54] 郭沫若：《我与考古学》，见《中国古代社会研究》，第 7 页。

[55] 桑兵：《近代学术转承：从国学到东方学——傅斯年〈历史语言研究所工作之旨趣〉解析》，见《晚清民国的国学研究》，上海古籍出版社 2001 年版，第 263—268 页。

[56] 傅斯年：《历史语言研究所工作之旨趣》，第 5 页。

[57] 郭沫若：《追论及补遗》"殷墟之发掘"，见《中国古代社会研究》，第 1 页。

［58］章炳麟演讲，王联曾记录，黄侃、吴宓审定：《论今日切要之学》（1932 年 3 月 24 日，在燕京大学的演讲），见马勇编：《章太炎讲演集》，河北人民出版社 2004 年版，第 93—94 页。

［59］章炳麟演讲，王謇、王乘六、吴契宁、诸祖耿记录：《论经史实录不应无故怀疑》（1935 年 5 月，在章氏星期讲演会上的演讲），见马勇编：《章太炎讲演集》，第 227—228 页。

［60］章炳麟：《历史之重要》（1939 年 8 月 25 日），《制言月刊》第 55 期，见马勇编：《章太炎讲演集》，第 152—153 页。

［61］郭沫若：《〈周金中的社会观〉序说》，见《中国古代社会研究》，第 294 页。

［62］郭沫若：《〈中国古代社会研究〉自序》（1929 年 9 月 20 日），见《中国古代社会研究》，第 3—4 页。

［63］章炳麟演讲，王联曾记录，黄侃、吴宓审定：《论今日切要之学》（1932 年 3 月 24 日，在燕京大学的演讲），见马勇编：《章太炎讲演集》，第 95—96 页。

［64］同上书，第 93 页。

［65］同上书，第 96—97 页。

［66］“民族的来源是怎样，文化的分布步骤是怎样，和外来文化的交涉是怎样，以及古代社会的构成，各个构成阶段的递禅……都是急待解决的问题。欧美人把他们的地下图书室几乎是剿翻了的，埃及、波斯、印度方面的发掘也做得几乎没有余蕴，大家的目光都在注射着我们中国。尤其我们的芳邻，那是垂涎得更厉害的。……军队到处便是考古的学者到处，这办法颇有点拿破仑之遗风。”郭沫若：《我与考古学》，见《中国古代社会研究》，第 13—14 页。

* 本文是平成 18 年度日本学术振兴会特别研究员奖励金科学研究费资助下的部分研究成果。

《梁启超的孔子观及其意义》注释：

［1］岛田虔次、小野川秀美：《辛亥革命研究》（『辛亥革命の研究』），筑摩书房 1978 年版，见《中国思想史研究》（『中国思想史の研究』），京都大学学术出版会 2002 年版，第 553—605 页。

［2］同上书，第 567、571 页。

［3］岛田虔次、小野川秀美：《辛亥革命研究》(『辛亥革命の研究』)，筑摩书房 1978 年版，见《中国思想史研究》(『中国思想史の研究』)，第 600 页。

［4］蒋广学：《梁启超评传》，南京大学出版社 2005 年版，第 113—114 页。

［5］参见刘黎红：《五四文化保守主义思潮研究》第 3 章第 2 节“原孔与原儒：发明传统真相”，中国社会科学出版社 2006 年版；张卫波：《民国初期尊孔思潮研究》第 5 章第 1 节“尊孔思潮与孔教改革的基本方法和趋向”，人民出版社 2006 年版。以上在讨论当时的“孔教改革”时，都部分提及梁启超的议论，但是，对于梁的发言基本没有进行分析。

［6］梁启超：《饮冰室合集·文集》第 1 卷，第 128 页。

［7］岛田虔次、小野川秀美：《辛亥革命研究》(『辛亥革命の研究』)，筑摩书房 1978 年版，见《中国思想史研究》(『中国思想史の研究』)，第 567—569 页。

［8］梁启超：《饮冰室合集·文集》第 11 卷，第 18 页。

［9］梁启超：《饮冰室合集·文集》第 9 卷，第 50 页。

［10］同上书，第 55 页。

［11］同上书，第 52 页。

［12］同上书，第 58 页。

［13］同上书，第 55 页。

［14］梁启超：《饮冰室合集·文集》第 3 卷，第 55 页。这篇文章有岛田虔次的日语翻译，笔者翻译的时候参照了其译文，参见岛田虔次：《中国革命的先驱者们》(『中国革命の先駆者たち』)，筑摩书房 1965 年版，第 31—45 页。

［15］同上书，第 55—56 页。

［16］同上书，第 60 页。

［17］同上书，第 60—61 页。

［18］梁启超：《饮冰室合集·文集》第 6 卷，第 67 页。另外，在此提到，在《论支那宗教改革》和《南海康先生传》中梁启超的记述内容有差异，岛田虔次在《论支那宗教改革》的日语译文的补注中，也曾经提及，参见岛田虔次：《中国革命的先驱者们》(『中国革命の先駆者たち』)，第 45 页。

［19］同上书，第 68 页。

［20］丁文江、赵丰田编：《梁启超年谱长编》，上海人民出版社 1983 年版，

第 234—238 页；岛田虔次编译：《梁启超年谱长编》第 2 卷，岩波书店 2004 年版，第 69—74 页。本文以下依据日译本。同书中光绪二十五年（1899）条记载道：“夏秋间，先生因为和孙中山先生来往日密，所以渐有赞成革命的趋向，当时也曾磋商两党合作问题，以南海之阻，又未成。”丁文江、赵丰田编：《梁启超年谱长编》，第 181 页；岛田虔次编译：《梁启超年谱长编》第 1 卷，第 301 页。由此可知，这一年，梁启超在日本和孙文集团接近，但是康有为为了阻止他，命梁启超去火奴鲁鲁。康有为开始对自由采取特别否定的态度，康有为和梁启超对自由的意见发生对立，恐怕也与这件事有关。还有，光绪二十六年（1900）3 月 24 日，梁启超致康有为的书信中写道：“追省去年十月十一月间上先生各书，种种愆戾，无地自容。”丁文江、赵丰田编：《梁启超年谱长编》，第 230 页；岛田虔次编译：《梁启超年谱长编》第 2 卷，第 62 页。由此可知梁启超在之前的一年，围绕着和孙文集团的关系，提出了违背康有为之意的主张。然后在同年 4 月 1 日，梁启超在致康有为书信中写道：“弟子前此种种疑忌肆谬（此字除出诸自由不服罪外，余皆自知），今皆自省之，愿自改之。”丁文江、赵丰田编：《梁启超年谱长编》，第 232 页；岛田虔次编译：《梁启超年谱长编》第 2 卷，第 64 页。但是，在岛田编译书中，变更了括号内插入部分的位置，本文亦从之，参见岛田虔次编译：《梁启超年谱长编》第 2 卷，第 392 页。由此可见，康有为认为梁启超前一年采取与自己的意图不同的行动，其错误是起因于自由，对此梁启超无法接受其解释。

[21] 梁启超：《饮冰室合集·文集》第 9 卷，第 59 页。

[22] 同上书，第 56 页。

[23] 同上书，第 56 页。

[24] 例如，在《冒险进取》（1902 年 4 月）中，梁启超批判道，声称遵从孔子教导的人们，大多数情况下都是遗失了孔子的根本教义，拘泥于片言只语，舍弃了推崇积极行动的“狂”主义、“为”主义、“干”主义、“力”主义，专门信奉认为行动谨慎、顺应大势是好事的“狷”主义、“勿”主义、“坤”主义、“命”主义。梁启超认为，他们视为根据的孔子的话，的确是孔门所传，但是，那完全是在特定情况下的发言，孔子绝不是要以这些来规范天下。尽管如此，末流之人因为孔子言论中的这一部分对自己的需要很合适，用孔子的外衣来粉饰老子式的消极思想，因此进取冒险的精神消灭了。参见梁启超：《饮冰室合

集·专集》第 4 卷，第 29 页。

另外，在《论尚武》（1903 年 3—4 月）中，梁启超认为，儒教的确受到了从战国时代以来变得软弱的批判，但是，孔子并不是专以柔弱教人，他也讲“见义不为者，无勇也”，非难在战争上不勇敢的人是不孝之人，提倡“刚强”，但是后世的贱儒，为了便于保护自身的安全，只挑选对自己有利的孔子的话，并进一步悄悄地混入老子的学说，篡夺了孔学的正统。参见梁启超：《饮冰室合集·专集》第 4 卷，第 112—113 页。

另外，1904 年梁启超编纂的《中国之武士道》，起首便把孔子作为中国“武士道”的体现者进行了介绍，对其事迹，梁启超评论道：“天下之大勇，孰有过我孔子者乎。”参见梁启超：《饮冰室合集·专集》第 24 卷，第 1 页。

[25] 梁启超：《饮冰室合集·文集》第 7 卷，第 55—56 页。

[26] 梁启超：《饮冰室合集·专集》第 4 卷，第 21 页。

[27] 虽说如此，梁启超有时也会明确地指出孔子的缺点。例如，在《论中国学术思想变迁之大势》中指出，孔子也有“伦理思想之缺乏也”、“崇古保守之念太重也”等问题，参见梁启超：《饮冰室合集·文集》第 7 卷，第 33、37 页。然而，与此同时，需要注意的是，梁启超对孔子的这些问题的批评，是在“先秦学派之所短”这种一般性的议论中提出来的，也就是说这些缺点是先秦思想界全体共通的缺点，“此殆中国人之根性使然哉”，那决不应归于孔子个人的责任，参见梁启超：《饮冰室合集·文集》第 7 卷，第 37 页。

只是，对于在《保教非所以尊孔论》中，作为孔子教义的核心之一，强调“思想自由”的梁启超来说，很不利的一点是，即使那并非孔子个人的问题，而是起因于中国人一般的性格，孔子依然存在“门户主奴之见太深也”这一问题，并且留下了诛杀少正卯，以强权压制“思想自由”、“言论自由”的故事，参见梁启超：《饮冰室合集·文集》第 7 卷，第 36 页。

但是，在 1920 年的《孔子》中，梁启超指出孔子诛杀少正卯的记录缺乏可信性，再次强调：“孔子是最尊重思想自由的人，他的书里头，从没有一句排除异己的话。”参见梁启超：《饮冰室合集·专集》第 36 卷，第 56 页。

[28] 梁启超：《饮冰室合集·专集》第 37 卷，第 48 页。

[29] 同上书，第 41 页。

[30] 同上。

［31］参见梁启超：《子墨子学说》第1章第1节“尊天之教”，见《饮冰室合集·专集》第37卷。

［32］梁启超：《饮冰室合集·专集》第37卷，第27页。

［33］同上书，第7页。

［34］同上书，第27页。

［35］同上。梁启超对墨子基于“祥不祥”的道德学说的高度评价，完全是置于其历史背景之中的评论。前文也曾引用过，梁启超所谓，如果孔子“兼取墨子祥不祥之义而调和之，则吾二千年来社会之现象，其或有以异于今日乎”。这也完全是针对过去的历史的评论。很难想象梁启超会主张在现代也应该把基于宗教思想的墨子的道德学说，作为“权法”而复活。

他在《新民说》的《论私德》中，强调“私德”应该完全基于“责任道德说”，又在1902年10月的《论宗教家与哲学家之长短得失》中指出，虽然宗教家在实践层面上能够发挥力量，但是宗教有以迷信掩没“真理”的问题，因此而关注“唯心哲学”可以作为宗教的替代物的功能（在此梁启超意识中的“唯心哲学”主要指阳明学）。另外，在1902年12月的《论佛教与群治之关系》中也指出，虽然同样是宗教，佛教和其他宗教不同，是“智信”而非“迷信”。由此可见，他认为佛教清除了上述那些宗教的缺点。

从上述议论来看，梁启超虽然承认墨家的宗教可以为实践赋予积极的动机，但是很难认为他会相信以“主宰的天”为信仰对象的那种宗教，具有很大的对于“今日的意义”。

［36］蔡元培：《蔡元培全集》第2卷，中华书局1984年版，第136页。但是，紧接着这一段话，蔡元培注释道：“孔子之学术，与后世所谓儒教、孔教当分别论之。”此议论有必要和单纯的“排孔论”区别考虑。

［37］梁启超：《饮冰室合集·文集》第33卷，第52页。

［38］同上书，第53页。

［39］同上书，第54页。

［40］例如，1914年6月21日，梁启超在孔教会以“知命尽性”为题而进行的演讲的记录，发表在《申报》上，参见夏晓虹编：《饮冰室合集·集外文》中册，北京大学出版社2005年版，第598—599页。

［41］康有为：《孔教会序二》，见汤志钧编：《康有为政论集》，中华书局

1981年版，第739页。另外，关于“宗教”这一用语，康有为也指出，孔子的教导包含了“神道”和“人道”这两个方面，所以，用“宗教”这一来自日本的译语，不能完全涵盖其内容。

[42] 同一篇文章的第2章写道：“孔子者，哲学家、经世家、教育家，而非宗教家也。西人常以孔子与苏格拉底并称，而不以之与释迦耶苏摩诃末并称，诚得其真也。”梁启超：《饮冰室合集·文集》第9卷，第52页。

[43] 梁启超：《饮冰室合集·文集》第33卷，第61页。

[44] 同上书，第62页。

[45] 同上书，第63页。

[46] 同上书，第60页。

[47] 梁启超：《饮冰室合集·文集》第33卷，第68页。

[48] 康有为认为，在中国，孔子以后的所有时代的所有阶层，都实践和尊崇“孔子之遗教”，“中国一切文明，皆与孔教相系相因，若孔教可弃也，则一切文明随之而尽也，即一切种族随之而灭也”。参见康有为：《孔教会序二》，见汤志钧编：《康有为政论集》，第736、738页。

[49] 梁启超：《饮冰室合集·文集》第7卷，第18页。

[50] 梁启超：《饮冰室合集·文集》第31卷，第24页。

[51] 梁启超：《饮冰室合集·文集》第29卷，第82—83页。

[52] 同上书，第84页。

[53] 同上书，第83页。

[54] 同上书，第84—85页。

[55] 梁启超：《饮冰室合集·文集》第33卷，第83页。

[56] 同上书，第83页。

[57] 同上书，第85页。

[58] 同上。

[59] 梁启超：《饮冰室合集·文集》第28卷，第13页。

[60] 同上书，第14页。

[61] 同上。

[62] 同上书，第14—20页。

[63] 同上书，第20页。

[64] 从梁启超对“国性”的性质规定来看，他无疑是认为“报恩”等“道德信条”是“国性”的根本要素。但是他同时又认为，“报恩”既是原因也是结果，是使“国性”的维持和发展成为可能的要素。比如，他曾说“报恩”是“使（中国）可能养成如此确固不拔的国性的原因”，参见梁启超：《饮冰室合集·文集》第28卷，第15页。

[65] 梁启超：《饮冰室合集·文集》第29卷，第84页。

[66] 梁启超：《饮冰室合集·文集》第28卷，第14页。

[67] 同上书，第15页。

[68] 梁启超：《饮冰室合集·文集》第33卷，第63页。

[69] 同上书，第63页。

[70] 同上书，第65页。

[71] 在《保教非所以尊孔论》中写道：“近世大教育家多倡人格教育之论。人格教育者何，考起于人之所以为人之资格，而教育少年，使之备有此格也。东西古今之圣哲，其所言合于人格者不一，而最多者莫如孔子。”参见梁启超：《饮冰室合集·文集》第9卷，第57页。

[72] 梁启超：《饮冰室合集·文集》第33卷，第65—66页。

[73] 同上书，第66页。

[74] 同上。

[75] 同上。

[76] 丁文江、赵丰田编：《梁启超年谱长编》，第896页；岛田虔次编译：《梁启超年谱长编》第4卷，第292页。

[77] 梁启超：《饮冰室合集·专集》第39卷，第3—4页。

[78] 梁启超在《论中国学术思想变迁之大势》中认为，在先秦“全盛时代”的第二期，是“孔老墨三分天下”，这三种势力的隆盛，此后一直持续到“全盛时代”的末期，参见梁启超：《饮冰室合集·文集》第7卷，第19页。

[79] 梁启超在1920年的《老子哲学》、1921年的《诸子考证与其勃兴之原因》中，尚且认为老子在孔子之先。

[80] 梁启超：《饮冰室合集·文集》第38卷，第57—59页。

[81] 同上书，第59页。

[82] 梁启超：《饮冰室合集·文集》第7卷，第25页。

［83］他在《儒家哲学》中认为，起源于西方的“哲学”一语，过于偏重“智”，不适于反映中国学术的特色，参见梁启超：《饮冰室合集・专集》第103卷，第2页，而用原本的“儒家道术”一语则是非常合适的，参见梁启超：《饮冰室合集・专集》第103卷，第5页。

［84］梁启超：《饮冰室合集・专集》第103卷，第18页。

［85］同上书，第19—20页。

［86］梁启超还从中国民族性的视角出发，论述把孔子作为中国文明独一无二的象征是合适的。他在1920年的《孔子》中再次指出，孔子和墨子不同，尊重“思想自由”。参见梁启超：《饮冰室合集・专集》第36卷，第56页。同时又强调那是孔子的“中庸主义”的反应，进而论道，从地理环境上说，中国文明是在大平原、温带气候中孕育的，从历史环境上说，中华民族是众多民族融合形成的，孔子的“中庸主义”正是诞生于这样的背景之中，参见梁启超：《饮冰室合集・专集》第36卷，第56—57页。而且，在孔子前后的时代，曾经存在过那么多种类的思想学派，但是在两千年来的中国思想界，基本上“孔学”占据了独尊的地位，除了政治权力的影响之外，其理由就在于孔子的思想最适合中国的“民族性”，参见梁启超：《饮冰室合集・专集》第36卷，第57页。这可以说是做出了一个判断，即孔子的思想，与其他流派的思想相比，最忠实地体现了中国的“民族性”。

［87］但是，梁启超的议论也并非没有与全面否定孔子或儒教的主张相对抗的意味。当时尚处于以《新青年》为中心的儒教批判正式展开之前的阶段，但是，已经开始有人认为，孔子的教义或者说儒教已经“落后于时代”，所以应该加以排除。例如，1915年1月的《大中华》创刊号上登载了蓝公武的《辟近日复古之谬》，其中批判“礼教”不符合近代的“国家之有机组织”、“经济组织”、“法治制度”、“教育制度”和“人格观念”，已经不再适用。作为对蓝公武此文的直接的反论，梁启超发表了《复古思潮平议》，认为当时的社会状况的确有产生蓝公武那样的议论的基础，但是其主张本身不合适，“若夫孔子教义，其所以育成人格者，诸百周备，放诸四海而皆准，由之终身而不能尽。以校泰西古今群哲，得其一体而加粹精者，盖由之矣，若孟子所谓‘集大成’，庄生所谓‘大小精粗，其运无乎不备’，则固未有加于孔子者”，参见梁启超：《饮冰室合集・文集》第33卷，第68页。

[88] 夏晓虹编:《饮冰室合集·集外文》中册，第 906 页。

[89] 同上书，第 906 页。

[90] 同上。

[91] 同上书，第 908 页。

[92] 梁启超:《饮冰室合集·文集》第 40 卷，第 26 页。

[93] 梁启超:《饮冰室合集·文集》第 40 卷，第 13—14 页。

[94] 同上书，第 13 页。

[95] 梁启超:《饮冰室合集·专集》第 36 卷，第 28—29 页。

[96] 同上书，第 29 页。

[97] 梁启超:《饮冰室合集·专集》第 54 卷，第 20—21 页。另外，梁启超说，用电影做比喻，是伯格森为了说明自己的宇宙观、人生观而采用的。当时在梁启超看来，伯格森一方面是走在西方哲学前列的思想家，另一方面，其“先进性”在于立足于对西方哲学的反省，不断“从后面追赶”中国思想（包括中国佛教）这一点。参见梁启超:《欧游心影录节录》“下篇 中国人之自觉 第 13 章 中国人对于世界文明之大责任”，见《饮冰室合集·专集》第 23 卷，第 35—38 页。

[98] 梁启超:《饮冰室合集·专集》第 36 卷，第 30 页。

[99] 梁启超:《饮冰室合集·文集》第 41 卷，第 37 页。

[100] 20 世纪 20 年代的梁启超在论述中国思想史的时候，频繁使用佛教的理论或者用语进行解释。例如 1920 年的《老子哲学》是其中的代表。但是，如同梁启超所论:“佛教义有一最特别之处，曰：依法不依人。只须对于佛所了解之正法能与佛一般的同其彻底了解，其人即等于佛，其人之说即可认为佛说。”梁所说的“佛教”，自由自在地摘取佛教诸宗派的学说，关于其内容有必要加以慎重的考察。见梁启超:《大乘佛教起信论考证》(1922)，见夏晓虹编:《饮冰室合集·集外文》下册，第 1369 页。

[101] 梁启超:《饮冰室合集·文集》第 38 卷，第 65 页。

[102] 梁启超:《饮冰室合集·专集》第 103 卷，第 2 页。

[103] 梁启超:《饮冰室合集·文集》第 39 卷，第 110 页。

[104] 夏晓虹编:《饮冰室合集·集外文》中册，第 1034—1035 页。

[105] 同上书，第 1036 页。

［106］孔子或者孔子提示的人格价值，如果最终是由各人的信仰来支撑的话，可能会令人产生疑问，真的是全中国人都具有这样的信仰吗？但是，对认为“人我之区别”为虚妄的梁启超来说，恐怕这一点不会被看作是个问题。为什么这样呢？因为主张自我和他人的区别是虚妄的，很容易会从“他人和我应该是同一的”这一判断，变成对自身的判断的普遍性的确信。实际上，在梁启超的议论中，带有这样一种简单性的内容不在少数。

《以对宋平子新字的历史定位为中心——关于江南知识分子的日本趣味》注释：

［1］此评传部分的写作参见胡珠生编：《宋恕集》，中华书局1993年版，第1084—1132页。

［2］本稿利用胡珠生编《宋恕集》刊载版本展开议论。资料原是温州博物馆藏品，从《宋恕集》上卷卷首所附照片来看，是写在竖排画线的稿纸上。关于将《宋平子新字》草稿排版活字印刷的过程，编者记述如下：

> 本编题下原注为“自造，戊申十二月吉日写出”。全文四页，次序或自左而右，或自右而左，并有多项眉注。为便读者并减少错误，特请中国社科院语言所温州方言专家郑张尚芳副研究员代为整理、标音、注释。郑云：“‘新字’系假名添符，以标注温州方音为主。现用‘国际音标’注音，温州各县的音加＊号，注释加方括号，无括号皆原文。”参见胡珠生编：《宋恕集》，第437—438页。

［3］即使在谈到宋恕晚年潜心于日语研究的场合，也未提及《宋平子新字》。参见杨际开：《宋恕与儒学范式的近代演进》，《温州社会科学》2001年第7期。

［4］参见倪海曙：《清末汉语拼音运动编年史》，上海人民出版社1958年版。《清末汉语拼音运动编年史》如其书名所示，以年表的风格罗列有关汉语表音式表记运动事件的记述，尝试在一个历史性展望的基础上，将清末涌现出的各种各样的汉语表音式表记试行方案情况，作为汉语表音式表记运动来进行把握。

［5］参见汪婉：《清末中国对日教育视察研究》，汲古书院1998年版；王宝平：《清代中日学术交流研究》，汲古书院2005年版。

［6］《清末汉语拼音运动编年史》附表中关于《宋平子新字》的部分如下：

a 方案	宋恕方案
b 年代	1909 年
c 著作名称	宋平子新字
d 字母形体	“汉字笔画”（模仿假名）
e 语音标准	“不详”
f 音节拼法	“不详”
g 词儿写法	“不详”
h 推行情况	无
i 其他	原稿数页，现藏温州文物保管委员会

顺便提一下，附表亦为周有光《汉字改革概论》等所采用，作为能够简明揭示运动整体状况的资料，很有价值。像康有为的试行方案那样仅在文献中暗示其存在的方案，也被包含在内，有必要注意这一点。参见周有光：《汉字改革概论》，文字改革出版社 1961 年初版，1964 年修订 2 版，1979 年修订 3 版；周有光：《周有光语文论集》第 1 卷，上海文化出版社 2001 年版。

[7] 在此想简单确认一下汉语的音韵构造。汉语的音节，传统上是以 CV（C 是 consonant，即子音；V 是 vowel，即母音）结构来把握的。严格说来，仄声也可以说是 C＋VC，但是，从写韵文时的韵律观点出发，被划分为声调（tone）的一种类别。现在也一般把音节头的 C 称作声母，把音节尾的 V（C）称作韵母。关于音节构造的理解，现在通行的观点是，把韵母再进一步分成韵头（或介音）、韵腹和韵尾三个要素来把握。

所谓“音节制”，是用一个字形来表示一个音节的方法。顺便说一下，唯一被规定为“音节制”的是田廷俊《数目代字诀》，尝试以韵书为基础，把声母和韵母用算术数字规定代号，将其组合起来表示音节。但是，这里所谓“音节制”，是在其声母和韵母的分析视角不彻底的意义上而言的。

处于与“音节制”相反一极上的，是“音素制”，即要把在音韵论上有意义的差异全部符号化、形象化。至于具体的例子，可参考国际音标。

所谓“二拼法”和“三拼法”，是基于“音位制”来把握韵母构造的方法。“音位制”被置于“音节制”和“音素制”两极之间。“二拼法”把韵母看作由韵头即介音和此外的要素这样两个部分构成，其代表是“注音字母”。“三拼法”认为韵母由韵头、韵腹和韵尾构成，这是以现行的《汉语拼音方案》为代表的。

“二拼法”继承了传统的音韵学视角，将仄声放在音调之中加以把握。“三拼法”则是将表示母音的文字较少的罗马字母表，适用于母音体系非常复杂的汉语时，构思出来的方案。

关于汉语的音节分析的视角，参见周有光：《汉语拼音方案基础知识》，语文出版社 1993 年版，香港三联出版社 1993 年再版。

[8] 倪海曙：《清末汉语拼音运动编年史》，第 199—200 页。

[9] 温州话是吴语方言之一，流行于浙江省温州一带。不但与其他吴语方言差异非常大，甚至温州各县市的发音也有很大差别。而且音韵经年变化，宋恕那个时代的发音现在被称为“老派”。另外，包括温州话的发音在内，关于温州的地方文化，笔者曾有机会向学习院大学讲师林鸣宇氏多有求教，特在此致以谢意。

[10] “半音节文字”是和典型的音节文字相对而言的。比如说假名，原则上就是用一个字形来表示一个音节，虽然拗音和促音的表记方法是用两个字形来表示一个音节，还有拨音“ん”那种功能像音素文字一样的文字，但是这些情况都被视作例外。在 20 世纪 50 年代初期有关文字改革的讨论中，主流观点是汉语表记不应该采用将音节作为一个整体来表记的音节文字，当时就是把假名看作典型的音节文字。

关于《宋平子新字》的结构特征，本文第 1 节已加详述，在此只是指出，可以认为，采用假名和将梵字（devanagari）等印度系统文字的音节表示方法适用于假名字形，构成了其根干。如果把印度系统的文字看作是音素文字，虽然不知道倪海曙是否考虑到了这一点，但他把《宋平子新字》规定为“半音节文字”，在某种意义上来说是恰当的。因此，下文在提到《宋平子新字》采用的文字时，特别将其称为“半音节文字”，而一般性地作为表音文字的次级概念，强调与音素文字作对比时，则称之为音节文字。

[11] 仅限于与本文论点相关之处，分别介绍如下：

· 1891 年，宋恕在《六斋卑议》中开始主张应该创制“切音文字”。但是，这一著作的刊行是在七年之后。宋恕自己也创制了“切音文字”，即 1909 年的《宋平子新字》。参见倪海曙：《清末汉语拼音运动编年史》“宋恕的《六斋卑议》成稿”，第 17—19 页。

· 1897 年，宋恕刊行《六斋卑议》。此外似乎还有一本著作叫《六斋高议》，但是因为担心其内容动摇人心，便烧掉了。参见倪海曙：《清末汉语拼音运动编年史》“宋恕的《六斋卑议》出版”，第52—54页。

• 1900年，从宋恕赠日本汉学者的诗的内容来看，他期望利用日语中的假名来确定汉字读音。参见倪海曙：《清末汉语拼音运动编年史》“宋恕赋诗吟拼音文字”，第82页。

• 1909年，前文所引“宋恕草拟《宋平子新字》”。

[12] 倪海曙所引用的宋恕《六斋卑议》的《变化篇·开化章第四》，参见胡珠生编：《宋恕集》，第135—136页，引用如下：

> 白种之国男女识字者，多乃过十之九，少亦几十之二。黄种之民识字者，日本最多，印度经英人弛平民及女子识字之禁后，识字者今亦得百之四。赤县秦前学校最盛，男女无不知书。秦后频遭惨劫，劫余之族，日以昏愚，计今识字者，男约百之一，女约四万得一，去印度尚远，况日本与白种乎！识字者之少若此，民之积困安有解期。
>
> 今宜取法日本，下教育令：令民男女六岁至十三岁皆须入学，不者罚其父母。每县乡、聚、连均置男、女校各一区，校费派捐于本县乡、聚、连，校师公举于本县乡、聚、连，课程酌集外国之长，读本专用赤县之字。按，今日本小学教法：先授和文，后授汉文。若师其意，江淮以南须创造切音文字多种，以便幼学。此事体大，未敢议及。

顺便说明一下，所谓“乡、聚、连”，是宋恕在《六斋卑议》中提议的一种保甲制的单位，以对地方民众的统治和道德教化为目标，参见胡珠生编：《宋恕集》，第140页。每“县”分为最多不超过8个乡，“乡正”负责劝善惩恶等。以下，“百家”为一“聚”，十家为一“连”，分别设“聚正”、“连正”，各“正”出自“公举”，由此可见其吸收了地方自治的要素。

又，在上面引用的文字之后，叙述了这样的设想：从“连校”开始，选拔成绩良好的学生，组建“聚校”，进而是“乡校”。

[13] 倪海曙《汉语拼音史话》，见《倪海曙语文论集》，上海教育出版社1991年版，第62—86页。作为其背景的语言政策，参见藤井（宫西）久美子：《近现代中国的语言政策——以文字改革为中心》（『近现代中国における言语政策——文字改革を中心に』），三元社2003年版。

［14］卢戆章：《〈中国第一快切音新字〉原序》，转引自文字改革出版社编：《清末文字改革文集》，文字改革出版社 1958 年版，第 2 页。

［15］倪海曙：《清末汉语拼音运动编年史》，第 17 页。

［16］同上书，第 66 页。

［17］宋恕创始者说的论据是根据《六斋卑议》的《自序》，判定原稿完成于 1891 年。但是，《宋恕集》的编者胡珠生证明，《六斋卑议》开始执笔的时间是 1892 年。另外，《六斋卑议》在 1897 年的刊本之外，还有成于 1892 年的稿本，两者在内容上有相当的异同。也就是说，倪海曙所引用的有关“切音文字”的记述，见之于 1897 年的刊本，而为 1892 年的稿本所无。

另外，《六斋卑议》1897 年刊本中的《开化章第四》，是把 1892 年的稿本中的《村学章第四》和《女学章第五》整合在一起形成的。参见胡珠生编：《宋恕集》，第 135—136 页。

［18］宋恕创始者说从发表的时候起，似乎就没有得到足够的支持。可参考这一事实：比如前面提到的周有光《汉字改革概论》，虽然采用《清末汉语拼音运动编年史》的附表，继承了倪海曙的研究成果，却没有采用宋恕创始者说。

［19］一般来说，所谓反切的“切”，不是解释为切断的意思，而是急切的切的意思。因此，反切法是指合成声母和韵母的方法。所谓“切音字”，是指“合成（被以声母和韵母的形式进行分节的）音的文字”。但是，对音节的这种把握方式，是否能够决定表示音节的形式，这一点并无保证。

［20］倪海曙：《宋恕的〈六斋卑议〉》，《拼音》1956 年第 4 期 11 月号。《拼音》由倪海曙负责编集，在 1956 年 8 月由文字改革出版社创刊的月刊杂志，1957 年 8 月改名为《文字改革》。文字改革出版社也是由倪海曙负责的，在 1956 年 5 月成立，附设于国务院直属机关中国文字改革委员会（1954 年 12 月成立，简称“文改会”）之下的组织。

［21］马叙伦曾任清华大学和北京大学的教授，新中国成立后作为民主党派人士，影响了中华人民共和国的文教政策。倪海曙手中的《六斋卑议》是马叙伦的藏书，这一点在《宋恕的〈六斋卑议〉》中也提到了。倪海曙所引用的马叙伦的《书语》，据推测是其在藏书中批注或者夹入的内容。马叙伦的老师陈黻宸（1859—1917）是宋恕的温州同乡和好友，所以他生前与宋恕也有交流。在《宋恕集》所载宋恕的日记中，也可见到他的名字。

[22] 可以作为这一观点的证据的，是在将《宋恕的〈六斋卑议〉》采用为《清末汉语拼音运动编年史》开头的记事时，所补充文字。参见倪海曙：《清末汉语拼音运动编年史》，第19页。

> 实际上，宋恕是造过新字的，不过不是在这一年，而是在1909年。他把新字方案写下来的日期是1909年的1月14日（光绪三十四年戊申十二月二十四日）。

在此同时介绍了两件事：不存在1891年前后的“切音字”资料；存在《宋平子新字》。后文将会提到，宋恕对“切音字”产生兴趣的时间，可以认为是在19世纪90年代后半期。根据以《宋恕集》的编者为中心所进行的遗稿整理工作成果，宋恕作于1891年前后的“切音字”方案，可以说根本不可能存在。

[23] 在温州开始整理宋恕的遗稿，是在1957年。而《清末汉语拼音运动编年史》的初稿完成于1955年，第二稿完成于1956到1957年之间，参见倪海曙：《清末汉语拼音运动编年史》，第236页。估计第2稿着手的方向是以宋恕创始者说为首来追加文献发掘的新成果。

[24] 面对这一事实，关于宋恕在运动中的历史定位进行调整的结果，可以认为是该书关于宋恕的1897年的记事“宋恕的《六斋卑议》成稿”和1900年的记事“宋恕赋诗吟拼音文字”。在1897年的记事中，追加了烧掉《六斋高议》的逸事，这大概与对幻想中的资料发掘的期待是互为表里的吧。《宋恕集》的编者胡珠生指出，这一逸事所依据的陈哲《〈宋征君年谱〉后序》，有史实错误等很多问题，参见胡珠生编：《宋恕集》，第1079—1080页。另外，胡珠生认为，遗稿《六字课斋津谈》（1895年2月成稿），是皆未发现的《六斋高议》和《六字课行斋谈录》的“初步完成形式”，参见胡珠生编：《宋恕集》，第47页。1900年的记事大概可以表明，宋恕以假名为媒介，抓住了表音式表记这一主题。记事所引用的宋恕的诗《赠馆森袖海之诗之三》内容如下。《宋恕集》认为，该诗为1901年所作，且有若干文字上的异同，参见胡珠生编：《宋恕集》，第846页。

《赠馆森袖海之诗之三》

> 神州苦乏定音字，乡异年差读古书。深慕扶桑长画一，大功空海此间无！

所谓“定音字”和“画一”，都是当时议论中经常见到的表达方式。前者指确定汉字读音的文字，后者意味着规范化。这首诗把中国学习古典之困难与假名之不存在这两点重合在一起了。1900 年记事之所以特别提到这首诗，大概在于其中显示了对假名的“定音”功能的关注。

在执笔更迟的 1964 年的《推广普通话的历史发展》中，倪海曙写道：“清末切音字者中，也有一些人，不强调语言的统一，而重视汉字读音的统一；或者认为先有汉字读音的统一，才谈得上语言的统一。”参见倪海曙：《倪海曙语文论集》，第 167 页。倪海曙在提及《赠馆森袖海之诗之三》之后，又介绍了章炳麟《驳中国用万国新语说》的如下议论：

> 章炳麟虽然反对切音字，但是也主张用“切音”给汉字“定音”，认为“若欲了解定音，反于既著，音自可知”。不过声明“切音之用，只在笺识字端，令本音画然可晓，非废本字而以切音代之”。

章炳麟认为应该以使用汉字的标记体系为主，而使用“切音字”的表音式表记限于表示汉字读音这一辅助性功能。这一主张对中华民国的“注音字母”有很大影响。也就是《清末汉语拼音运动编年史》开头所指出的在文字改革中的“改良主义”。

可以说宋恕的诗被认为是确认了“改良主义”的立场，同时也被看作是强化了其对假名的倾倒的转折点。

[25] 一般所谓表音文字可进一步区分为音节文字和音素文字。本文认为这一区分大体上对应于假名和罗马字母的区别，狭义的“切音字”当然被包含于音素文字之内进行考虑。在此没有使用音素文字这个概念，是因为希望通过确立狭义的“切音字”这一分析框架，紧扣《清末汉语拼音运动编年史》附表中“f 音节拼法”的背景中所存在着的“音节制”、“音位制”和“音素制”这一音节分析的分类方式展开分析。就其关系而言，狭义的“切音字”是这样一种文字体系，可以确保基于“音位制”和“音素制”的音节分析方法的有效性。

[26] 前面提到的周有光《汉字改革概论》也是其成果之一。只是，倪海曙《清末汉语拼音运动编年史》以对运动的通史性的全面的把握为目标，收集资料并进行写作，结果在所谓宋恕问题上遭到失败，而周有光《汉字改革概论》具有概论的性质，在整合史实、分门别类时，只需要采用典型事例即可，因此可以回避宋恕问题。

这一“发现”在清末的文字改革运动史中的历史事实和解放后的文字改革

运动中的实践方针，两者之间带来了某种调和。

第一，这一“发现”可以证明，在制定《汉语拼音方案》的过程中，不采用音节文字的正确性。在20世纪50年代，关于表音式表记议论的中心问题在于是否采用“注音符号”。在讨论过程中，作为周边各国的表音文字体系，假名或朝鲜字母等的采用可能性也被提出来。陈文彬反对采用假名，认为假名是有着“未分子音和母音”的“落后性”的音节文字，而谚文（朝鲜字母）虽然是音素文字，因为其将音节外形拼写成为一块一块的方块，也反对采用。参见陈文斌：《汉字影响下的一些东方民族的文字》，见魏建功、郑林曦等编：《中国文字改革问题》，新建设杂志社出版社1962年版，第94—104页。如果清末“切音字”全部都是狭义的“切音字”，则具有“落后性”的音节文字的试行方案，作为历史事实并不存在。这样一来，倪海曙和周有光等就是在叙述清末汉语表音式表记的历史之际，并没有讨论有关使用音节文字的表音式表记的可能性的问题。

第二，由于这一“发现”，从清末的诸多表音式表记试行方案开始，经过中华民国的“注音字母”，到中华人民共和国的《汉语拼音方案》，可以将其视为一个直线性的发展序列。之所以能够说《汉语拼音方案》比之前的文字体系优越，正是因为通过音节表示形式的比较，可以发现有这样一个发展序列。

将清末的“切音字”作为狭义的“切音字”来把握，可以保证倪海曙等确立统一观察清末“切音字”、民国“注音字母”和新中国《汉语拼音方案》的视角。

关于《汉语拼音方案》的优越性，首先在“音位制”之中，与“二拼法”的“注音符号”相比，强调的是其“三拼法”的韵母分析的精密性。然后，与“音素文字”相对，强调其使用的文字数量少，便于学习。只是在《汉语拼音方案》中，特别是母音字“a、i、u、e、o”，其音价都不止有一个，结果经常使初学者感到困惑，这也是事实。

[27] 宋恕：《和刘绍宽谈话》，见胡珠生编：《东瓯三先生集补篇》，上海社会科学院出版社2005年版，第128页。

[28] 沈学：《盛世元音》“自序”，转引自文字改革出版社编：《清末文字改革文集》，第10页。

[29] 沈学：《盛世元音》“自序”，第10页。

［30］黄遵宪：《日本国志》卷33《学术志二》，见陈铮编：《黄遵宪全集》，中华书局2005年版，第1419页。

［31］黄遵宪：《日本国志》卷33《学术志二》，见陈铮编：《黄遵宪全集》，第1420页。

［32］1902年，黄遵宪在致严复的书简中赞赏严复的文才，强烈建议其制作“新字”，但是，其旨趣是创造所谓新的汉字。参见黄遵宪：《与严复函》，见陈铮编：《黄遵宪全集》，第434—436页。

［33］梁启超：《沈氏音书序》，见《饮冰室文集》卷2，台湾“中华书局”影印本，1978年版，第2页。

［34］梁启超《沈氏音书序》作为能够显示清末变法论者很早就开始对“切音字”抱有关心的资料，也令人很感兴趣，比如其中提到康有为的文字改革试行方案，还有汪康年等的试行方案研究。在1898年戊戌维新之际，“切音字”被作为变革设想的一环提出来了。

卢戆章的同乡林辂存是中央官僚，他在给都察院的上书中，也介绍了卢戆章、力捷三、沈学、王炳耀、蔡锡勇等的试行方案的存在，同时要求采用这些“切音字”，参见林辂存：《上都察院书》，转引自文字改革出版社编：《清末文字改革文集》，第17—18页。

可以说，清末变法运动中显示出的对“切音字”试行方案的高度关心，对于以后倪海曙等人的研究而言，可以说提供了一个以“运动”之名，统一考察1890年代的诸多试行方案的视角。

［35］陈虬在《新字瓯文七音铎》中写道：“此编，文取质，实务令妇女易晓，所谓质家之文也。”参见陈虬：《新字瓯文七音铎》“例言”，文字改革出版社1958年影印本，第4页。

［36］关于识字率之低下，参见宋恕：《六斋津谈》“政要类第九”，转引自胡珠生编：《宋恕集》，第73页；关于官与民之无知，参见宋恕：《六字课斋津谈》“宗教类第九”，转引自胡珠生编：《宋恕集》，第79页。这些内容见于宋恕揭露地方官在处理经常爆发的反对基督教会的纷争（即教案）时应对拙劣的议论中。

［37］宋恕在《六斋津谈》中，把六书大致分为两类：象形、指事和会意为“本义（以义为本）”，形声、转注和假借为“译音（改换声音）”。并列举实例，

显示在字义解释中“译音”的有效性。在此，字形只有在表示不同的字音时才被作为一个问题来考虑，完全没有显示出对字形本身的复杂性的关心，也不关心在字音的连接方面缺乏一致性考虑的问题。参见胡珠生编：《宋恕集》，第56—58页。

[38] 在1896年9月宋恕的议论中，也看不到切音字的构想。被认为是9月15日起草的《代陈侍御请广学校折》，虽然论述把西洋和日本的识字率和学制作为榜样，但并没有提及切音字的构想。这里也许应该考虑到他是代别人起草文章。参见胡珠生编：《宋恕集》，第247—252页。

顺便说一下，宋恕看到《申报》刊载的沈学《天下公字》，是在1896年8月中。参见胡珠生编：《宋恕集》，第937页。

[39] 清末的“切音字”对音素文字和音节文字不加区别，而是作为把两者都包含在内的表音文字来把握。不仅对运动的推动者而言是如此，对于运动的接受者来说也是如此。1901年，作为在运动中期阶段的发言，蔡元培提出了把“切音字”教育带入学堂教育课程的构想。

> 秦汉以来，治文字不治语言，文字画一而语言不画一，于是语言与文字离，于是识字之人少，而无一簇思想之进步。迩者有志之士，为切音新字，为白话报，为白话经解，思有以沟通之。……宜于初级学堂立官话一科，则切音新字可行，而解经译报之属，通于全国矣。……
>
> 我国字书所载，同音同义之字为多，其常用者数千而已。以切音求之，往往有声无字，此语言文字之所以离，而切音新字之所以不能不作也。然旧法寓义于形，足为别嫌明微之识。而古书充栋，为成学所必窥，他日终当新旧并行，如日本然，虽有假名，仍不废汉文也。

参见蔡元培：《学堂教科论》，见孙常炜编著：《蔡元培先生年谱》上，“国史馆”1985年版，第184页。

这里首先把“切音新字”的功效，理解为是和“白话报”、“白话经解”紧密相连的。可以看出其中分析问题的视角，与梁启超所谓消除“文家”和“质家”之间的悬隔，其实完全一致。还有一点值得注意，就是其中指出了“切音新字”的局限。作为“新”法的“切音字”，与作为“旧法”的汉字相比，其表音功能虽然引人注目，反过来，也表达了对其丧失表意功能的担心。

[40] 吴敬恒是位喜好论争、富于谐谑的思想家，其“切音字”试行方案的存在，在 1930 年以来便在文献记载中得到了确认，但其抄本的发现是在 1962 年。参见乐嗣炳：《豆芽字母》，《文字改革》1962 年第 9 期。

关于“豆芽文字”的逸事，是彻头彻尾的个人性的、自然发生的故事。吴敬恒在做家庭教师的时候，主人家提供的饭食中，有很多用豆芽做的菜，由此受到启发，设计了一种文字，用来表记《康熙字典》中援引了各种韵书的字音表示。尝试着实际运用，结果发现在识字教育中很有效。但也只是停留在如果有人请教的话，就教一下的程度。最终也仅仅是在和妻子的私人书信往来中长期使用而已。

[41] 例如，对于《四书集注》等经典注释而言，基于反切法的字音表示是不可或缺的，而关于经典的知识，正是知识分子之所以成为知识分子的原因。但是，就清末的表音式表记运动而言，在吴敬恒的例子中和在林辂存《上都察院书》中，都提到了《康熙字典》的存在，这一点很值得注意。《康熙字典》对于每一个文字，如果韵书中的反切有所异同，就分别收录。其网罗之全，无人不服。关于《康熙字典》对清末运动的影响的问题，笔者拟将其作为今后的研究课题。

[42] 参见蔡锡勇：《传音快字》“自序”，转引自文字改革出版社编：《清末文字改革文集》，第 4 页。

[43] 参见田廷俊：《拼音代字诀》“自序”，转引自文字改革出版社编：《清末文字改革文集》，第 61 页。

[44] 李世众：《晚清士绅与地方政治——以温州为中心的考察》，上海人民出版社 2006 年版，第 202—206 页。

[45] 胡珠生编：《宋恕集》，第 57 页。

[46] 胡珠生编：《宋恕集》，第 734 页。

[47] 胡珠生编：《宋恕集》，第 441 页。

[48]《清末汉语拼音运动编年史》中也已经指出，《宋平子新字》中所谓的“字”，实际上应该是指音节。参见倪海曙：《清末汉语拼音运动编年史》，第 199 页。

[49] 关于“一百零一字”的具体内容，可以做以下四点推测：

第一，直音的清音有 47 个，减掉发音重复的 2 个（“イ”和“ヰ”、“エ”

和“エ”)，为45。

第二，浊音、半浊音的直音有25个，减掉发音重复的2个(“ジ”和“ヂ”、“ズ”和“ヅ”)，为23。

第三，清音的拗音21个。

第四，浊音和半浊音的拗音15个，减掉发音重复的3个(“ジャ”和“ヂャ”、“ジュ”和“ヂュ”、“ジョ”和“ヂョ”)，为12。

以上相加，45＋23＋21＋12＝101。

但是，《宋平子新字》中把“ン”字形用于温州音的音节表示，所以，把“オ”和“ヲ”作为同音而去掉1个，把“ン”作为一个音节来把握的可能性也存在。

另外，众所周知，拗音在假名表记法中是两个字形。而在《宋平子新字》中却完全没有拗音的表记，这应该是因为在宋恕构思“新字”的前提中，存在着用一个字形表示一个字音的原则。

[50] 胡珠生编：《宋恕集》，第362—363页。

[51] 倪海曙：《清末汉语拼音运动编年史》，第199页。

[52] 本章关于五十音图的看法，参见马渕和夫：《五十音图谈》(『五十音図の话』)，大修馆书店1993年版。

[53] 关于村濑之熙《秇苑日涉》，本文参照的是东京都立中央图书馆加贺文库所藏1807年初刻本。

[54] 傅云龙：《游历日本图经》20卷上，上海古籍出版社2003年版，第360—363页。顺便说明一下，据《游离图经余记》记载，傅云龙这一部分的执笔情况是：农历光绪十五年八月初十日《日本文表》，十一日《日本异字音学》。参见傅云龙：《游历日本图经》卷14，东京都立中央图书馆实藤文库所藏，十a。

[55] 傅云龙《游历日本图经》，第357页。

[56] 陈虬：《教经问答》，见胡珠生编：《东瓯三先生集补篇》，第11—14页。

[57] 参见陈虬：《新字瓯文七音铎》；温端正：《陈虬和他的〈新字瓯文〉——纪念陈虬逝世六十周年》，《文字改革》1963年第11V12月号。

[58] 关于温州的“布衣”陈虬和“乡绅”孙诒让的对立的研究，参见李世

众：《晚清士绅与地方政治——以温州为中心的考察》第5章“布衣士绅”的崛起，上海人民出版社2006年版。

[59] 孙诒让：《学务枝议》，见孙延钊撰、徐和雍整理：《温州文献丛书——孙衣言孙诒让父子年谱》，上海社会科学院出版社2003年版，第482页。

[60] 土屋弘：《土屋弘来书》，见吴汝纶：《东游丛录》，转引自文字改革出版社编：《清末文字改革文集》，第26—27页。

[61] 吴汝纶：《答土屋弘书》，见文字改革出版社编：《清末文字改革文集》，第27页。

[62] 关于王照的活动，参见周有光：《汉字改革概论》，见《周有光语文论集》第1卷，上海文化出版社2002年版，第35—38页。周有光认为王照与劳乃宣（1843—1921），同为清末“切音字”运动的“主流”。劳乃宣将切音字适用于南方音，并制定《增订合声简字谱》（1905）。

《作为启蒙知识分子的赵正平——面向南方的志趣和辛亥革命的精神》注释：

[1] 杨毓麟：《新湖南》，见饶怀民编：《杨毓麟集》，岳麓书社2001年版，第33页。另，日语译文参见近藤邦康译：《新湖南（抄）》，见西顺藏编：《原典中国近代思想史》第3册，岩波书店1977年版，第321页。

[2] 桑兵：《拒俄运动与中等社会的自觉》，《近代史研究》2004年第4期。

[3] 李书城：《学生之竞争》，《湖北学生界》1903年第2期。陈旭麓《近代中国的新陈代谢》专辟一章讨论“中等社会”问题，已经指出了这一点，参见陈旭麓：《陈旭麓文集》第1卷，华东师范大学出版社1996年版，第425—426页。另外，桑兵在上述论文中分析道，在1903年的“中等社会”论的承担者之中有两个潮流，即以“拒俄运动”为主轴在上海进行活动的开明绅商，在国内外的学校中展开活动的学生。

[4] 自认为是“中等社会”承担者的人们，也意识到了这一点。例如，杨毓麟在前面提到的《新湖南》中，极力批判在湖南新政的局面下，居于保守立场的王先谦、叶德辉，同时却又写道：“令彼二氏者回其强决之志，挥其明辨之笔，鼓其隽永之舌，以作新湖南少年之气，则挽回劫运，终将于彼乎赖之。”参见杨毓麟：《新湖南》，见饶怀民编：《杨毓麟集》，第49页；近藤邦康译：《新湖南（抄）》，见西顺藏编：《原典中国近代思想史》第3册，第350页。可见，

就纯粹的知识或才能而论，“中等社会”的人们，不可能完全否定“上等社会”中人。

[5] 罗志田：《近代中国社会权势的转移——知识分子的边缘化与边缘知识分子的兴起》，见《权势转移——近代中国的思想、社会与学术》，湖北人民出版社 1999 年版，第 222 页。

[6] 其理由之一在于，赵正平晚年参加汪精卫伪政权，任伪教育部长等，沦为汉奸，这可能影响了对其进行的学术研究。

[7] 本文所述赵正平略历依据的是其自己的回忆录《四十年来师友感怀录》，当初在《古今半月刊》上连载，后收入《仁斋文选》。但是，这一回忆录只记载到 1925 年的事情，为了完成整个略历，还参照了其他多部工具书。又，赵正平的生年有 1878 年和 1886 年等多种说法，此处根据赵正平的记述，定为 1884 年。

[8] 赵正平设立了“图南书馆”作为革命同志之间的联络场所。参见冷遹：《余与膺白先生交往之经过》，见金问泗等编：《黄膺白先生故旧感忆录》，文星书店 1962 年翻刻版，第 139 页。

[9] 李根源：《雪生年录》，文海出版社 1966 年翻刻版，第 32 页。

[10] 彭继良：《广西新闻事业史（1897—1949）》，广西人民出版社 1998 年版，第 82 页。

[11] 朱浤源：《从变乱到军省——广西的初期现代化（1860—1937）》，“中央研究院”近代史研究所 1995 年版，第 5—6 页。该书分析认为，当时在广西，“政治”主导着“文化”、“经济”和“社会”，而在“政治”中占据中心地位的是军人或者有军事业绩的文人。

[12] 赵正平：《四十年来师友感怀录》，见《仁斋文选》，刊印仁斋文选筹备会 1944 年版，第 499 页。

[13] 喜马拉雅（赵正平）：《军国社会论》，《南风报》1911 年第 7 期。

[14] 典型的议论见之于云南出身留学生在东京发行《云南》1907 年第 5 号所刊载的无已《云南对于中国之地位》。这篇文章的作者援引严复作品中的用语和社会进化的概念，提倡在云南培养军国国民，所依据的要素有二：与英法竞争所导致的“合群”（社会团结），以及因地处“边境”而形成的“自治”。

[15] 蔡锷的《军国民篇》陆续发表于《新民丛报》1902 年 2 月第 1 号，同

年3月第3号，同年5月第7号、同年7月第11号。蒋方震的译稿《军国民之教育》发表于该杂志1902年12月第22号。

[16] 关于蔡锷在广西的实践活动，参见汤本国穗：《辛亥革命构造的检讨——1911年中国西南地方政治变动的社会意义，以昆明为例》（『辛亥革命の构造的検讨——1911年の中国西南地方における政治变动の社会的意味・昆明の事例』），见《东洋文化研究所纪要》1980年第81册。

[17] 耿毅口述：《辛亥革命时期的广西》，见中国社会科学院历史研究所第三所编：《近代史资料》第4期，科学出版社1958年版，第93页。

[18] 喜马拉雅（赵正平）：《评国民军》，《南风报》1911年4月第3期。

[19] 赵正平在此前发表文章《国民统一论》，回顾了以各种出版物的涌现和革命运动的进展等为主线的启蒙历史，参见候声（赵正平）：《国民统一论》，《南报》1910年10月第2号。包括下文将会提到的《南风观》在内，都反映出赵正平对于总结在这一时期之前的思想和运动的工作抱有强烈的关心。

[20] 侯生（赵正平）：《哀江南》，《江苏》1903年4月第1期，转引自张枬、王忍之编：《辛亥革命前十年间时论选集》第1卷下册，生活・读书・新知三联书店1960年版，第534—539页。另外，关于《哀江南》，吉泽诚一郎将其作为“留学生杂志《江苏》”的代表篇目而引用，认为赵正平的思考是首先在地图上确定中国在全世界的位置，然后是自己的省，再到省以下的府县等一系列的定位过程中的一环。本文所关注的则是与这种层级性的模式同时存在的平面性的地域认识。参见吉泽诚一郎：《创造爱国主义——从民族主义看近代中国》（『爱国主义の创成——ナショナリズムから近代中国をみる』），岩波书店2003年版，第97页。

[21] 关于志贺重昂等建立的摇篮期的日本地理学，作为一种所谓的宏观理论在中国被接受的过程，参见石川祯浩：《梁启超和文明的视角》（『梁启超と文明の视座』），见狭间直树编：《共同研究：梁启超——西洋近代思想接受与明治日本》（『共同研究・梁启超——西洋近代思想受容と明治日本』），みすず书房1999年版。

[22] 以“风气”为核心概念来尝试对自己所属的省份进行社会分析，这种风格的文章在此之前经由清末杂志媒体的作者之手，已经为人所注目。例如，汪叔明分析浙江省，参见匪石（汪叔明）：《浙风篇》，《浙江潮》1903年5—6

月第4—5期。

[23] 喜马拉雅（赵正平）:《南风观》,《南风报》1911年2月第1期。

[24] 赵正平在《南风观》的《下篇》中，把江苏和浙江比拟为美国，湖南、江西和安徽比拟为德国，福建和广东比拟为英国，然后把广西比拟为与正其相对峙的敌手法国，花费了大量篇幅进行描述。关于广西，文中写道：“广西山国也，而近热带，民之感觉锐敏，意气峻急，勇敢活泼而好动，大胆彪悍而进取。虽生计绝窘，民命至贱，然苟积之以生聚教训之功，提拔其高瞻远瞩之精神，而更以强毅坚忍之气魄，易其轻躁浮浪之性情，则广西之风，无多让于法兰西之民风也。”另外，赵正平以后在比较中国和法国的“民质”的文章中也写道：“富热情”的法国人的“民质”，“以较我国，在广西民质与相仿佛外，大都适相反对”。参见喜马拉雅（赵正平）:《中法国情比较论》,《南风报》1911年9月第8期。

[25] 但是，对于确保关于“民风”的分析和评价的正当性的难度，赵正平也有着清醒的自觉。“凡比较优劣，有形易而无形难。民质无形之体也，且范围极广。作者未能周历法国，观察其各方面，且迫于时日，构思亦有限界，自知述两国民质处，挂一漏万，然上所述者，皆博稽群籍，折中之论，非臆造也。”参见喜马拉雅（赵正平）:《中法国情比较论》,《南风报》1911年9月第8期。可以看出，他意识到了对所谓“文本间相互关联性”的信赖可以弥补“观察”的不足之处。

[26] 赵正平:《想定敌国论》,《南报》1910年9月第1号。

[27] 赵正平:《想定敌国论》,《南报》1910年9月第1号。

[28] 提倡在“对南作战”时与华侨进行联合的《连结安南华侨论》，也体现了赵正平对越南的战略思考。赵正平在文中有几条提案，其中之一是，在“两广、云南”以及国内，组织有“大鹏图南之志”的人和安南（越南）的华侨进行联合的机关，呼吁能够共鸣的人，分别奔赴河内、海防、西贡以及中国国内各地。具体目标为在越南兴办教育、提倡公共事业、创办华侨杂志、增设兼做地方讲堂的侨民学堂，并在中国国内设立保护归国华侨的协会等。参见赵正平:《连结安南华侨论》,《南风报》1911年7月第6期。由此可以看出，与军事性质的企图不同，赵正平抱有进行启蒙实践的强烈志向。另外，在赵正平的思考背景中，有着大约同一时期在日本言论界引起反响的“南进论”的思想。《南

风报》第8期还翻译发表了“南进论”的代表性论者竹越与三郎的著作《南国记》，参见拙稿《清末杂志媒体中的越南认识》（『清末雜志メディアにおけるヴェトナム认识』），东京都立大学人文学部中国文学研究室《人文学报》2003年第341号，第114—116页。赵正平对“南进论”关心多年，1919年发表了介绍日本与“南进论”相关的著作的书评，参见赵正平：《日本人的南进论与其南洋研究热》，《中国与南洋》1919年4月第1卷第5期；赵正平：《仁斋文选》，第457—466页。

［29］喜马拉雅（赵正平）：《南风观》，《南风报》1911年2月第1期。

［30］喜马拉雅（赵正平）：《南风观》，《南风报》1911年2月第1期。

［31］赵正平：《四十年来师友感怀录》，见《仁斋文选》，第504页。

［32］同上书，第505页。

［33］同上书，第520页。

［34］赵正平：《大陆国报宣言书》，《大陆国报》1913年3月第1卷第1期。

［35］后声（赵正平）：《民国与军国之两立》，《大陆国报》1913年3月第1卷第1期。

［36］南风主人（赵正平）：《军事集权论》，《大陆国报》1913年3月第1卷第1期。

［37］赵正平：《新国家与新教育》，《甲寅杂志》1914年8月第1卷第8号。

［38］赵正平：《四十年来师友感怀录》，见《仁斋文选》，第532页。

［39］关于暨南学校的略历，参见暨南大学校史编写组编：《暨南校史（1906—1966）》，暨南大学出版社1996年版。

［40］赵正平：《我人对南文化运动之回顾（民国九年一年间之经过）》，《中国与南洋》1921年3月第2卷第1期。

［41］《中国与南洋》创刊于1918年3月暨南学校复兴之时，1921年第2卷以后，由暨南学校和上海中南协会（赵正平、黄炎培、韩希琦等设立的以中国和海外华侨的联合为目的的组织）合作刊行，总共发行了3卷25期。参见暨南大学校史编写组编：《暨南校史（1906—1966）》，第20页。

［42］赵正平：《中华民国之前途》，《中国与南洋》1918年3月1—1。

［43］赵正平：《教育之价值与国运》，《中国与南洋》1918年6月1—2。

［44］赵正平：《新时代之模范国民》，《中国与南洋》1921年12月2—6、

2—7。

[45] 赵正平：《文心革命论随笔》，《太平导报》1926 年第 7 期。

[46] 赵正平：《仁学救国论》，见《仁斋文选》，第 241—291 页。

[47] 同上书，第 284—285 页。

[48] 赵正平：《支配黄膺白先生一生之基本信念》，见金问泗等编：《黄膺白先生故旧感忆录》，第 168 页。

[49] 中西功：《在中国革命的暴风雨中》(『中国革命の嵐の中で』)，青木书店 1974 年版，第 156 页。

[50] 赵正平：《导太平之路》，见《仁斋文选》，第 88 页。

[51] 赵正平：《东游志感》，出版者不明，出版年不明。

《中国近代的知识编制和诸种权力——以张君劢 (1887—1969) 和国立自治学院为例》注释：

[1] 关于这一分类，参见筒井清忠编：《历史社会学的最前线》(『历史社会学のフロンティア』)，人文书院 1997 年版，第 167—168 页。

[2] 一言以蔽之，近代中国的知识分子，由于与政治的关系、居住地等的不同，其社会地位也大不相同。比如说，有住在地方上的乡绅等与政治关系密切的地方知识分子，也有虽然住在都市，但是因为教育程度或者交友关系等与政治关系比较少的知识分子阶层。尽管知识分子具有多样性，但现有研究的大部分依然是选择与政治关系密切的住在都市的知识分子为研究对象，其原因主要在于史料的限制。但是随着史料整理的进展，这种对知识分子的研究的发展也是令人期待的。关于这一问题，参考拙文《日本近代中国思想研究的回顾与前景》，《近代中国》2005 年第 162 期。

[3] 参见吾妻重二：《近代中国学院哲学的成立——〈哲学评论〉与中国哲学会》(『近代中国におけるアカデミー哲学の成立——〈哲学评论〉と中国哲学会』)，《关西大学中国文学会纪要》1993 年第 13 期。

[4] 关于研究系从诞生到风云流散的详细过程，参见张朋园：《梁启超与民国政治》，汉生出版社 1992 年版；金珍焕：《五四时期研究系的政治主张》，“国立台湾大学”政治学研究所博士论文，1996 年 5 月。

[5] 关于研究系的定义和形成，参见华觉明：《进步党和研究系》，《文史资料选辑》第 13 辑，中华书局 1961 年版；吴炳守：《研究系知识分子群体的国家

建设构想及其实践（1911—1932）》，复旦大学历史系2001年博士论文；等等。

［6］梁启超和张君劢以外的研究系主要成员的略历如下。

林长民（1876—1925）：字宗孟。1909年从早稻田大学毕业，精通政治学、经济学、法学。归国后参与了《国民公报》的发行，主张君主立宪。1913年开始成为众议院议员，曾任秘书长、宪法起草委员。对1913年3月进步党的成立颇有贡献，历任政务部长、司法部总长等。与梁启超关系深厚，其女林徽因与梁启超长子梁思成结婚。

汤化龙（1874—1918）：字济武。1904年中进士，1906年留学日本，在法政大学专门部学习法律。辛亥革命后任新政府陆军部秘书处处长等，多任与法务有关的职位。在进步党成立时任理事，还曾任宪法起草委员会委员、众议院议长。其后又任教育总长等职。1918年与林长民等共赴北美，在加拿大被刺杀。代表著作有《违警律释义》。

蓝公武（1887—1957）：字志先。青年时代曾留学日本和德国。1913年在担任参议院议员的同时，任《时事新报》总编以及《国民公报》社长。1918年任《晨报》主笔。在“问题与主义”的论战中，重视“主义”，与胡适对立。抗日战争时期被日本宪兵司令部逮捕关押，后被营救出狱。新中国成立后，任全国人大常委会委员。另外，作为康德《纯粹理性批判》的译者而知名。

张东荪（1886—1973）：字圣心。思想家、政治家。生于杭州。清末时留学日本。主要学习西洋哲学、佛学。辛亥革命后任《时事新报》主编，提倡扎根于基尔特社会主义的民主主义。在抗战时期与张君劢等一起建立中国国家社会党，鼓吹国家社会主义。1949年以后任政协委员等。

以上所据参见徐友春主编：《民国人物大辞典》，河北人民出版社1991年版；何本方主编：《中华民国知识词典》，中国国际广播出版社1991年版；沈云龙：《民国史事与人物论丛》，传记文学出版社1981年版。

［7］关于政闻社，参见永井算巳：《中国近代政治史论丛》，汲古书院1983年版。

［8］关于张君劢的详细经历等，参见郑大华：《张君劢传》，中华书局1997年版；参见拙文：《张君劢的“科学的方法”——通过“科学与人生观”论战》（『张君劢の“科学の方法”——“科学と人生观”论を通じて』），《现代中国》2001年第75期。

［9］李书源：《研究系述略》，《吉林大学社会科学学报》1991年第3期；彭明：《“五四”前后的研究系》，《历史教学》1964年总151号。

［10］其中值得注意的是彭鹏分析研究系在学术史上的贡献的研究，参见彭鹏：《研究系与五四时期新文化运动——以1920年前后为中心》，中山大学出版社2003年版。

［11］在台湾发表了对研究系作为承担宪政思想的知识分子有着比较高的评价的研究成果，参见金珍焕：《研究系宪政体制论之探讨》，《近代中国》1996年12月第116期。

［12］参见公茂虹：《五四时期张君劢政治思想初探》，《河南大学学报（社会科学版）》1993年第33卷第1期。

［13］张君劢参加了1946年的《政治协商会议对五五宪章修正案草案》的起草，他有很多意见被采纳。这一草案在同年的所谓制宪国大上经过修正，其宪法案作为《中华民国宪法》在1947年12月25日实施，这一宪法成为现在台湾“宪法”的基础。关于政治协商会议和宪法的制订过程，参见张宝树：《张君劢先生与我国宪法之制订》，见中国民主社会党中央总部印行：《张君劢先生百龄冥诞纪念文集》1987年版；等等。

［14］关于张君劢的现有研究，参见拙文《张君劢的“科学的方法”》，第188页。另外，关于台湾地区的张君劢研究，参见潘光哲：《近年台湾地区“张君劢研究”之概况》，《反思》1989年第1期。

［15］参见拙稿：《中国之前途：集权乎？分权乎？——民国初期张君劢与张东荪的“联邦论”》，《“国立政治大学”历史学报》2003年第20期；刘迪：《中国联邦主义的思想和运动——关于其研究史的一个考察》（『中国连邦主义の思想と运动——その研究史に关する考察』），《比较法学》2000年第33卷第2号；刘迪：《中国宪法和联邦制》（『中国宪法と连邦制』），《比较法学》2001年第34卷第2号。

［16］根据留下来的记录，国立自治学院创立第二年，即1924年春季学期入学的学生是69人。参见《学生一览表》，中国第二历史档案馆藏《中央大学档案》，《自治学院成立经过及教员学生一览表》，档号648—269，第895—903页。另外，这一数字和程文熙“40人”的说法有出入，参见程文熙：《张君劢先生年谱长编初稿》（十三），《民主潮》1979年8月第29卷第8期。

[17]“教学计划”中有“教科课程”和“教科外课程”两种，前者以科学和文化教育为其内容，后者教授生活和道德。本文因为史料所限等理由，仅讨论前者，以下单说“教学计划”的时候，指前者。

[18] 田中统治：《教学计划的社会学研究　通过教科对学校成员的统制过程》（『カリキュラムの社会学的研究　教科による学校成员の统制过程』），东洋馆出版社 1996 年版，第 31 页。

[19]〔美〕迈克尔·W. 阿普尔：《围绕着公共知识的政治——对民族和教学计划的意味的追问》（『公的知识をめぐるポリティックス——ナショナル·カリキュラムの意味を问う』），见〔美〕阿普尔等：《教学计划、政治——现代教育改革和民族、教学计划》（『カリキュラム·ポリティックス——现代の教育改革とナショナル·カリキュラム』），东信堂 1994 年版，第 5 页。

[20] 关于教学计划研究的概观，参见佐藤学：《教育方法学》第 7 章，岩波书店 1996 年版。

[21] 程文熙：《张君劢先生年谱初稿》，见中国民主社会党中央总部印赠：《张君劢先生九秩诞辰纪念册》，1976 年版，第 23—24 页。

[22]《国立自治学院聘定教员》，《申报》1924 年 1 月 28 日。

[23] 关于这一精英主义，参见薛化元：《民主宪政与民族主义的辩证发展——张君劢思想研究》，稻禾出版社 1993 年版，第 105—110 页。

[24] 张君劢：《论今后民党之进行》（1907），见《开国前后言论集》，台北正中书局 1971 年版，第 38 页。

[25] 张嘉森（张君劢）：《致梁任公先生书》（1908），见《开国前后言论集》，第 72 页；丁文江、赵丰田编，岛田虔次编译：《梁启超年谱长编》第 3 卷，第 43 页。

[26] 有田和夫：《辛亥革命后梁启超的思想——从士人主导的运动到“国民运动”》，（『辛亥革命后の梁启超の思想——士人主道の运动から“国民运动”へ』），（《东京外国语大学论集》1993 年第 47 号。

[27] 张君劢：《联邦十不可论》（又名《省制余议》），《大中华杂志》1916 年 9 月第 2 卷第 9 期，见《开国前后言论集》，第 157—158 页。

[28] 君劢（张君劢）：《政治活动果足以救中国耶》，《改造》1921 年 2 月第 3 卷第 6 号。

［29］君劢（张君劢）：《政治活动果足以救中国耶》，《改造》1921 年 2 月第 3 卷第 6 号。

［30］君劢（张君劢）：《国民政治品格之提高》，《改造》1921 年 10 月第 4 卷第 2 号。

［31］关于这次论争，参见拙文《中国之前途：集权乎？分权乎？——民国初期张君劢与张东荪的“联邦论”》。关于联省自治运动，参见李达嘉：《民国初年的联省自治运动》，弘文馆出版社 1986 年版。

［32］张君劢在 20 世纪初反对联邦论，但是从 1918 年末考察欧洲以后，开始积极主张联邦论，参见拙文《中国之前途：集权乎？分权乎？——民国初期张君劢与张东荪的“联邦论”》。

［33］张君劢的著作《国宪议》（1922 年初版，1970 年台湾商务印书馆再版），收入了在国是会议上起草的宪法。另外，这一宪法从理论上来看是否完全是联邦制，尚有议论的余地，但是在此姑且不论。关于这一问题，参见刘迪：《中国宪法和联邦制》；薛化元：《民主宪政与民族主义的辩证发展——张君劢思想研究》，第 135—151 页。

［34］东荪（张东荪）：《一个申说》，《改造》1921 年 2 月第 3 卷第 6 号。

［35］关于中国接受基尔特社会主义的情况，以及围绕着社会主义展开的论战，参见蔡国裕：《1920 年代初期中国社会主义论战》，台湾商务印书馆 1988 年版。

［36］他们的这些活动，尤其是关于副刊，参见彭鹏：《研究系与五四时期新文化运动——以 1920 年前后为中心》；秦贤次：《五四时期的〈学灯〉与〈晨报副刊〉》，见陈义芝等编：《世界中文报纸副刊学总论》，“行政院”文化建设委员会 1997 年版。

［37］《张君劢对江苏财政会议停办自治学院之抗议》，《申报》1924 年 7 月 14 日，《时事新报》1924 年 7 月 14 日。

［38］《谨遵专门以上同等学校待遇法开列事项缮呈》（1924），中国第二历史档案馆藏《中央大学档案》《自治学院成立经过及教员学生一览表》，档号 648—269，第 920 页。

［39］《国立自治学院缘起》（1923 年 7 月），见中国第二历史档案馆编：《中华民国史档案资料汇编》第 3 辑《教育》，江苏古籍出版社 1991 年版，第 237 页。

[40] 顺便提及，张君劢自身在开校之时，在以批判马克思主义为主要内容的讲义“唯物史观之批评”之外，还以美国政治学者加纳（James Wilford Garner，1871—1938）的著作《政治学与政府》（*Political science and government*）为课本进行讲义。参见程文熙：《张君劢先生年谱长编初稿》（十三），《民主潮》1979年8月第29卷第8期。

[41] 王世宪：《追忆张君劢先生》，《传记文学》1976年第28卷第3期。

[42] 水羽信男指出，近代中国的知识分子的特征在于，“传统的伦理观有可能延迟‘个人’的独立”，有种“可能阻碍‘自我’独立的思想倾向”，等等。参见水羽信男：《从罗隆基看中国近代知识分子的形像》（『罗隆基にみる中国近代知识人像』），见池田诚等编：《20世纪的中国和日本》（『20世纪中国と日本』）下卷，法律文化社1996年版，第239页。但是，以张君劢为首的学院的教师们，当时并没有以这种强烈的民族主义或者传统的儒教为前提的思想特征。之所以这样说，是因为教学计划也反映了他们的思想脉络的重点在于“个人”的独立，然后确立民主主义的“近代的自我”。张君劢特别重视“个人”这一概念，参见薛化元、孙善豪：《张君劢先生的思想——一个架构的分析》，见中国民主社会党中央总部印行：《张君劢先生百龄冥诞纪念文集》，第275—277页。

[43]《大总统颁布施行之学校系统改革案》，见璩鑫圭等编：《中国近代教育史资料汇编·学制演变》，上海教育出版社1991年版，第989—993页。

[44]《教育部公布大学规程》，见璩鑫圭等编：《中国近代教育史资料汇编·学制演变》，第697—711页。

[45]《学校系统改革案》，见阮湘编：《第一回中国年鉴》（下），中华民国十二年版，中国出版社1973年影印本，第1831页。关于这一时期官方公布的教学计划的推移，参见教育年鉴编纂委员会编：《第二次中国教育年鉴》，文海出版社1986年影印本，第495—496页。

[46] 从1917年开始，各省设置教育厅，但它是教育部直属机关，其厅长由大总统任命。江苏省在1927年废除教育厅，采取大学区制。但这也是教育部直属的，后来被评价为很容易形成“学阀”，使教育受到腐蚀，参见陈启天：《近代中国教育史》，中华书局1969年版，第220—225页。

[47] 菊池贵晴：《中国第三势力史论——对中国革命中第三势力的综合性研究》（『中国第三势力史论——中国革命における第三势力の総合的研究』），

汲古书院 1987 年版，第 101—108 页。据笔者所见，菊池主要依据的是中国共产党的《中国青年》，所以稍微有些夸张。

[48] 陈科美主编：《上海近代教育史（1843—1949）》，上海教育出版社 2003 年版，第 348—355 页。还有，以南京的东南大学为例对“学阀”进行分析的研究，参见吕芳上：《民国十四年的东南大学学潮》，见国父建党革命一百周年学术讨论集编集委员会编：《国父建党革命一百周年学术讨论集》第 2 册，近代中国出版社 1995 年版。

[49] 董宝良、周洪宇主编：《中国近现代教育思潮与流派》，人民教育出版社 1997 年版，第 313—316 页。

[50] 关于大职业主义，参见许纪霖：《无穷的困惑——黄炎培、张君劢与现代中国》，上海三联书店 1998 年版，第 79—80 页。

[51]《张君劢先生年谱初稿》，见中国民主社会党中央总部印赠：《张君劢先生九秩诞辰纪念册》，1976 年版，第 25 页。

[52]《国立自治学院第一次董事会（续）》，《申报》1923 年 12 月 31 日。

[53]《国立自治学院开学纪》，《申报》1924 年 2 月 28 日。

[54]《自治学院经费问题之所闻》，《申报》1924 年 7 月 4 日。另外，在其他报道中写道，省议会认为“此种学校，无设立之必要”，也是停止预算的原因之一。

[55]《张君劢对江苏财政会议停办自治学院之抗议》，《申报》1924 年 7 月 14 日，《时事新报》1924 年 7 月 14 日。关于学院经费问题的报道，还参见《所望于自治学院之董事诸公者》，《时事新报》1924 年 7 月 13 日；《关于自治学院之公论》，《时事新报》1924 年 7 月 9 日；《章太炎裁撤自治学院之意见》，《时事新报》1924 年 7 月 13 日；等等。这些意见多数是来自教育界，从批评财政会议缺乏法律依据，强调学院的重要性等角度出发，支持学院的存续。

[56]《自治学院临时董事会纪》，《申报》1924 年 7 月 14 日。

[57]《苏国会议员请维持自治学院》，《申报》1924 年 8 月 10 日。

[58]《苏省长允维持自治学院经费》，《申报》1924 年 7 月 22 日。

[59]《武曾先生道鉴奉》，中国第二历史档案馆藏《中央大学档案》，《自治学院成立经过及教员学生一览表》，档号 648—269，第 910 页。

[60]《教育部公布大学规程》，璩鑫圭等编：《中国近代教育史资料汇编·

学制演变》，第 711 页。

［61］《自治学院改称国立政治大学》，《晨报》1925 年 10 月 2 日，《申报》1925 年 10 月 4 日。

［62］经费一贯缺乏稳定保证，特别是从 1924 年 8 月到 10 月，张君劢陷入了频繁为金钱问题奔走的状态，参见程文熙：《张君劢先生年谱长编初稿》（十三），《民主潮》1979 年 8 月第 29 卷第 8 期，第 19—20 页。

［63］《国立政治大学内部改组》，《申报》1925 年 12 月 11 日。

［64］《宝山张先生逝世十周年》，《再生》（台北版）1979 年第 9 卷 2 月号。

［65］参见《政治大学实行接收》，《民国日报》（上海版）1927 年 3 月 31 日；《市党部昨日接收政治大学》，《申报》1927 年 3 月 31 日。但是，据说支持国民党的学生对此表示欢迎，参见《市党部接收政治大学》，《民国日报》（上海版）1927 年 3 月 26 日。

［66］当然，也不可否认张君劢把这些权力作为财源和人脉来利用的侧面。而且，归根结底也不能不考察与军阀的关系。但是，由于本文篇幅有限，仅止于确认他们的教育认识受到了这些权力的强烈影响。

［67］1924 年进入学院学习的程文熙，有如下回想："政大校风，为严肃与自由。同学中各人之思想不同，先生以重自治之精神，向不干涉。"参见程文熙：《张君劢先生年谱长编初稿》（十六），《民主潮》1979 年 11 月第 29 卷第 11 期。

［68］关于当时学生的"党化"问题，请参见吕芳上：《从学生运动到运动学生》，"中央研究院"近代史研究所 1994 年版。关于学院的党化，参见《上海市民欢迎北伐军大会之盛况　各界之欢迎声》，《民国日报》（上海版）1927 年 3 月 23 日。

［69］1923 年张君劢的日记中写道："（新杂志）待各方响应者多，再提起组党问题。"由此可见当时张君劢也已经考虑到要结成政党，参见程文熙：《张君劢先生年谱长编初稿》（十二），《民主潮》1979 年 7 月第 29 卷第 7 期。

［70］关于张君劢对国民党的批判，参见 Roger B. Jeans，"The Trials of a Third-Force Intellectual：Zhang Junmai (Carsun Chang) During the Early Nanjing Decade，1927－1931"，Roger B. Jeans ed.，*Roads Not Taken*；*The Struggle of Opposition Parties in Twentieth－Century China*，Westview Press，1992。

[71] 萧丰椽:《秀异分子与全民参与——张君劢的政治观》,《东亚季刊》1980 年第 9 卷第 1 期。另外,张君劢在前引《国宪议》中,提议应该在省议会或农会、工会、商会以及大学选举国会议员,由此可见张君劢所说的“精英”是指参与这些场所活动的人们。顺便提一下,张君劢在学院关闭之后,再也没有创设作为“政治教育”场所的学校。但值得注意的是,张君劢在运营学院的阶段,也没有放弃对政治的期待。笔者曾经采访张君劢的长女张敦华(2003 年 8 月 2 日,台北县新店市耕莘医院),据说张君劢对政治及其实践的兴趣,终其一生,不曾片时稍衰。

[72] 学院在学的学生中,如程文熙、王世宪、蒋匀田等,很多人后来成为张君劢建立的中国国家社会党(1946 年之后改称中国民主社会党)的干部。关于这一点,参见杨永干:《中华民国宪法之父——张君劢传》,唐山出版社 1993 年版。

[73]《中国国家社会党的党纲》,见张君劢、张东荪、胡石青:《我们所要说的话》,《再生》创刊号。

参考文献

朱光潜全集编辑委员会编：《朱光潜全集》，全 20 卷，安徽教育出版社，1987—1993 年（本文简称《全集》）

阎国忠：《朱光潜美学思想研究》，辽宁人民出版社，1987 年

阎国忠：《朱光潜美学思想及其理论体系》，安徽教育出版社，1994 年

朱式蓉、许道明：《朱光潜——从迷途到通径》，复旦大学出版社，1991 年

商金林：《朱光潜与中国现代文学》，安徽教育出版社，1995 年

钱念孙：《朱光潜与中西文化》，安徽教育出版社，1995 年

劳承万：《朱光潜美学论纲》，安徽教育出版社，1998 年

文杰华主编：《朱光潜与当代中国美学》，中华书局，1998 年

王攸欣：《朱光潜学术思想评传》，北京图书馆出版社，1999 年

蒯大申：《朱光潜后期美学思想述论》，上海社会科学院出版社，2001 年

李泽厚：《美学论集》，上海文艺出版社，1980 年（本文简称为《美学论集》）

王生平：《李泽厚美学思想研究〉，辽宁人民出版社，1987 年

李兴武：《蔡仪美学思想研究》，辽宁人民出版社，1987 年

Benedetto Croce，*Estetica come scienza dell'espressione e linguistica generale*：*teoria e storia*，4. Ed.，Bari，Gius. Laterza & Figli，1909 [1. Ed.，Milano，R. Sandron，1902]

Benedetto Croce，*Filosofia della pratica*：*economica ed etica*，Bari，Gius. Laterza & Figli，1909

Benedetto Croce，*Aesthetic*：*as science of expression and general linguistic*，translated by Douglas Ainslie，Macmillan & Co. Ltd，London，1922

ベネデット・クローチェ（贝奈戴托・克罗齐）、『美学及び美学史（美学及美学史）』（长谷川诚也・大槻宪二訳）、世界大思想全集四六、春秋社、1930年

羽仁五郎、『クロォチェ』（克罗齐）、河出书房、1939年

ベネデット・クローチェ（贝奈戴托・克罗齐）、『政治哲学论集』（上村忠男编訳・解说）、法政大学出版局、1986年

ベネデット・クローチェ（贝奈戴托・克罗齐）、『エステティカ—イタリアの美学　クローチェ&パレイゾン（美学—意大利的美学　克罗齐和帕莱松〈Luigi Pareyson〉）』（山田忠彰编訳）、ナカニシヤ出版、2005年

谷口勇、『クローチェ美学から比较记号论まで—论文・小论集（从克罗齐的美学到比较符号论——论文、小论集）』、而立书房、2006年

［辜鸿铭著作］

Ku Hung Ming, *The Universal Order, or Conduct of Life: a Confucian Catechism (being a translation of one of the four Confucian books, hitherto known as the Doctrine of the Mean)*, Shanghai: Shanghai Mercury, 1906.

Ku Hung Ming, *Papers from a Viceroy's Yamen: Chinese Plea for the Cause of Good Government and True Civilization in China*, Shanghai: Shanghai Mercury, 1901.

辜鸿铭著，黄兴涛编:《辜鸿铭文集》，海南出版社，1996年

［辜鸿铭研究］

黄兴涛:《文化怪杰辜鸿铭》，中华书局，1995年

黄兴涛:《旷世怪杰——名人笔下的辜鸿铭　辜鸿铭笔下的名人》，东方出版中心，1998年

李玉钢:《狂士怪杰——辜鸿铭别传》，人民文学出版社，2002年

川尻文彦、「辜鸿铭と『道德』の课题——东西文明を俯瞰する视座——（辜鸿铭和“道德”课题——俯瞰东西文明的视线）」、高瑞泉・山口久和编『中

国における都市型知识人の诸相——近世・近代知识阶层の観念と生活空间(中国都市型知识分子的各种形象——近世、近代知识阶层的观念和生活空间)』、大阪市立大学大学院文学研究科都市文化センター、2005

[西方文本]

Online Parallel Bible：http：//bible. cc/

RWE. org-The Works of Ralph Waldo Emerson：http：//www. rwe. org/comm/

The Works of Matthew Arnold，vol. 4&vol. 9，New York：AMS Press，1970.

Selected and edited by Joel Porte，*Emerson in His Journals*，Cambridge，Massachusetts：The Belknap Press of Harvard University Press，1982.

マシュー・アーノルド（马修・阿诺德）著、多田英次訳、『教养と无秩序(教养和无秩序)』、岩波文库、1946

カーライル（卡莱尔）著、石田宪次訳、『衣服哲学』、岩波文库、1946

酒本雅之訳、『エマソン论文集（爱默生论文集）』（上・下）、岩波文库、1972・1973

トルストイ著、原卓也訳、『人生论』、新潮文库、1975

道家弘一郎、『マシュー・アーノルドの宗教论——「圣パウロとプロテスタンティズム」について——（马修・阿诺德的宗教论——关于〈圣保罗和清教主义〉)』、圣心女子大学论丛 103、2004

[其他]

Derk Bodde，*Tolstoy and China*，Princeton：Princeton University Press，1950

フィリップ・P・ウィーナー编、『西洋思想大事典』、平凡社、1990

佐渡谷重信、『アメリカ精神と日本文明（美国精神和日本文明)』、讲谈社学术文库、1990

吉田宪司、『文化の「発见」(文化的“发现”)』、岩波书店、1999

中村元、『比较思想论』、岩波全书セレクション、2005

山室信一、『日露戦争の世纪——连锁视点から见る日本と世界（日俄战争的世纪——从联动的视角看日本与世界)』、岩波新书、2005

图书在版编目(CIP)数据

中国"近代知识"的生成 /（日）高柳信夫编著；唐利国译．—北京：商务印书馆，2016
ISBN 978-7-100-11970-2

Ⅰ．①中…　Ⅱ．①高…②唐…　Ⅲ．①思想史—研究—中国—近代　Ⅳ．①B25

中国版本图书馆CIP数据核字(2016)第028412号

中国"近代知识"的生成
〔日〕高柳信夫　编著
唐利国　译

商务印书馆出版
(北京王府井大街36号　邮政编码100710)
商务印书馆发行
三河市尚艺印装有限公司印刷
ISBN 978-7-100-11970-2

2016年3月第1版　开本880×1230 1/32
2016年3月北京第1次印刷　印张11 ¾
定价：46.00元